高等职业教育教学改革精品教材
基础课系列

SHANGWU TANPAN

商务谈判

王勇 鲁晨琪 编著

东北财经大学出版社
Dongbei University of Finance & Economics Press
大连

图书在版编目（CIP）数据

商务谈判 / 王勇，鲁晨琪编著．—大连：东北财经大学出版社，2018.1
（高等职业教育教学改革精品教材·基础课系列）
ISBN 978-7-5654-3000-8

Ⅰ．商…　Ⅱ．①王…②鲁…　Ⅲ．商务谈判-高等职业教育-教材　Ⅳ．F715.4

中国版本图书馆CIP数据核字（2017）第299435号

东北财经大学出版社出版
（大连市黑石礁尖山街217号　邮政编码　116025）
网　址：http：//www.dufep.cn
读者信箱：dufep@dufe.edu.cn
大连东泰彩印技术开发有限公司印刷　东北财经大学出版社发行
幅面尺寸：185mm×260mm　字数：327千字　印张：14
2018年1月第1版　2018年1月第1次印刷
责任编辑：张晓鹏　宋雪凌　曲以欢　责任校对：王　娟
封面设计：冀贵收　版式设计：钟福建
定价：28.00元

教学支持　售后服务　联系电话：（0411）84710309

如有印装质量问题，请联系营销部：（0411）84710711

前　言

谈判是智慧与实力的较量，是谋略与技巧的角逐；谈判更是一项合作事业，合则双赢，分则两伤。谈判也是解决冲突的重要手段，合作并非意味着不要冲突，而冲突的解决则需要把握“施”与“受”的基本原则，通过交锋与妥协，在谈判力的较量中寻求各方利益平衡的最佳结合点，这也是谈判的真谛所在。

作为谈判的一种重要形式，商务谈判在现代市场经济中无处不在、无时不有。从小商小贩到现代企业集团，从本土工商企业的供销活动到国际经济、技术和服务贸易，都离不开商务谈判，尤其是在市场经济日益发展、国际竞争日趋激烈的今天，商务谈判更显示了其无法替代的地位和举足轻重的作用。

本书由三部分组成：项目一、项目二为原理部分，主要介绍商务谈判的基本理论、基本原则及基本准备工作；项目三至项目六为实务部分，介绍商务谈判从开局到签约的整个过程，以及在这个过程中谈判者所采取的具体方式方法和策略技巧；项目七至项目九为谈判知识的补充，包括涉外谈判中风险的规避、不同文化背景下商人的谈判风格及谈判中的礼仪礼节等。本书在编写过程中，为了便于读者理解谈判的原理、策略技巧的内涵与实质，加入了大量的个案分析，以突出本书理论性与实用性相结合的特点。本书既可以作为高职高专经济管理大类学生的教材，也可以为从事商务管理工作的人士提供参考。

本书由浙江商业职业技术学院王勇教授负责统稿，并整理编写了主要内容，案例、习题及实训设计部分由浙江商业职业技术学院鲁晨琪老师负责整理加工。在编写的过程中，我们参考了大量国内外专家、学者的著作，他们的观点和独到的思维方式给了我们许多启迪，在此表示感谢。同时，感谢东北财经大学出版社的各位编辑，感谢他们从设计到成稿一直参与指导。

由于编者水平有限，加之时间仓促，书中难免有不足之处，恳请广大读者及同行专家批评指正，以便我们改进。

编著者

2017年10月

目　录

项目一　商务谈判概述/1

【任务目标】/1
【案例导入】/1
任务一　谈判的基础知识/2
任务二　商务谈判的特征和模式/7
任务三　商务谈判的原则/10
任务四　商务谈判的类型/12
任务五　商务谈判的形式/17
任务六　商务谈判的内容/20
【本章小结】/25
【思考题】/26
【案例分析】/26
【实训设计】/27

项目二　商务谈判准备/30

【任务目标】/30
【案例导入】/30
任务一　商务谈判信息准备/31
任务二　商务谈判方案准备/36
任务三　商务谈判人员准备/40
任务四　商务谈判物质条件准备/45
【本章小结】/47
【思考题】/48
【案例分析】/48
【实训设计】/48

项目三　商务谈判过程/50

【任务目标】/50
【案例导入】/50

任务一　开局/50
任务二　报价/56
任务三　磋商/64
任务四　成交与签约/69
【本章小结】/71
【思考题】/72
【案例分析】/73
【实训设计】/74
项目四　商务谈判心理/75
【任务目标】/75
【案例导入】/75
任务一　研究和掌握商务谈判心理的意义/76
任务二　谈判者的个性/80
任务三　谈判者的心理行为分析/84
任务四　谈判者应具备的心理素质与能力/89
【本章小结】/95
【思考题】/95
【案例分析】/96
【实训设计】/96
项目五　商务谈判策略/99
【任务目标】/99
【案例导入】/99
任务一　商务谈判策略的制定/100
任务二　不同阶段的商务谈判策略/102
任务三　双方处于不同地位的商务谈判策略/110
任务四　面对不同对手的商务谈判策略/117
【本章小结】/119
【思考题】/121
【案例分析】/121
【实训设计】/122
项目六　商务谈判技巧/124
【任务目标】/124
【案例导入】/124
任务一　商务谈判的语言技巧/125
任务二　商务谈判的让步技巧/132
任务三　商务谈判处理僵局的技巧/138

【本章小结】/146
【思考题】/147
【案例分析】/147
【实训设计】/149

项目七 商务谈判协议的履行与风险规避/151

【任务目标】/151
【案例导入】/151
任务一 要约与承诺/152
任务二 协议的签订/154
任务三 协议的履行/159
任务四 涉外谈判中常见的风险及其规避/162
【本章小结】/167
【思考题】/168
【案例分析】/168
【实训设计】/170

项目八 涉外商务谈判的特点与国外商人的谈判风格/171

【任务目标】/171
【案例导入】/171
任务一 涉外商务谈判的概念及特点/171
任务二 欧美商人的谈判风格/176
任务三 亚洲商人的谈判风格/181
【本章小结】/185
【思考题】/186
【案例分析】/186
【实训设计】/187

项目九 商务谈判礼仪/189

【任务目标】/189
【案例导入】/189
任务一 公开交往的礼仪/189
任务二 私下交往的礼仪/204
任务三 馈赠礼品的礼仪/210
【本章小结】/211
【思考题】/211
【案例分析】/211
【实训设计】/212

主要参考书目/213

项目一 商务谈判概述

【任务目标】

通过本章的学习，了解有关谈判的基础知识、商务谈判的特征和模式，理解商务谈判的原则，认识不同类型的商务谈判，并掌握商务谈判的主要形式和内容，学会用商务谈判的思维和理论分析谈判活动，为以后各章的学习奠定良好的基础。

【案例导入】

一对夫妻在看电视时看到一座老式时钟，妻子说："这座钟是我见过的最漂亮的钟！把它放在我们家的客厅里，一定能把氛围衬托得十分幽雅！"丈夫也应答道："非常合适！可是这座钟这么漂亮，要多少钱呢？电视上并没有给出价格。"夫妻俩商量了一番，最后决定到市中心的杂货店找一找那座钟，心理价位则定在500元以内。

最终他们在一家杂货铺找到了那座钟，妻子兴奋地喊道："没错！就是它！"但仔细一看时钟上的标价，写着750元。"怎么这么贵，我们的预算只有500元，还是算了吧。"妻子沮丧地说道。"是啊，"丈夫说："不过我们仍然可以试试看，能成就成了，不成就算了。"两人商量好由丈夫作为谈判者，同商家进行交涉。

丈夫来到柜台前，说道："我看到你们店有座古老的时钟在卖，成色也不新了，还蒙了不少灰，看样子放了很久也没有出售。要不这样吧，我出个价买下这座钟，怎么样？"他故意停顿了一会儿。"一口价，250元！怎么样？"售货员头也没抬地回答道："成交，那座钟是你的了。"

然而，这位丈夫并没有觉得自己谈判成功了，以原价1/3的价格买下这座钟让他非常懊悔：为什么没有开出更低的价格？把钟拿回家后，在安装的过程中，丈夫觉得钟很轻，没有想象中的那么重，他又开始担心是不是缺少了什么零件。挂在客厅墙壁上的钟看起来非常漂亮，和在电视里看到的一模一样，但他和太太却始终觉得心里不舒服。一天晚上，二人在夜里醒来，因为他们确认没有听到时钟走动的声音，于是起来再三确认！这样的情形持续了好几个晚上，他们整天忧心忡忡、魂不守舍的，健康状况也急转直下。为什么？原因就是售货员听到"一口价"就立刻把钟卖给了他们。

思考：这对夫妻为什么会有这样的反应？售货员哪里做得不足？

资料来源　作者根据相关资料整理.

对于谈判，我们并不陌生。翻开每天的报纸，看看每天的电视，听听每天的广播，浏览每天的网络新闻，观察一下我们的日常生活，到处都在进行着谈判。就国家而言，处理国与国之间的政治、军事、经济等事务需要谈判；就企业、团体、组织、个人而言，要解决矛盾和冲突，建立友好互助关系，寻求支持与合作，改善彼此间的关系而交换观点，或者为了取得一致的意见而磋商等，都是谈判。现实世界就像一张巨大的谈判桌，人们为适应生活、处理冲突，不管喜欢还是不喜欢，都会坐到谈判桌前来，通过谈判想方设法来实现自己的目标。我们可以把谈判看作人类行为的一个组成部分，人类的谈判史同人类的文明史一样长久。

任务一 谈判的基础知识

提起谈判，人们都会联想到在电视新闻中、在电影或电视剧中所看到的场景：一间大会议室的中间摆放着长条桌，桌子两边面对面地坐着两排人，他们的表情或庄重严肃，或故作轻松；他们或侃侃而谈，或不动声色地听；谈到重要之处，或言辞激烈、咄咄逼人，或柔中有刚、绵里藏针……人们会毫不犹豫地说，这就是谈判。不错，这确实是谈判，只不过是比较正规的一种谈判。除此之外，谈判还会在其他场合进行。比如，我们在日常购物中，与营业员或者个体老板讨价还价；在工作中，与上司就权利与义务等问题据理力争；在家庭内部，就家务的分配或家庭的开支与家人争得面红耳赤；在人才市场上，面对招聘单位的人事专员，用充满自信的语言说服他们，使他们相信自己就是他们要找的最合适的新成员；在社交酒会上，与他人探讨一个大型经济项目的合作；在一次私人拜访中，就一个严肃的话题表明各自的立场和态度；乃至在由多个地区或多个国家就某个重大问题举行的会议中陈述本方的观点、维护本方的利益……这些都是谈判。

谈判是一门科学，也是一门艺术，是人类交往的重要形式。交流、沟通和协商已渗透到人类生活的各个领域，我们每一个人，都是谈判舞台上的一名成员。谈判不仅决定着我们工作的成功与否，而且决定着我们能否享受充实、愉快、满意的生活。

【案例1-1】

美国前国务卿基辛格堪称20世纪的谈判大师，能协调非常复杂的各方利益。一次，基辛格为了“练兵”，主动为乡村一位贫穷老农的儿子做媒。他对老农说：“眼看你儿子到了成家立业的年龄，我为他物色了一位出色的妻子。”可是老农却回答说自己并不关心儿子的事情。

“这位姑娘可是欧洲著名银行家罗斯柴尔德的女儿。”基辛格说道。“嗯，如果这样的话……”老农回答。

基辛格又找到罗斯柴尔德，表示自己给他找到了一个优秀的女婿。可是罗斯柴尔德却回答：“我的女儿还小，未到谈婚论嫁的时候。”

“这位年轻人可是世界银行的副行长。”基辛格说道。“如果是这样的话……”罗斯柴尔德立马改变了态度。

最后，基辛格找到了世界银行行长，表示想为其推荐一位优秀的副行长人选。可是行长说：“我现在并不需要增加一名副行长。”基辛格马上回答道：“你知道吗？他可是罗斯柴尔德的女婿！”

结果自然是皆大欢喜，一位普通老农的儿子成了世界银行副行长，并且是金融界大佬的乘龙快婿。

谈判是一门科学，也是一门艺术，合理地运用谈判技巧，相互协商，可以使双方或多方共赢，甚至获得意想不到的结果。

资料来源　品福.基辛格说媒［J］.初中生，2012（3）.

一、谈判的定义及要素

（一）谈判的定义

谈判一词的英文为negotiation，可解释为商议、谈判、让与、沟通。谈判有狭义和广义之分。狭义的谈判，仅指在正式专门场合下安排和进行的谈判；而广义的谈判，则包括各种形式的交涉、洽谈、磋商等。那么，什么是谈判？按照最一般的认识，谈判是人们为了协调彼此之间的关系，满足各自的需要，通过协商而争取达成意见一致的行为和过程。美国谈判学会会长、著名律师杰勒德·I.尼尔伦伯格在《谈判艺术》一书中所阐明的观点更加明确，他说："谈判的定义最为简单，而涉及的范围却最为广泛，每一个要求满足的愿望和每一项寻求满足的需要，至少都是诱发人们展开谈判的潜因。只要人们是为了改变彼此的关系而交换观点，是为了取得一致而磋商协议，他们就是在进行谈判。"谈判通常是在人与人之间进行的，他们或者是为了自己，或者是代表某个组织、团体。因此，虽然中外学者对谈判概念的文字表述不尽相同，但其内涵却都包含着一些相近或相通的基本点。这些基本点大致有：

（1）谈判的目的性。凡是谈判者，均有各自不同的需求、愿望或利益目标，谈判是目的性很强的活动。假如没有明确的谈判目的，不明白为什么而谈，也不知道谈什么，至多叫作聊天或闲谈。目的性即追求一定的目标这一基本点可以表述为："满足愿望""满足需要""为了自身的目的""对双方都有利"，或者"满足己方的利益""利益互惠""满足各自的需要""为了各自的利益动机"等。

（2）谈判的相互性。谈判是一种双边或者多边的行为和活动，总要涉及谈判对象，即和谁谈的问题；否则，自己和自己谈，就不能称为谈判，也达不到谈判的目的。因此，人们在谈判的定义中都指出谈判的相互性即谋求某种合作这一基本点。这可以表述为："为了改变相互关系""涉及各方""使两个或两个以上的角色处于面对面的位置上""双方都致力于说服对方"，或者"个人、组织或国家之间""谈判双方""协调彼此之间的关系"等。

（3）谈判的协商性。谈判是通过相互合作实现各自目标的有效手段。它不是命令或通知，不能由一方说了算。所以，在谈判中，一方既要清楚地表明其立场和观点，又必须认真地听取他方的陈述和要求并不断地调整对策，以沟通信息、增进了解、缩小分歧、达成共识，这就是彼此之间的协商或磋商。谈判的协商性即寻求一致意见的这一基本点可以表述为："交换观点""进行磋商""说服对方"，或者"利用协商手段""观点互换""通过协商""进行相互协商"等。

综上所述，我们可以给谈判下一个最为简单的定义，即谈判是人们为了各自的目的而相互协商的活动。

【学一学1-1】

某一年，美国和前苏联关于全面禁止核试验的谈判破裂了。破裂的原因是双方僵持在一个关键问题上，即美国和前苏联每年允许对方在自己领土上设立多少个监视站以调查地震情况。美国坚持不能少于10个，而前苏联则只同意设立3个，结果由于双方都不放弃自己的立场，致使谈判破裂。双方的态度都过于强硬，导致谁也没有说服对方，没有为了双方的利益各退一步和友好协商。

（二）谈判的要素

谈判的要素，是指构成谈判活动的必要因素。也就是说，没有这些要素，谈判就无法进行。无论何种谈判，其基本的构成要素均包括以下几个：

1.谈判当事人

谈判当事人是指主持谈判、参与谈判的人员以及与交易利益相关的人员。从谈判组织的角度看，谈判当事人包括台上谈判人员和台下谈判人员。

（1）台上谈判人员包括主谈人、谈判组长。主谈人即谈判桌上的主要发言人，也是谈判的组织者。其任务是亲自并组织参加谈判的助手与对方进行辩论，将台下研究确定的谈判目标和策略在谈判桌上予以实现。

谈判组长是项目谈判班子的负责人，他虽不是谈判桌上的主要发言人，但有发言权；发言的主要内容一般是补充主谈人的论述，并在主谈人出现与方案有明显的误差时进行修正，以维护谈判目标的实现。有时，谈判组长和主谈人可以是同一个人。

（2）台下谈判人员主要指负责该项谈判业务的主管企业、公司或部门的领导，以及其他辅助人员。领导人员需要做好以下工作：组好谈判班子，提出工作要求，根据谈判班子的汇报审定谈判的阶段目标及终极目标。

辅助人员的工作包括资料准备和形势分析。资料准备是静态的信息准备，即必要的资料翻译、审阅、查找；形势分析则是动态的信息准备，即对谈判涉及的技术与经济条件进行比较分析并做出合理性判断。

2.谈判议题

谈判议题是谈判双方共同关心并希望解决的问题。其最大特点就在于当事人各方认识的一致性。如果没有这种一致性，就不可能成为谈判议题，谈判也就无从谈起。一场谈判可以有一个议题，也可以有多个议题。谈判中可谈判的议题几乎没有限制，任何涉及当事人利益、需要共同关心的内容都可以成为谈判议题。正所谓“一切都可以谈判”。谈判议题的多样性，使得每一场谈判的复杂程度也各不相同。以国际货物买卖谈判为例，谈判议题主要集中在货物名称、品质、数量、包装、价格、交货方式、支付条件、检验、不可抗力、索赔和仲裁等方面。

值得注意的是：谈判议题会受到诸如法律、政策、道德等的制约。我们都知道，有些特定的物品，法律是明文规定禁止交易的。例如，私人间不能买卖国家保护的文物，不准进行毒品或武器的交易等。

3.谈判背景

谈判背景是指谈判进行时所处的客观环境。它对谈判有着重要影响，是谈判不可缺少的组成部分。谈判背景主要涉及交易双方所在国（地区）的政治和经济关系、国际经济状况及交易双方的关系等。其他还包括地理、人口、气候等客观环境因素。就组成谈判的因素而论，在国际商务谈判中，具有影响的背景是政治背景、经济背景和人际关系。

（1）政治背景。它主要是指交易各方所在国之间的外交关系以及谈判进行时所在国的政局状况。外交与时局状况直接影响着谈判的成败。

【小贴士1-1】

早在1967年，以色列就侵占了埃及的西奈半岛。1978年，埃、以谈判缔结和约时，双方的立场是对等的、不相容的。埃及的要求是将西奈半岛全部收回，而以色列则坚持要保留西奈半岛的一部分。由于双方在立场上互不相让，谈判陷入了僵局。然而，究其背后的原因，埃及的利益在于收回主权，西奈自古以来就是埃及的一部分，埃及在近代才得到完整的主权，因此绝不会把西奈的一部分让给另外一个国家；以色列的利益在于安全，其不希望埃及的坦克在边境活动，随时可能发动攻击。后来，在第三方美国的斡旋下，时任以色列总理贝京和埃及总统萨达特最终达成了协议：把西奈半岛完全归还给埃及，但是要求一部分地区非军事化，以确保以色列的安全；埃及的国旗可以在西奈半岛上飘扬，但坦克却不能靠近以色列。

资料来源 作者根据相关资料整理，有改动.

（2）经济背景。它主要是指谈判标的在国际或国内市场中所占的地位以及交易双方所处的经济环境状况。经济背景将直接影响交易的价格水平。

（3）人际关系。它是指谈判人员之间，谈判人员所属企业、公司、部门及其领导之间的关系。事实证明，良好的人际关系是谈判中有效的润滑剂和催化剂，是谈判中不容忽视的重要因素。这种人际关系，既可以是自然人之间也可以是法人之间的关系，既可以是近期也可以是历史的关系。

二、谈判的动机

人类为什么要谈判呢？从本质上说，谈判的直接原因是参与谈判的各方有自己的需要，或者是自己所代表的某个组织有某种需要，而一方需要的满足又可能无视他方的需要。因此，谈判双方参与谈判的主要目的，就不能仅仅以满足自己的需要为出发点，而是应该通过交换观点进行磋商，共同寻找双方都能接受的方案。比如，发展中国家与发达国家谈判建立一家合资企业，由发展中国家提供生产场地，发达国家提供先进技术。举办这样一个合资企业，发达国家的目的和需要可能是利用技术上的优势，通过举办合资企业的形式，绕过直接贸易的障碍，开拓发展中国家广阔的市场或扩大原有市场份额，以期获得长期丰厚的利润；发展中国家的目的和需要可能是利用先进技术，提高本国的生产水平，获得丰厚利润，进而积极争取出口，开拓国际市场。显然，双方的目的和需要可能会涉及、影响他方需要的满足，在谈判中任何一方都可能是既统一又矛盾的。其统一性表现为：如果双方都想达到各自的目的，必须通过建立合资企业才能实现。其矛盾性表现为：发达国家提供技术的目的是要开拓发展中国家的市场，获得高额利润；发展中国家提供生产场地的主要目的是利用外国先进技术，提高国内技术水平，积极发展出口，而不是单纯地让出国内市场。总之，没有市场，拥有先进技术的发达国家就不感兴趣；同样，没有先进技术，发展中国家也不感兴趣。对发展中国家来讲，是以市场换技术；对发达国家来讲，则是以技术换市场。双方就是带着这种既统一又矛盾的需要和目的来参加谈判的。通过谈判，寻找双方都能接受的方案，使矛盾在一定条件下达到统一。

需要引发动机，动机驱动行为。需要是人缺乏某种东西时产生的一种主观状态，是人对客观事物需求的反映，也即人对自然和社会的客观需求在人脑中的反映。谈判人员作为社会的一个特定群体，其需要有特殊性。在谈判桌上，谈判人员不是代表个人，而是代表组织参加谈判。其在寻求个人需要得到满足的同时，还要寻求群体或组织需要的满足。因此，作为一个组织的谈判代表，从职业道德方面来看，应当通过自己的努力，尽力实现群体、组织需要的满足，而不应寻求从谈判对手那里获得不正当的个人私欲的满足。

动机是促使人去满足需要的行为的驱动力，或者说是推动一个人进行活动的内部原动力。它是引起和维持一个人的活动，并将活动导向某一目标，以满足个体某种需要的念头、愿望、理想等。谈判动机即促使谈判人员去满足需要的谈判行为的驱动力。

从谈判的内涵来看，谈判发生的动机表现为：

（一）追求利益

正如谈判概念中所提到的，谈判是一种具有明确目的性的行为，其最基本的目的就是追求自身的利益需要。人们的利益需要是多种多样的，一般有自然性需要、社会性需要、物质性需要和精神性需要。人们的种种利益需要，有些是可以通过自身的努力来满足的，但是，在现代社会中，更多利益需要的满足则必须在与他人进行交往的过程中得以实现。因此，在这种利益关系的交往中，有关各方追求并维护自身的利益需要，不仅使谈判具有了必要性，而且成为谈判的首要动机。

【学一学1-2】

一位美国画商到艺术之都巴黎采购画作，他看中了3幅画，拥有者是一位印度画商，每幅均为2 500美元。美国画商认为要价过高，但印度画商完全不肯松口，谈判陷入了僵局。就在此时，印度画商一怒之下点燃了其中一幅画作。美国画商立即询问剩下的画作出价多少，得到的答案仍然是2 500美元每幅。印度画商见其犹豫不决，又烧掉了一幅画。这时美国画商终于急了，赶忙请求别再烧掉那最后一幅画作。然而，印度画商话锋一转，说："如果你想买走最后这幅画，必须出3幅画的总价钱。"美国画商无奈之下只能以7 500美元的价格买下这仅存的最后一幅画作，懊恼地离去。

在这个故事中，印度画商之所以烧掉两幅画，是为了刺激买主的购买欲望，因为他知道这3幅画都出自名家之手，烧掉了两幅，剩下的最后一幅则物以稀为贵，必定将被买走。聪明的印度画商施展这一招果然灵验，虽然将前两幅画作付之一炬，但这笔生意的收入仍然是3幅画的总价钱。

资料来源　佚名.攻心致胜——烧画催生高价［EB/OL］.［2016-07-12］. http://www.54lou.com/jingji-shichang/201607768528.html.有改动.

（二）谋求合作

在现实生活中，由于社会分工、发展水平、资源条件、时空制约等原因，人们及各类组织乃至国家之间，往往形成各种各样的相互依赖关系。在这种相互依赖关系不断增强的客观趋势下，人们某种利益目标的实现和实现的程度，不仅取决于自身的努力，而且取决于与自身利益目标相关的各方的态度和行为，以及彼此之间的互补性。正是这种在相互依赖的可能中谋求合作的必要，不仅使谈判具有了可能性，而且成为谈判的一个重要动机。

（三）寻求共识

借助他人的资源满足自身的利益需要，必然会出现不同主体利益归属的要求和矛盾。随着社会文明的进步和社会生活中相互依赖关系及观念的增强，人们逐渐认识到暴力并非处理矛盾的理想方式。因为它不仅会造成许多严重后果并留下诸多隐患，而且矛盾最终仍要通过非暴力的方式得以解决。此外，人们也逐渐认识到摒弃对抗、谋求合作才是处理矛盾、增强社会联系和相互依赖关系的明智之举，而谈判正是实现互利的最佳选择。因此，寻求共识不仅使谈判具有了现实性，而且同样是谈判的又一重要动机。

任务二　商务谈判的特征和模式

一、商务谈判的概念

随着社会生产力的发展，人们之间的经济交往越来越频繁，在经济领域需要处理的关系越来越复杂，在此情况下产生并迅速发展起来的商务谈判，就成了企业开展经济贸易活动的重要手段。

所谓商务，即商业上的事务，是指经法律认可，以社会分工为基础，以提供商品、劳务、资金或技术等为内容的盈利性的经济活动，俗称“做生意”。而商务谈判就是关于商业事务的谈判，具体是指两个或两个以上从事商务活动的组织或个人，为了满足各自经济利益的需要，对涉及各方切身利益的分歧进行意见交换或磋商，谋求取得一致和达成协议的经济交往活动。

二、商务谈判的特征

商务谈判是谈判的类型之一，当然具备谈判的共性特征，如行为的目的性、对象的相互性、手段的协商性，同时还包括谈判当事人、谈判议题、谈判背景等各要素。但是，商务谈判作为谈判的一种特定形式，又必然具有自己的个性特征，具体包括以下三方面：

（一）商务谈判是以经济利益为目的的谈判

人们之所以要进行各种谈判，是因为有一定的目标和利益要求希望实现。不同类型的谈判，谈判者的目标和利益要求是不一样的。在外交谈判中，参与者要实现的目标和利益要求都是国家的根本利益，为了诱人的经济利益而在诸如国家的领土、主权方面做出让步，通常被认为是大逆不道的。在政治谈判中，政党或政治家的目标和利益要求总是同政权直接相关联，或是为了夺取政权，或是为了巩固政权，或是为了分享政权。经济利益如果同政治需要发生冲突，就得先算“政治账”，后算甚至不算“经济账”。在军事谈判中，对方不是企图通过谈判实现其在战场上无法得到的胜利，就是想以协议的形式使本方在战场上用武器夺取的利益合法化。

商务谈判的目的则集中而鲜明地指向经济利益。虽然参与商务谈判的双方要受政治、外交关系的制约，但他们考虑的却是怎样在当前的政治、外交格局下取得更多的经济利益。虽然谈判者在商务谈判中可以调动和运用各种非经济因素如权力因素、人情因素等来影响谈判结果，但他们在这样做的时候绝不是为了尊重权力、照顾人情，而是为了实现自己的经济利益。同样，他们的对手屈服于权力、人情的压力，也是有限的，这个界限就是其不得不死守的经济利益的界限。

（二）商务谈判是将经济利益作为主要评价指标的谈判

商务谈判本身就是经济活动的组成部分，或者直接就是一项经济活动，而任何经济活动都讲究经济利益。因此，与其他种类的谈判相比，商务谈判更计较经济利益，更要求精打细算。在商务谈判中，谈判者时时、处处、事事都算经济账，不仅要计算从谈判中能获得多少经济利益，还要核算谈判的三项成本，即谈判桌上的成本、谈判过程中的成本和谈判的机会成本，以追求谈判的经济效益。事实上，经济效益是评价一场商务谈判是否成功的主要指标。

（三）商务谈判是以价格为核心的谈判

虽然商务谈判所涉及的项目和要素不只是价格，价格仅仅是谈判内容的一部分，谈判者的需要和利益也并不仅仅体现在价格上，但价格在几乎所有的商务谈判中都是核心内容，占据最重要的地位。这不仅是因为价格的高低最直接、最集中地表明了谈判双方的利益切割，而且还由于谈判双方在其他利益要素上的得与失、拥有的多与少，在很多情况下都可以折算为一定的价格，通过价格的升降而得以体现或予以补偿。

三、商务谈判的基本模式

所有的谈判者都想在谈判中取得成功，那么怎样才能获得谈判的成功呢？当前，国际上流行的PRAM模式为我们提供了一条可供借鉴的谈判成功之路。

（一）PRAM模式的含义

所谓PRAM模式，是指谈判由四部分构成，分别是制订谈判计划（Plan）、建立关系（Relationship）、达成协议（Agreement）以及协议的履行和关系的维持（Maintenance）。

（二）PRAM模式实施的前提

PRAM模式的设计与实施有一个很重要的前提，就是必须树立把谈判看成协商而非竞争的意识。这种意识可以称为PRAM模式的灵魂。在谈判桌上，协商型谈判和竞争型谈判有很大的不同，主要表现在以下几方面：

（1）从目标上看。协商型谈判的目标是要满足双方的利益，这种利益即使有冲突，也是可以调和的；而竞争型谈判的目标则是要满足自己的利益，竞争双方各自的利益是对立的。

（2）从实现目标的手段和方法上看。协商型谈判是双方充分地理解彼此的利益要求，在肯定双方一致利益的基础上，通过彼此共同的努力，找出一个能使双方各有所获的方案，以此来协调彼此之间利益上的矛盾；而竞争型谈判中的双方为了达到各自的目标，会想方设法地运用各种手段来限制对方、剥夺对方的利益、置对方于失败者的境地。

（3）从谈判的结果上看。协商型谈判的结果是使双方的利益都得到满足，双方都是胜利者；而竞争型谈判的结果是一方是胜利者，另一方是失败者。

（4）从当事人双方的关系上看。在协商型谈判中，双方是一种互助合作的关系，本方在帮助对方达到其目的同时，对方也在帮助本方实现目标。在双方利益都能得到重视和满足的情况下，双方之间就能建立起一种友好的人际关系，并使这种关系不断得到巩固和加强。而在竞争型谈判中，双方的关系是对立的，一方的胜利以另一方的失败为前提，在胜利者和失败者之间难以建立起一种友好关系，更谈不上巩固和加强这种关系。作为谈判失败的一方，绝不会有帮助对方获得成功的动机。同时，在竞争型谈判中，参与谈判的双方都会竭尽全力，想方设法地打击对方，以免自己成为失败方；而当谈判结束己方沦为失败者后，心中必然会愤愤不平，或者决定今后不再与对方合作，或者下定决心今后一定要击败对方，以雪耻辱。

（三）PRAM模式实施的程序

（1）制订谈判计划（P）。首先，要明确本方和对方的谈判目标分别是什么；在确定了双方的目标之后，通过比较找出其中利益一致的地方，并在之后的谈判中首先将其提出来，由双方加以确认，以提高双方谈判的兴趣和增强成功的信心；对于双方利益不一致的地方，要发挥思维创造力，探索选择双方都比较满意的解决办法，以缩小甚至弥合双方的分歧。如1972年中美就台湾问题谈判时，双方在该问题上的立场差异甚大，几乎有些谈不下去了，但是通过协商，双方还是找到了这样一种表达方式：海峡两岸的中国人都承认只有一个中国。美国政府接受了这一说法，《中美联合公报》得以签订。这一表达方式弥合了双方立场上的分歧，在创造性方面堪称一绝。

（2）建立良好的合作关系（R）。在正式谈判之前，要同谈判对方建立起良好的合作关系，使双方在谈判协商的过程中感受到舒畅、开放、融洽的氛围。其原因在于人的行为不但受思想认识的支配，还受情感的影响。因此，如果双方已经相互了解，并建立了一定程度的信任关系，其谈判协商的难度就会大大降低。

（3）达成双方都能接受的协议（A）。在谈判双方建立了信任关系以后，即可进行实质性的事务谈判。这期间，双方首先应该核实对方的谈判目标；然后对彼此意见一致的地方加以确认，并作为谈判的基础，对彼此意见不一致的地方充分交换意见，寻求一个有利于双方且双方都能接受的解决方案。

（4）协议的履行与关系的维持（M）。为了促使对方履行协议，必须做好以下两件事：一是己方要信守协议，积极认真地履行合同，并及时把有关实施情况通告对方；二是对对方遵守协议的行为给予适时、良好的情感反映，如亲自拜访、写信或打电话等。此外，对一个有长远眼光的谈判者来说，还需要维持同对方的关系。为了将来继续交易，对于在本次交易谈判中同对方建立起来的关系，应想办法予以保持和维护。如积极维护与对方的接触和联络，特别是个人之间的联系，以避免以后同对方进行交易时再花费力气重新建立这种关系。

【学一学1-3】

中国台湾友嘉实业集团与瑞典一知名跨国公司（年营业额约4 800万美元）合资合作，在泰国进行为期3天的谈判。由于瑞典方面最初提出的草约多站在自我保护的立场上，所以友嘉无法赞同，于是各说各话，无法凝聚、形成谈判的焦点问题。瑞典方面尤其不愿意新公司将来向竞争对手销售货物，认为此举无异于助长他人实力，但是友嘉却有不同看法。

商谈两天之后，仍无进展。最后，友嘉实业集团董事长朱志洋改变了坚决不让的谈判方式，他先反问对方和友嘉合作的目的是什么，然后客观分析，无论是资金、技术还是市场竞争力，瑞商都优于台商，友嘉唯独在管理能力（对生产、制造的控制，包括产品优良率、库存、成本等）以及设备自制能力方面略胜一筹；而友嘉有求于瑞商的是品牌、营销渠道等。所以，双方应互取所需。他进一步说明：借助友嘉的管理能力，瑞商可以降低成本，提高生产力；货品的销售对象不自我设限，可以扩大产量，降低单位成本，相对提高获利率，股东可以分享更多利益，何乐而不为？朱志洋站在对方的立场上，分析他们的难处，提出了一套解惑的理由与数据，终于使双方在第三天顺利签下合约。

在该案例中，朱志洋在谈判陷入僵局时及时改变了谈判方式，使谈判得以顺利完成。在谈判中执行灵活机动的原则，从某种意义上讲，也是一种创造性的工作。

任务三 商务谈判的原则

人类的每项社会活动，都有其自身的活动行为和心理准则，我们习惯上称为原则。谈判这一人类所特有的社会实践活动也有其自身所遵循的行为和心理准则，即谈判原则。谈判原则是谈判各方都应共同遵守以达成合作协议的行为准则。

虽然商务谈判是相当灵活的：它要求双方能随机应变，有可供选择的多种方案，有变通地处理各种问题的能力，有权在一定范围内决定取舍和更改，有权做出让步以换取对方的让步等，但它同时还是一项原则性很强的活动，无论怎样灵活地处理问题，都必须恪守一些基本原则。

一、平等互利原则

平等互利是商务谈判中应遵循的基本原则。所谓平等，是指商务谈判中的各方无论经济实力强弱，组织规模大小，其地位都是平等的；所谓互利，是指谈判达成的协议对谈判各方都是有利的。互利是平等的客观要求和直接结果。

【案例1-2】

温州某皮鞋厂与日本A株式会社达成了一笔皮鞋出口交易，然而由于日本市场需求变化大、货物运输时间长等因素，皮鞋运到日本后已经错过了销售旺季，导致产品滞销。日方无奈之下向中方提出退货，没想到中方竟然答应了。按照惯例这不可能，更何况货物价值总计160万日元。中方为什么会答应日方的请求呢？

其原因有如下两点：其一，如果不同意日方退货，对方就会破产，中方就会少一个合作伙伴。如果这批货退回来，中方还可以用同等价位的另一批畅销货代替，并且退换货发生的所有费用均由日方支付。之后若要批发同类货物时，日方首先会考虑该鞋厂。其二，中方认为“出口转内销”是具有吸引力的，这批货在国内销售并不会赔钱。除此之外，作为合作伙伴的日方A株式会社如果破产，会在日本市场内造成不利影响，损害中方的声誉。

由此，中方同意退货，在出口替代的一批货时，不但保质保量，而且按时发运，使日方A株式会社大赚了一笔，同时也使中方获得了良好的声誉。不久便有多家公司前来询问合作事宜，A株式会社也立即与中方签订了长达五年的合作协议，双方长期分享国际市场变动信息，合作非常愉快。

该案例说明，建立在平等基础上的合作双方，互惠互利是达成协议、促进成交必不可少的条件。谈判双方首先要认定自身的需要，然后探寻对方的需要，并与对方一起寻找满足双方需要的可行性途径，最后再选择一个双方都能接受的最佳方案。正是从这一原则出发，美国著名的谈判学家尼尔伦伯格把谈判称为“合作的利己主义”。

但也有相反的事例，如美国纽约印刷工会领导人伯特伦·波厄斯以经济谈判毫不让步而闻名全国。他利用这一“绝技”与报社进行谈判，并且借两次使报社瘫痪的罢工，逼迫报社老板满足他的谈判条件，步步紧逼，始终不退让，结果在谈判桌上获得了彻底的胜利——报社被迫同意给印刷工人加工资。伯特伦·波厄斯一方的全胜，给报社一方带来了困境：先是三家大报被迫合并，接下来便是倒闭，最终纽约全市只剩下了一家晚报和两家晨报，结果数千名报社工人、印刷工人失业。也就是说，由于一方贪求谈判的彻底胜利，导致了最后的彻底失败。该案例说明：谈判中只顾自己一方的利益，不顾他方的利益，违背互利原则，即使他方受损，最后也可能会导致双方的失败。

资料来源　作者根据相关资料整理，有改动.

二、求同存异原则

求同存异原则要求谈判各方首先要立足于共同利益，要把谈判对象当作合作伙伴，而不仅仅视为谈判对手。同时，要承认利益分歧，正是由于需求差异和利益的不同，才可能产生需求的互补和利益的契合，才会形成共同利益。贯彻求同存异原则，要求在商务谈判中从大局出发，要着眼于自身发展的整体利益和长远利益，着眼于长期合作的大局；同时，要运用灵活机动的谈判策略，通过寻求协调利益冲突的办法，构建和增进共同利益；要善于求同存异，不仅应当求大同存小异，也可以为了求大同而存大异。可以说，求同存异原则是商务谈判成功的关键。善于求同存异，历来是谈判高手具有智慧的表现。

三、友好协商原则

商务谈判是一个讨价还价的过程，是地位平等的各方互相让步、求同存异的过程，合作的成功依赖于寻找到各方满意的利益平衡点。这决定了谈判需要友好协商、需要互相谅解。

坚持友好协商原则，同样要求把谈判对象视为合作伙伴和事业上的朋友，而不应该视为竞争对手。因为双方坐到谈判桌边的前提，就是对方在某些方面能满足我方的需要，与对方合作能给我方带来利益，解决仅靠自己一方无法解决的困难。从这个意义上说，友好协商是谋求谈判成功、达到己方目的应遵循的基本原则。

【小贴士1-2】

有两位同学在图书馆起了冲突，原因是其中一位要开窗，而另一位不让开窗。两人争执不休，找不到一个两全其美的办法。这时，图书管理员上前询问二人为何争执，得到的答案是一方希望有新鲜空气，而那位不愿开窗的同学则是怕文件被风吹乱。图书管理员听完两人的回答后，将旁边的窗户打开了，这样既能通风又不会把文件吹乱。

由此我们发现，在日常生活和商务交往中，双方难免会产生摩擦，重要的是友好协商，合作谋求共赢。

四、事人分开原则

事人分开原则要求谈判双方在谈判中把人和事分开，把对谈判对手的态度和对所讨论问题的态度区分开来，即做到对事不对人。

参加商务谈判的每一名谈判人员无论代表何方，他都不是“抽象代表”，而是有着自己特有的价值观念，有着自己的个性特征和情绪，有着不同的经历并因此以一定的观点看问题的活生生的人。“人性”在谈判中要么起推动作用，要么起阻碍作用。因此，谈判者在谈判进行的各个阶段、各个环节，都应注意人的问题对谈判的影响。

坚持事人分开原则，应力争在谈判中做到以下三点：

首先，当提出方案和建议时，要从对方的立场出发考虑提议的可能性，理解和谅解对方的观点、看法。站在对方的角度看问题，能较好地克服想当然的推断所造成的偏见，从而正确地分析、理解双方对问题的看法。有一个例子恰当地说明了这一道理：在桌子上放着一个盛着半杯凉水的杯子，你既可以说桌上放着一个半空的杯子，也可以说桌上放着一个盛了半杯水的杯子。为什么同一事物却有着不同的说法？这就是因为看问题的角度不同。

其次，要尽量多阐述客观事实，避免责备对方。谈判中经常出现的情况是：双方互相指责、抱怨，而不是互相谅解、合作。当对谈判中出现的某些问题不满时，就将其归咎于对方，往往把问题搁在一边，对对方（或其谈判人员）进行指责、攻击。

【案例1-3】

新业鞋厂对新购进的机械设备进行安装调试，然而在试运行过程中设备多次发生故障，鞋厂立即请供应商前来维修。结果维修效果不佳，并没有解决故障问题。在这种情况下，作为买方的新业鞋厂指责对方说：“你们卖给我们的设备有问题，技术不过关，维修服务也不负责，我们要求退货并且赔偿。”显然，这里明显含有指责对方、让对方承担责任的意思。

在这个案例中，如果把有关职责的话语换一种方式表达，效果是不是会不同呢？“我们从贵公司购进的机械设备试运行时经三次大修理仍无法解决故障，若这样投入生产会给我们造成上万元的资金损失。请问，我们是应该退掉这台设备，还是想其他方法解决这个问题呢？”尽管字里行间没有出现任何指责对方的语言，但这并不等于开脱卖方的责任；相反，会使卖方感到更加不安，有责任、有义务帮助买方挽回损失。在谈判中，运用事人分开的原则，明确我们的目的不是批评、指责对方，而是怎样更好地解决问题。

资料来源 作者根据相关资料整理.

最后，应使双方都参与提议和协商。谈判出现矛盾、分歧时，有时双方甚至争得面红耳赤、不可开交。究其原因，多数情况下是由于双方各自从自己的立场出发，拿出一个旨在让对方接受的提议或方案。这样，即使是对谈判有利的协议，对方也因为怀疑而拒不接纳。如果提出协议的一方一味坚持，另一方也很可能态度强硬，结果常常导致谈判陷入僵局。改变的方法很简单，那就是让对方也参与协议的起草、协商。

任务四 商务谈判的类型

商务谈判客观上存在着不同的类型。认识商务谈判的不同类型，目的在于根据其不同特征和要求更好地参与谈判和采取有效的谈判策略。可以说，对商务谈判类型的正确把握，是谈判成功的起点。

一、按商务谈判参与人数划分

（一）个体谈判

个体谈判是指谈判双方都只有一个人参加，即一对一地进行谈判，也称一对一谈判。它的优势在于：①谈判规模小，所以在谈判工作的准备、地点、时间安排方面，都可以灵活变通；②谈判方式可以灵活选择，气氛也比较和谐；③一个人作为全权代表，可以克服集体谈判中成员之间相互配合不利的状况；④既有利于谈判双方相互沟通，也有利于封锁信息和保密。

个体谈判的缺陷在于：①一人要同时面对多方面的问题，尤其是一些复杂的谈判，谈判者会力不从心；②需要单独做出决策，谈判者面临的压力较大；③无法使用集体谈判的某些策略。

（二）集体谈判

集体谈判是指谈判双方（或各方）都有两个或两个以上的人员参加谈判，也称小组谈判或团队谈判。它的优势在于：①可以集思广益，提供更多、更好的对策和方案；②可以运用各种谈判战略、战术，发挥团队优势；③小组成员分工协作，取长补短；④分散谈判对手的注意力，使之不能将矛头全部对准某一个人，从而可以大大减轻个人的压力。

集体谈判的缺陷在于：①组成谈判团队本身存在一定的难度；②若谈判参与人员之间配合不当，就会在一定程度上影响谈判的效率。

二、按商务谈判的地点划分

（一）主场谈判

主场谈判是指某一谈判方以东道主的身份在自己所在地进行的谈判。它的优势在于：

（1）易于建立心理优势：由于是在本企业所在地进行谈判（特别是国际商务谈判），无论是谈判日程的安排、各种资料的准备、新问题的请示，还是谈判班子的调整，都比较方便，从而很容易地使主场谈判方建立心理优势，谈判过程中做到底气十足，心中有数。

（2）可以以礼压客：由于一方为主，一方为客，东道主要承担邀请、迎送、接待、组织洽谈等工作。如果东道主在上述活动中能够注意礼节，给客方营造良好的谈判环境，那么无疑会给客方留下良好印象，使其在谈判中以一定的让步作为回报。尤其是谈判空隙专为客方安排的游览观光和领导人接见等活动，更能给客方以“礼貌”的感觉，非常有利于交易的达成。

主场谈判的缺陷在于：①东道主在接待客人的过程中需要支付较大的谈判成本；②容易被客方以种种借口攻破防线。

（二）客场谈判

客场谈判是主场谈判的对称，指谈判人员到对方所在地进行有关交易谈判。它的优势正是主场谈判中东道主一方所表现出来的不足之处。客场谈判的缺陷在于客居他乡的谈判人员会受到各种条件的限制，也需要克服种种困难，如谈判期限、谈判授权、信息交流以及可能的语言障碍等。尽管如此，客场谈判也是不可避免的。一旦在客场进行商务谈判，要注意把握以下两点：

一是审时度势，反应灵活。在客场谈判中，为了取得谈判的成功，不但要恪守己方的总部署，而且要审时度势，反应灵活。常见的审时度势的方法有：分析市场以及主方的地位、心理变化等。反应灵活则表现在谈判态度的灵活转换上，有成功的希望则坚持原立场，无成功的希望则要速战速决；对方有签约诚意则灵活调整可提供的优越条件，若无意成交则不必随便降低己方已经提出的条件。

二是采取客随主便的方式。由于身处异地，彼此生疏，会形成一道认识的屏障，所以，在谈判初始阶段往往采用客随主便的策略，以探对方的虚实。与此同时，要积极进行调查研究，以免贸然行事而使自己被动。随着谈判的逐步展开，以及对环境和对方情况的了解逐步加深，逐渐使谈判向以己方为主的方向过渡。

（三）中立地谈判

中立地谈判也称第三地谈判，是指在谈判双方所在地以外的其他地点进行的谈判。在中立地谈判，对谈判双方来说没有宾主之分，可以避免主客场对谈判的某些影响，为谈判提供良好的环境和平等的氛围。但是，中立地谈判可能会引起第三方的介入而使谈判各方的关系发生微妙变化；同时，中立地谈判还不利于双方实地考察、了解对方的状况等。

当然，如果谈判需要进行多轮，通常安排主客场轮换。在这种情况下，谈判人员应善于抓住主场机会，使其对整个谈判进程产生有利的影响。

三、按商务谈判双方采取的态度划分

（一）软式谈判

软式谈判也称关系型谈判，即谈判者不把对方当成对手，而是当作朋友，强调的不是要占上风，而是要建立和维持良好的关系。这种谈判的一般做法是：信任对方→提出建议→做出让步→达成协议→维系关系。

当然，如果当事各方都能以维持良好的关系为重，以宽容、理解的心态互谅互让、友好协商，无疑谈判的效率就高，成本就低，相互的关系也会得到进一步加强。然而，由于价值观念和利益驱动等原因，有时这只是一种良好的愿望和理想化的境界。事实上，对某些强硬的谈判对象一味退让，往往只能达成不平等甚至是屈辱的协议。在拥有长期友好关系的互信合作伙伴之间，或者在合作高于局部利益、今天的“失”是为了明天的“得”的情况下，软式谈判的运用是有意义的。

（二）硬式谈判

硬式谈判也称立场型谈判。这种谈判视对方为劲敌，强调谈判立场的坚定性和针锋相对，认为谈判是一场意志力的竞赛，只有按照己方的立场达成的协议才算胜利。

采用硬式谈判方式，谈判双方常常是互不信任、互相指责，谈判也易陷入僵局，甚至无法达成协议。而且，这种谈判即使达成某种妥协，也会使让步方履约消极，甚至想方设法撕毁协议，予以反击，从而陷入新一轮的对峙，最后导致相互关系的完全破裂。在对方玩弄谈判工具而且其阴谋需要加以揭露，或在事关自身的根本利益而无退让的余地，或竞争性商务关系，或一次性交往而不考虑今后的合作，或在对方思维天真并缺乏洞察利弊得失的能力等情况下，运用硬式谈判是有必要的。

（三）原则式谈判

原则式谈判也称价值型谈判。这种谈判方式最早由美国哈佛大学谈判研究中心提出，故又称哈佛谈判术。原则式谈判吸收了软式谈判和硬式谈判之所长而避其极端，强调公正原则和公平价值。

原则式谈判具有以下特征：①谈判时对人温和，对事强硬，把人与事分开，即主张对事不对人的原则；②主张按照共同接受的具有客观公正性的原则和公平价值来达成协议，而不是简单地依靠具体问题的讨价还价；③谈判中开诚布公而不施诡计，追求利益而不失风度；④努力寻找共同点，消除分歧，争取取得彼此都满意的谈判结果。

原则式谈判是一种既理性又富有人情味的谈判方式。运用原则式谈判的要求有：当事各方从大局着眼，相互尊重，平等协商；处理问题坚持公正的客观标准，提出相互受益的谈判方案；以诚相待，采取建设性态度，立足于解决问题；求同存异，互谅互让，争取双赢。这种谈判态度与方法，同现代谈判强调的实现互惠合作的宗旨相符，越来越受到社会的推崇。

软式谈判、硬式谈判和原则式谈判所表现出来的不同点，可以用表1-1进行比较：

表1-1　**软式谈判、硬式谈判和原则式谈判的区别**

	软式谈判	硬式谈判	原则式谈判
目标	达成协议	赢得胜利	圆满有效地解决问题
出发点	为了增进关系而做出让步	要求对方让步，作为建立关系的条件	把人与问题分开
手段	对人与事都采取软的态度	对人与事都采取硬的态度	对人采取软的态度，对事采取硬的态度
态度	信任对方	不信任对方	信任与否与谈判无关
立场	轻易改变自己的立场	坚持自己的立场	着眼于利益而不是立场
做法	提出建议	威胁对方	双方探究共同利益
方案	找出对方能接受的方案	找出自己愿意接受的方案	达成对双方都有利的协议
表现	尽量避免意气用事	双方意志力的竞赛	根据客观标准达成协议
结果	屈服于对方的压力	施加压力使对方屈服	屈服于原则，而不屈服于压力

【案例1-4】

美国A&F服饰公司有意向杭州英美姿制衣公司购买女装生产线。随着谈判的深入，双方在设备、原材料、产量、技术指导等方面已达成协议，接下来进入谈判的实质性阶段——价格谈判。卖方认为，由于使用了最新技术和本公司设计师的不断调试，设备的价值远高于市场平均水平，价格不能仅参考市价。而买方则坚持市场价，双方对40多万美元的设备价格争执不下。由于不收取额外的技术指导费用，卖方英美姿制衣公司坚持比市价高出技术部分的投入。买方A&F服饰公司则询问有关技术指导的人员费用，卖方一一详细介绍，双方很快达成协议，但差旅费依然没有明确，可以由卖方承担也可以由买方承担。所有条目基本上确定了之后，买方继续针对设备总价问题进行商讨。卖方主动下调了5%，但双方仍然有6%的价差，买方为了成交，同意再让2%。卖方再次重申技术问题，称已经做出了最大的让步，在价格上无法再优惠了，眼看谈判即将陷入僵局。双方冷静下来之后，美国A&F服饰公司的谈判代表提出了一个折中方案，由买方承担卖方人员在现场的指导费用以及差旅费。卖方认为此办法的确能省下一部分费用，欣然接受，双方签订了合同。

从该案例可以看到，双方努力寻求共同点，各退一步解决分歧，最终获得了双赢，圆满地达成了协议。

资料来源　丁建忠.商业谈判战法［M］.北京：中信出版社，2002.

四、按商务谈判的标的划分

（一）货物买卖谈判

货物买卖谈判的标的是普通货物或商品，买卖双方就商品的品质、数量、包装、保险、运输、检验、价格、支付方式等主要条件进行详细磋商，以达成协议。

货物出口方通常关注货物的价格、货款的支付和保险、运输、检验等条款。在全球化条件下，企业只有不断开拓国际市场，才能提高经济效益和技术水平，改善经营管理，从而为自身赢得更大的发展空间；货物进口方通常关注购进的商品能否满足销售业务的需要、适应消费者的需求。同时，要掌握好进口价格，减少进口环节，合理选择进口货物来源地、适当的进口时机和确定适当的批量（即均匀进口）。

（二）对外加工装配业务谈判

对外加工装配业务谈判又称加工贸易谈判。加工贸易包括来料加工、来件装配、来样制作三种类型。它的主要含义是：由外商提供一定数量的原材料、零部件和元器件，由我国的工厂按对方要求的品质、规格和款式进行加工装配，成品交由对方处置；我方按照约定，收取加工费作为提供劳务的报酬。

（三）技术贸易谈判

技术贸易谈判是指技术权利所有者和技术接受方就技术的内容、使用范围、价格条件、支付方式、所生产的产品质量以及技术的保密性等问题进行的谈判。

技术贸易谈判的主要特点表现为：技术贸易转让的一般是使用权而非所有权；技术贸易是一个时间相对较长的合作过程；价格难以确定；很难一次付清全部货款；涉及的制度和法律障碍比较多。

【案例1-5】

我国北方航空公司从英国飞机制造厂订购了一批新型直升机。飞机交付使用一段时间后，陆续发生发动机机械故障，虽经不断维修，但最终该批飞机还是全部无法飞行。飞机发生故障后，中方曾专门派遣一名女工程师到英方工厂作为联络员，负责飞机维修的具体事宜。该工程师在与英方不断交涉的过程中，逐渐发现一个秘密：原来英方出售给我方的飞机并非最新机型，英方在谈判中刻意隐瞒了实情。该批飞机的发动机普遍存在缺陷，会导致发动机故障，而新型号则作了改进，但英方并未出售给我方新型飞机。显然，英方是想通过这项贸易清理库存，获取不当利润。当该工程师直接向英方点破该问题后，英方的态度急转直下，断然中止了与中方的合作。最后，中方经过艰苦的努力，通过法律向英方索赔成功。但既成事实还是不可避免地给中方造成了重大损失。显然，英国该公司这种不讲信用和欺骗的行为只能是"一锤子买卖"，中方根本不可能与之长期合作。

（四）工程承包谈判

工程承包是指工程建筑企业通过国际通行的投标或接受委托等方式，与兴办一项工程的发包人或业主签订合同或协议，提供技术、劳务、设备、材料等，负责承担合同所规定的工程设计、施工、安装设备等工作，并按合同规定的价格和支付条款，向发包人收取工程款和相应的利润。

由于工程承包是一种综合性的交易，涉及劳务、技术、设备、材料、土建等诸多方面，交易的期限比较长，因而交易双方面临的风险都非常大。工程承包谈判是一种非常复杂的谈判。此类谈判的负责人和主谈人要求都是具有丰富实践经验的工程技术方面的专家。

（五）租赁业务谈判

租赁业务谈判是（中外）企业之间就机器设备的租赁事宜进行的谈判。从性质上看，租赁是典型的贸易与信贷、投资与融资相结合的综合性交易。双方在谈判中要就机器设备的选择、交货、到期后的处理、租金的计算及支付、合同期内租赁方与承租方的义务与权利等问题进行具体的磋商。

（六）合资合作经营谈判

合资经营是由两个或两个以上的国家或地区的公司、企业、经济组织或个人，按一定比例联合投资，共同兴建企业的一种生产经营方式。合作经营是由两个或两个以上的国家或地区的公司、企业、经济组织或个人，通过双方协商同意，按照双方所签订的合同共同兴办企业的生产经营方式。

合资合作经营谈判由于涉及投资股权和比例的计算、生产用地和机器设备的作价、技术的先进性和适用性、知识产权保护、产品合格率的宽严、合资企业的经营管理和利润分配等问题，加之履约时间长，因此必须由富有经验且精通技术、商务、法律的人员来担任主谈人。

任务五　商务谈判的形式

随着科学技术的不断发展和交通、通信手段的不断优化，商务谈判的方式和手段也在不断地发展变化。其中，一个显著的特征是Internet的普及。它使得人人都可以成为网络社会中的一个角色，可以在网上聊天、交友、谈判、做生意等等。正是由于高新技术的发展，现代商务谈判的形式越来越丰富。

一、面对面谈判

面对面谈判是指谈判双方（或多方）直接地、面对面地就谈判内容进行沟通、磋商和洽谈。它是商务谈判中最主要的形式，是人与人之间所做的最直接的沟通、磋商和洽谈，因此受人的个性、需要、动机和直觉的影响最大。本书所研究的谈判策略、技巧、心理、礼仪、人员管理等，都是以面对面谈判方式为背景而展开讨论的。面对面谈判的优势表现为：

（一）谈判具有较大的灵活性

在举行正式的商务谈判前，谈判双方都能够广泛地了解市场动态，开展多方面的市场调研，全面深入地了解对方的资金、信誉、谈判作风等，从而制订出详细、切实可行的谈判方案；在商务谈判进行时，则可以利用直接面谈的机会，甚至利用私下接触，进一步了解谈判对手的需要、动机、策略以及主谈人的个性等，并结合谈判过程中出现的具体情况，及时、灵活地调整谈判计划和谈判策略、谈判技巧。

（二）谈判的形式比较规范

采取面对面的谈判方式时，谈判各方在谈判桌前就座，就形成了正规谈判的气氛，使每个参加谈判的人都产生一种开始正式谈判的心境，从而很快地进入谈判角色中。而且，面对面谈判又都是按照开局→讨价还价→达成协议或签订合同的谈判程序进行的，所以，它是比较规范的谈判形式。

（三）谈判的内容比较细致

面对面谈判便于谈判各方就某些关键问题或难点问题进行反复沟通，就谈判协议的具体条款进行反复磋商、洽谈，从而使谈判的内容更加深入、细致，谈判的目标更容易达成。

（四）有利于建立长久的贸易伙伴关系

由于面对面谈判是双方或多方直接接触进行的，彼此沟通时更容易产生感情，特别是在谈判工作之余的闲聊或文娱活动中，能增进了解、培养友谊，从而能建立一种比较长久的贸易伙伴关系。而这种关系对谈判协议的履行以及今后新一轮的谈判工作都有积极的意义。

当然，面对面谈判也有一定的缺陷，如己方的谈判意图容易被谈判对手所洞悉、决策时间短、费用高等。

二、电话谈判

电话谈判就是借助电话等通信终端进行信息沟通、协商，寻求达成交易的一种谈判方式。它是一种间接的、口头的谈判方式。

电话谈判的主要优势是快速、方便，且联系广泛。和面对面谈判一样，电话谈判也是借助于有声语言来进行的，只不过前者是一种近距离的面对面的磋商，后者是一种远距离的不见面的磋商。

电话谈判的缺点有：谈判双方误解较多，更容易被拒绝，某些事项常常被遗漏和删除，时间紧，有较大的风险等。由于目前可视电话尚未普及，工作中的联系电话通常只能听到对方的声音，看不到对方的面部表情，更看不出对方的行为暗示，而且在电话中还无法验证对方的各类文件、证据等，因此会直接影响到电话谈判在实际运用中的效果。

电话谈判方式如果能得到合理的运用，能起到很好的扬长避短的作用。例如：当一方欲与对方快速沟通、尽早联系、尽快成交时，电话联络无疑是最方便、快捷且行之有效的方式。再者，一方若想取得谈判的优势地位，可直接把电话打给谈判对方，这样往往会给对方造成一定的谈判压力，很有可能因为对方的准备不足而占尽谈判的主动地位。另外，电话谈判还有很好的信息保密作用，商务信息一般只在通话者之间传递，适宜在需要高度保密的谈判内容时加以使用。

【学一学1-4】

如何在电话中给对方留下良好印象

（1）端正打电话的姿势。总是以对方就在眼前的感觉来打电话，就能使对方感觉是在同一个“了不起的人”谈话。

（2）表情诚恳。人的笑容、情绪总会通过他的声调表现出来。

（3）发声有力、响亮。人的声音可以把自己的心情传达给对方。

（4）适当地使用附和（帮腔）语，如“是，是的”“嗯，嗯”等。

（5）措辞正确得体。

（6）注意“这，这个”“那，那个”之类口头语的使用。

（7）每句话从头到尾清清楚楚，不要拖泥带水。

（8）以问候致礼开始，以致礼道歉结束。

三、函电谈判

函电谈判是指通过邮政、电传、传真等途径进行磋商，寻求达成交易的书面谈判方式。它是一种远距离的、谈判双方不直接见面的谈判方式，因此，在国际贸易中使用非常普遍和频繁，外贸函电也成为国际经济交往中的一种重要手段。

函电谈判具有方便、准确，材料齐全、有据可查，节省时间，费用较低，有利于决策等优点。但和电话谈判一样，由于它是一种非直接见面式的谈判，因此，面对面谈判中针对谈判对方所使用的谈判策略在函电谈判中很难产生作用。按照国际贸易惯例，函电谈判一般包括五个环节：

（1）询盘。它是指谈判一方大致询问另一方（或多方）是否有供应或购买某种商品的条件(需求)。一般起到的作用仅仅是了解供求双方的基本情况，以衡量一下各方的实力和需求。

（2）发盘。它也称要约，是谈判中的一方想出售或购买某种商品，而向谈判的另一方提出买卖该商品的各种交易条件，并表示愿意按这些交易条件成交。

（3）还盘。它是指谈判一方接到对方的发盘后，不能完全接受对方在发盘中所提出的交易条件，为了进一步磋商，而对发盘提出修改意见的一种表示。

（4）接受。它又称承诺，是一方完全同意对方的发盘或还盘的全部内容所做出的明确表示。

（5）签订合同。合同经双方签字后即告成立，具有法律效力，买卖双方都应当遵守和执行合同中的各项内容，任何一方不履行合同都将承担法律责任。

四、网上谈判

网上谈判是借助于互联网进行协商、对话的一种新型书面谈判方式。其显著优势在于：可以更好地加强谈判双方的信息交流，有利于慎重决策，大大地降低传统谈判方式下的谈判费用，增强企业的竞争力，提高谈判效率。但是，网络信息的广泛传播，使得谈判商务信息公开化，导致竞争对手争先加入，不利于本方取得理想的谈判结果。另外，互联网上网络病毒的侵入等，也会影响谈判的顺利进行。

面对面谈判、电话谈判、函电谈判和网上谈判各有优缺点，谈判中采取哪种方式，应视情况不同而灵活选择。表1-2中列出了几种谈判形式的优缺点，企业可根据实际需要进行比较选择。

表1-2　**几种谈判方式优缺点的比较**

项目	面对面谈判	电话谈判	函电谈判	网上谈判
接触方式	直接	间接	间接	间接
表达方式	语言	语言	文字	文字
商谈内容	深入、细致	受限制	全面、丰富	全面、丰富
情感氛围	可利用	无法利用	无法利用	无法利用
个性心理	有影响	有影响	不影响	不影响
联系方式	慢、窄	快速、广泛	较慢、较窄	快速、广泛
费用	最大	较大	较少	很少
适用范围	一对一 团体谈判 大型项目	一对一 小型项目	日常交易 国际贸易	日常交易 国际贸易

任务六 商务谈判的内容

商务谈判是商业事务的谈判，包括商品买卖谈判、技术贸易谈判、工程承包谈判、租赁谈判、合资与合作经营谈判等诸多内容。

一、商品买卖谈判的内容

商品买卖谈判是指针对有形商品即货物的买卖而进行的谈判。其主要内容包括：

（一）标的

标的，即谈判涉及的交易对象或交易内容。在商品买卖合同中，标的指被交易的具体货物，应为规范化的商品名称。

（二）品质

货物的品质是指货物的内在质量及外观形态。它是量度货物使用价值和价值的依据，也是货物买卖谈判中的主要交易条件。在谈判中，必须对货物品质做出准确、全面的规定。根据货物特点和交易惯例，品质表示方法通常以样品、规格等级、品牌商标、产地名称、说明书和图样等为标准。在表述品质标准时，注意避免使用引起误解的概念。

（三）数量

数量也是货物买卖的主要交易条件，它既影响合同的总金额，又与单价直接相关。有关数量问题，在谈判中应根据货物性质和交易需要选用适当的计量单位，如重量单位、长度单位、个数单位等。其中，重量最易引起纠纷，故需对毛重、净重及皮重的扣除方法等予以明确。

（四）包装

包装分为运输包装和销售包装，它不仅有利于保护货物的使用价值，也有利于实现和增加货物的价值。在货物包装方面，买卖双方一般主要就包装材料、包装方式、包装标志和包装费用等方面进行磋商。在国际货物买卖中，谈判人员还应注意了解有关国家或地区对包装的规定和偏好。

（五）价格

价格是货物买卖谈判议题的核心，它直接关系到交易各方的经济利益，也与其他交易条件有着密切的联系。货物买卖谈判中的价格条款主要涉及以下内容：

（1）价格水平：即单价，通常是在买卖双方报价的基础上经过讨价还价最终确定的。价格水平的确定必须联系其他各项交易条件统筹考虑。

（2）价格计算的方式：货物买卖中通常采用固定价格，即在合同中明确规定交易价格且在合同期内不做调整；有时也采用非固定价格，即只规定作价原则或暂行价。

（3）价格术语的运用：价格术语是国际贸易中习惯采用的，用以概括价格构成并说明交易各方权利与义务的专门用语。

（六）交货

买卖双方主要应就货物运输方式、装运时间、装运地和目的地等进行磋商。

（七）支付

货款的支付，是商品买卖谈判中的一项重要议题。在不同的支付条件下，尽管表面支付的价格总额不变，但对买方的实际支出和卖方的实际收入却可能有很大的影响。为此，需注意以下一些问题：

（1）支付手段：分为现金结算和非现金结算两种。其中，大多数采用非现金结算，并应就采用的票据如汇票、本票、支票等做出明确规定。

（2）支付时间：其早晚会影响到交易双方的实际收益和风险分担，需根据自身资金周转状况商定具体的支付时间。

（3）支付货币：在国际货物买卖中，还涉及以何种货币计价和支付的问题。一般情况下，应选择兑换比较方便、币值比较稳定的货币作为计价和支付货币。

（4）支付方式：主要有汇付、托收和信用证三种，每种方式又有多种具体形式。不同的支付方式给买卖双方带来的收益和风险也不同。

（八）检验

检验是对交易货物的品质、数量、包装等实施的检查和鉴定。为了保障买卖双方的利益和避免合同履行中的矛盾，谈判中关于检验的磋商主要有：

（1）检验内容和方法：检验通常针对交易货物的品质、数量、包装等项进行。检验方法指是物理检验还是生化检验，是抽样检验还是总体检验等。

（2）检验时间和地点：通常有以下几种标准：①以离岸品质和数量为准；②以到岸品质和数量为准；③以装运港的检验证明为依据，但货物到达目的港后买方有复验权并可依此索赔。

（3）检验机构：应是具有相关资格并与交易双方无利害关系的第三方。

（九）不可抗力

不可抗力是指某些非可控的自然或社会力量引起的突发事件。它可能会影响合同的履行。为了防止交易中某一方任意扩大或缩小对不可抗力范围的解释，维护当事各方的权益，通过磋商并在合同中规定不可抗力条款是必要的。

谈判中关于不可抗力条款一般涉及：①不可抗力事件的范围；②出具不可抗力事件证明的机构；③事件发生后通知对方的期限；④不可抗力事件发生后合同的履行和处理。

（十）索赔和仲裁

在货物买卖中，常常会出现一方因种种理由而违约，另一方索取相应的赔偿的情况。这在商务谈判中是不可回避的。

关于谈判中的索赔问题，通常应就以下内容达成一致意见：①索赔的依据，即在什么情况下可以索赔；②索赔的有效期限；③索赔损失的计算方法。

仲裁是指在合同当事人产生争议又不能协商解决的情况下，由仲裁机构居中做出判断和裁决。用仲裁的方式解决争议，有利于维持交易双方的关系，并且手续简便、费用较低、时间也较短。商务谈判中仲裁条款包括的内容主要有仲裁地点、仲裁机构、仲裁程序、仲裁费用等。

二、技术贸易谈判的基本内容

技术是人类在认识自然和改造自然的反复实践中积累起来的有关生产劳动的经验和知识。技术贸易则是指以技术为对象的交易活动。

技术贸易主要有两种方式：一是技术软件，如专利技术、专有技术、商标的使用权的买卖；二是技术硬件，如成套或关键设备的买卖。

技术贸易谈判的内容一般包括三个方面：技术部分的谈判、商务部分的谈判和法律部分的谈判。

（一）技术部分的主要谈判内容

（1）标的。标的，即技术贸易的对象、内容、范围等，其关键词语应做出明确规定。

（2）技术性能。它指技术的水平和特性。在技术贸易中，对技术性能的规定相当于对技术商品的质量要求。对于引进方，达到规定的技术性能是实现技术贸易目标的基本保证；对于转让方，则是其承担义务和责任的主要依据。谈判中对于技术性能，也要用能够全面反映该项技术真正水平与特性的指标明确地加以规定。

（3）技术资料的交付。技术资料是技术的载体，保证其完整、可靠并及时送达，是技术贸易的关键环节。对此，在谈判中应规定交付日期、交付方式、文本、完好性等。

（4）技术咨询和人员培训。它是技术转让方保证转让技术为引进方所掌握而必须承担的义务和责任。前者是指转让方根据引进方的要求，派遣技术专家为引进方提供技术指导和技术服务。就技术咨询条款谈判时，通常需商定人选、工作条件和生活待遇。

后者通常有两种方式：一是转让方派技术专家为引进方的技术人员、管理人员、操作人员进行培训；二是引进方派人到转让方处进修、学习。这里值得一提的是，无论采取何种方式，都应将培训目的、内容、时间、人数、要求及培训费用等有关双方的义务与责任，加以具体规定。

（5）技术考核和验收。它是技术谈判的重要内容。这部分谈判主要涉及：①考核验收的方式和标准；②考核验收结果的评定与处理；③考核验收的时间与地点、参加人员等。

（6）技术的改进和交换。在洽谈技术改进和交换时应注意的问题有：①平等互利；②明确改进技术的所有权属于改进方；③对“重大技术改进”应做明确的定义，并应就其是否属于交换范围达成一致意见。

（二）商务部分的主要谈判内容

1.技术使用的范围和许可程度

关于技术使用范围，包括三个方面：一是确定技术使用的组织范围；二是确定技术使用的产品范围；三是确定使用某技术生产的产品的销售地区范围。以上三个方面，实际上就是技术的使用权、制造权和销售权问题。至于不同程度的技术许可，对转让方和引进方的约束不同，利益和代价也就不同。

2.价格

技术贸易的价格直接影响着交易双方的经济利益，是技术贸易谈判议题的核心。技术贸易的价格通常由技术使用基本费、项目设计费、技术资料费、技术咨询费、人员培训费等构成。技术贸易中的技术价格实际上是技术引进方为获得技术使用权所愿意支付并为转让方接受的技术使用费的货币表现。从转让方的角度看，影响技术价格的因素主要有以下几个：

（1）技术开发费：指相关技术设计、试验、制造等消耗的人力、物力成本，包括参加研究开发的技术人员的工资、研究中购置的仪器设备、研究中消耗的能源和原材料等。

（2）技术转让费：指为转让技术而发生的直接费用，包括接待考察费、技术资料费、咨询服务费、人员培训费等。

（3）利润损失补偿费：指由于技术转让，转让方失去了利用该技术获取市场利润的机会和引进方使用该技术增加了转让方的竞争压力并缩小了转让方的商品市场而对转让方利益损失的补偿。

从引进方的角度看，影响技术价格的因素主要有以下几个：①技术的使用价值，即技术对提高产品质量、生产效率、节约消耗、改善劳动条件和社会环境等方面的贡献；②技术水平，即技术的发展阶段和先进程度；③技术的供需状况，包括技术的来源和市场需求两个方面；④科研开发能力；⑤技术许可的类型；⑥技术使用费的支付方式；⑦一揽子交易条件。

3.支付

技术贸易价格的支付方式主要有以下三种：

（1）一次总算，即签订合同时将技术转让的全部费用一次算定。

（2）提成，即在合同签订时并不确定技术转让费的总额，而是从引进方技术投产后的经济效益中陆续提取一定比例作为技术转让费用。

（3）入门费加提成，即合同签订后先支付一定的款额作为“入门费”，以后再按合同规定支付提成费。

4.保证、索赔和罚款

谈判中要求转让方承担的保证责任主要有：对技术的先进性和实用性的保证、对技术资料按时完整交付的保证、对技术咨询和人员培训的保证等。

索赔的主要方式是罚款，罚款的主要目的是对违约损失的赔偿，纯粹意义上的罚款则并不重要。

（三）法律部分的主要谈判内容

技术贸易谈判中涉及的法律部分的内容主要包括：侵权和保密、不可抗力、仲裁与法律适用等。

【案例1-6】

艾柯卡成功的秘诀

美国汽车业“三驾马车”之一的克莱斯勒汽车公司拥有近70亿美元的资金，是美国第十大制造企业，但20世纪70年代以来该公司却屡遭厄运，1970—1978年的8年内，竟有4年亏损，其中1978年亏损额达2.04亿美元。在此危难之际，艾柯卡出任总经理。为了维持公司最低限度的生产活动，艾柯卡请求政府给予紧急经济援助，提供贷款担保。

但这一请求引起了美国社会的轩然大波，社会舆论几乎众口一词：克莱斯勒赶快倒闭吧。按照企业自由竞争原则，政府绝不应该给予经济援助。最使艾柯卡感到头痛的是国会为此而举行了听证会，那简直就是在接受审判。委员会成员坐在半圆形高出地面八尺的会议桌前俯视着证人，而证人必须仰着头去看询问者。参议员、银行业务委员会主席威廉·普洛斯迈质问艾柯卡：“如果保证贷款案获得通过的话，那么政府对克莱斯勒将介入更深，这对你长久以来鼓吹得十分动听的主张（指自由企业的竞争）来说，不是自相矛盾吗？”

“你说得一点也不错，”艾柯卡回答说，“我这一辈子一直都是自由企业的拥护者，我是极不情愿来到这里的，但我们目前的处境进退维谷，除非我们能取得联邦政府的某种保证贷款，否则我根本没办法去拯救克莱斯勒。”

他接着说：“我这不是在说谎，其实在座的参议员们比我还清楚，克莱斯勒并非开请求贷款案之先河。事实上，你们的账册上目前已有了4 090万美元的保证贷款，因此务必请你们通融一下，不要到此为止，请你们也全力为克莱斯勒争取4 100万美元的贷款吧，因为克莱斯勒乃美国第十大公司，它关系到60万人的工作机会。”

艾柯卡随后指出，日本汽车企业正乘虚而入，如果克莱斯勒倒闭了，它的几十万职员就得成为日本的佣工，根据财政部的调查材料，如果克莱斯勒倒闭的话，国家在第一年里就得为所有失业人口花费27亿美元的保险金和福利金。所以他对国会议员们说：“各位眼前有个选择，你们是愿意现在就付出27亿美元还是拨款4 100万美元作为保证贷款，日后并可全数收回呢？”持反对意见的国会议员们无言以对，贷款终获通过。

资料来源 作者根据相关资料整理.

三、其他形式谈判的基本内容

除货物买卖谈判和技术贸易谈判以外，还有其他形式的谈判，如服务贸易谈判、保险业务谈判、合资经营谈判、合作经营谈判、补偿贸易谈判、租赁谈判、工程承包谈判等。

（一）服务贸易谈判的内容

服务贸易泛指以提供服务为主要内容的经济交换活动。服务贸易谈判的内容主要有：①标的，即服务项目名称；②服务项目的范围和质量；③服务报酬或价格；④违约责任。

（二）保险业务谈判的内容

保险可分为财产保险和人身保险。保险合同是投保人与保险人以财物或其他财产利益为标的，为明确相互之间权利、义务关系而达成的协议。保险业务谈判就是通过双方的谈判最后签订保险合同的协商活动。

保险业务谈判的主要内容有：①资格审查，主要了解谈判对手是否具有谈判资格，以防止不法代表的撕票、埋单、假单现象。②保险标的，即保险对象。按照规定，国家明文规定的非保险财产，不能作为保险对象，如违章建筑、非法占有的财产等。③保险利益，指保险事故发生时，投保人会丧失的经济利益。④不可抗力谈判，指双方因不可抗力而导致不能按时履约的谈判。

（三）合资经营谈判的内容

合资经营是指两个或两个以上的组织或个人，按一定的资金比例联合投资，合股生产经营的形式。其主要特点是共同投资、共同经营、共负盈亏、共担风险，建立具有法人资格的合股经营实体，一般以合资企业为主。

合资企业的建立初期，合资经营的各方需要有明确的合资经营目的，需对各自的条件和所要达到的目的进行预先估计；然后合资经营各方就合资企业基本文件中的各项问题逐一谈判。因此可以说，合资企业的基本文件内容就是谈判的内容。合资企业的基本文件包括协议、合同和章程等。合资经营谈判的内容主要有：

（1）合资企业的协议。它所涉及的问题一般具有概括性、原则性，是签订合资经营合同的基础。

（2）合资经营合同。它是合资企业最主要的文件，不仅是合资经营各方享受权利与承担义务的依据，而且是合资经营过程中出现争议时，各方进行协商、调解、仲裁或诉讼的依据。合资经营合同的主要内容有：①投资总额和注册资本；②投资比例和董事会席位分配；③出资方式和资产评估；④组织机构和职责权限；⑤劳动管理；⑥中外合资经营中的外汇收支平衡；⑦合营的期限和资产清算等。

（四）合作经营谈判的内容

合作经营是指两个或两个以上的国家或地区的公司、企业、经济组织或个人共同兴建契约式企业的生产经营形式。其谈判的主要内容有：①投资方式和合作条件；②生产经营管理；③利润分配；④投资的回收；⑤合同的期限和终止；⑥财产和债务的清理；⑦合同争议的解决方式等。

（五）补偿贸易谈判的内容

补偿贸易是用商品支付进口技术、设备款项的贸易方式，即贸易一方以信贷的形式从外方购进技术、设备，待项目竣工投产后，以该项目的产品（直接产品）或双方商定的其他产品（间接产品）偿还借款本息。

补偿贸易谈判的主要内容有：①供货商的选择；②技术、设备的性能及价格；③补偿方式与补偿产品；④补偿产品的作价原则；⑤补偿期限与各期补偿产品的数量；⑥技术、设备购买合同与补偿产品购买合同的联结；⑦违约责任等。

（六）租赁谈判的内容

租赁是指出租方根据承租方对供货商、租赁物的选择，向供货商购买租赁物，提供给承租方使用，由承租方交付租金，在租赁关系终止时将财产和租赁物还给出租方的业务。

租赁谈判的主要内容有：①租赁的设备；②确定租赁的类型；③确定租金；④设备的交接；⑤租赁关系终止时设备的归还等。

（七）工程承包谈判的内容

工程承包是指承包人通过投标或接受委托等方式，与发包人签订合同或协议，完成所规定的工程任务，并按规定的价格向发包人收取费用。工程承包谈判的主要内容有：①材料或设备的品种、规格、数量与价格；②技术、劳务价格等；③工程条件；④工期；⑤工程质量与验收等。

【本章小结】

谈判是一门科学，也是一门艺术，是人类交往的重要形式。谈判是人们为了各自的目的而相互协商的活动。从本质上说，谈判的直接原因是参与谈判的各方有自己的需要，或者是自己所代表的某个组织有某种需要，而一方需要的满足又可能无视他方的需要。从谈判的内涵来看，谈判发生的动机表现为追求利益、谋求合作、寻求共识。

商务谈判就是关于商业事务的谈判，具体是指两个或两个以上从事商务活动的组织或个人，为了满足各自经济利益的需要，对涉及各方切身利益的分歧进行意见交换或磋商，谋求一致和达成协议的经济交往活动。商务谈判的特征具体表现在以下几个方面：将经济利益作为谈判目的；将经济利益作为谈判的主要评价指标；将价格作为谈判的核心。

PRAM谈判模式实施的程序为：制订谈判计划（P）；建立良好的合作关系（R）；达成双方都能接受的协议（A）；协议的履行与关系的维持（M）。谈判原则是谈判各方应共同遵守以达成合作协议的行为准则。商务谈判的原则有：平等互利原则、友好协商原则、求同存异原则、事人分开原则。

商务谈判客观上存在着不同的类型。认识商务谈判的不同类型，目的在于根据其不同特征和要求更好地参与谈判和采取有效的谈判策略。可以说，对商务谈判类型的正确把握，是谈判成功的起点。商务谈判按参与人数可分为个体谈判和集体谈判；按谈判地点可分为主场谈判、客场谈判和中立地谈判；按双方采取的态度可分为软式谈判、硬式谈判和原则式谈判；按谈判的标的可分为货物买卖谈判、技术贸易谈判、工程承包谈判、租赁谈判、合资和合作经营谈判等。

随着科学技术的不断发展和通信手段的不断优化，商务谈判的方式和手段也在不断地发展变化。常见的商务谈判方式有面对面谈判、电话谈判、函电谈判和网上谈判等。这几种谈判方式各有优缺点，谈判中具体采取哪种方式，应视情况不同而灵活选择。

商务谈判是商业事务的谈判，其中，货物买卖谈判在商务谈判中最为常见。货物买卖谈判的主要内容有：标的、品质、数量、包装、价格、交货、支付、检验、不可抗力、索赔和仲裁等。技术贸易谈判的内容一般包括三个方面：技术部分的谈判、商务部分的谈判和法律部分的谈判。除货物买卖谈判和技术贸易谈判以外，其他形式的谈判内容均有所差别，应分别掌握。

【思考题】

1. 简述谈判的概念及谈判的构成要素。
2. 商务谈判具有哪些特征？
3. 何谓商务谈判的“PRAM模式”？其实施的前提条件是什么？如何实施？
4. 试述商务谈判的基本原则。
5. 谈判人员应如何选择谈判地点？
6. 面对面谈判有什么优势？
7. 货物买卖谈判的主要内容有哪些？
8. 简述技术贸易谈判的基本内容。

【案例分析】

有两个孩子去邻居家做客，邻居家的女主人把家里仅剩的一个橙子分给了这两个孩子，并且告诉他们，这个橙子属于他们双方共有。这两个孩子立即讨论起来如何分这个橙子，讨论了半天后终于决定，其中一人负责把橙子切开，另一人选择哪一半属于自己。橙子被切开了，两个孩子每人得到一半，高高兴兴地回家去了。

然而这两个孩子对橙子“用途”的认识完全不同，其中一个孩子把橙子拿回家之后，把皮剥掉扔进了垃圾桶，把剩下的果肉放到果汁机里榨果汁喝，因为他只想喝果汁，并不需要橙子皮；另一个孩子恰恰相反，他回家以后把果肉扔进了垃圾桶，把橙子皮留下来研磨碎，然后与面粉和在一起做成蛋糕。这样的结果是，两个孩子都得到了他们想要的，但是每个人都浪费了一半橙子。

资料来源《实用文库》编委会.实用谈判技法大全［M］.北京：电子工业出版社，2008.有改动.

思考：如何让两个孩子在分橙子的过程中获得双赢呢？

【实训设计】

实训一　观察、判断、语言表达能力训练

（一）实训目的

1.训练学生的观察和判断能力，培养其平时注意观察的好习惯。

2.训练学生的语言表达能力，提高其语言表达的准确性和流畅性。

3.能简单地模仿他人的肢体语言。

（二）实训内容

观察能力、判断能力、模仿能力、语言表达能力训练。

（三）实训方式

将班级学生自愿组合，分成若干小组，每个小组以5～6名学生为宜；分别组织2～3小组的学生，拿着不同的道具进入训练室，让被训练的学生判断其扮演的谈判角色；观看两段有关商务谈判方面的录像资料，让学生叙述相关情景，模仿谈判人员的关键动作。

选择3～5件商品，让学生介绍其性能特点、主要用途、产品优势并合理报价；或介绍家乡的土特产、风景名胜等。

实训二　谈判能力测试

（一）实训目的

通过测试，谈判人员（学生）要了解自己的谈判水平，并不断培养和提高自身的谈判能力。

（二）实训内容

在本课程开始时进行一次谈判测试，在课程结束后再进行一次谈判测试。对两次结果进行比较，看看自身的谈判能力有没有提高。

（三）实训要求

根据自己的实际情况，认真考虑下列问题（从所给备选答案中，选出最符合自身实际的一项，并按照表格中对应的分数汇总，获得你的得分）：

1.你通常是否先准备好再进行商谈？

A.总是　　B.时常　　C.有时

D.不常　　E.都没有

2.你是否相信商谈时对方告诉你的话？

A.不，我非常怀疑　　B.普通程度的怀疑　　C.有时候不相信

D.大概相信　　E.几乎永远相信

3.商谈时你是否常做乐观的打算？

A.几乎每次都关心最乐观的一面　　B.相当关心　　C.普通程度关心

D.不太关心　　E.根本不关心

4.你是否能恰当地表达自己的观点？

A.经常　　B.超过一般水准　　C.一般水准

D.低于一般水准　　E.相当差

5.你是不是一个很好的倾听者？

A.非常好　　B.比一般人好　　C.普通程度

D.低于一般水平　E.很差

6.在商谈中，你想要定下哪一种目标？

A.很难达成的目标　B.想当然的目标

C.不太难也不太容易的目标　D.相当适合的目标

E.不太难、比较容易达成的目标

7.你对于解决问题是否有创见？

A.非常有　B.相当有　C.有时候会有

D.不太多　E.几乎没有

8.面对那些地位比你高的人，感觉如何？

A.非常舒服　B.相当舒服　C.复杂的感觉

D.不舒服　E.相当不舒服

9.商谈时，你是否会将内心的感受流露出来呢？

A.非常容易　B.比大部分人容易　C.普通程度

D.不太经常　E.几乎没有

10.商谈中你是否会问探索性的问题？

A.擅长此道　B.相当不错　C.一般程度

D.不太好　E.不擅长此道

11.商谈时，你对自己的目标的执着程度如何？

A.非常执着　B.相当执着　C.有点执着

D.不太执着　E.相当有弹性

12.你认为自己是不是一个谨守策略的人？

A.肯定是　B.相当是　C.合理地运用

D.时常会忘记运用策略　E.我几乎先说再考虑

13.你是否能广泛地听取各方的意见？

A.是的，能　B.大部分时候如此　C.普通程度

D.不听取别人的意见　E.观念相当固执

14.正直对你来说重要不重要？

A.非常重要　B.相当重要　C.重要

D.不重要　E.非常不重要

15.你对谈判的看法如何？

A.高度的竞争　B.大部分竞争，小部分合作

C.大部分互相合作，小部分竞争　D.高度的合作

E.一半竞争，一半合作

16.有人在陈述和你不同的观点时，你能够倾听吗？

A.把头转开　B.听一点点，很难听进去

C.听一些，但不太在意　D.合理地倾听　E.很注意地听

17.您对他人的动机和愿望的敏感程度如何？

A.高度敏感　B.相当敏感　C.普通程度

D.比大部分人敏感度低　E.不敏感

18.兴奋时，你是否会激动？

A.很镇静　B.原则上很镇静，但会激动

C.和大部分人相同　D.有点激动　E.有时会激动

19.生意上的秘密，你是否守口如瓶呢？

A.非常保密　B.相当保密　C.一般程度

D.常常说得比应该说的还多　E.说得太多

20.商谈中，你面对直接的冲突有何感觉？

A.非常不舒服　B.相当不舒服

C.虽然不喜欢，但还是面对它　D.有点喜欢这种挑战

E.非常喜欢这种机会

题号	A	B	C	D	E
1	10	8	4	-4	-10
2	10	8	4	-4	-10
3	-10	10	10	-5	-10
4	10	5	0	-4	-8
5	10	8	0	-8	-10
6	8	10	5	0	-10
7	10	8	0	0	-10
8	10	8	3	-3	-10
9	-10	-5	0	5	10
10	10	10	4	0	-8
11	10	10	3	-5	-15
12	10	5	0	-5	-8
13	10	3	5	-5	-10
14	10	8	5	0	-10
15	-10	10	8	-10	5
16	-10	-5	5	10	15
17	15	10	0	-10	-15
18	10	8	5	-5	-10
19	10	8	0	-8	-15
20	-10	-5	10	10	-5

测评结论：

得分在171～200分，说明谈判能力强；得分在141～170分，说明谈判能力较强；得分在90～140分，说明谈判能力一般；得分在90分以下，说明谈判能力较差。

项目二　商务谈判准备

【任务目标】

通过本章的学习，学生应能充分认识到细致周密的准备工作在商务谈判中的重要作用，了解信息及人员准备的主要内容，学会商务谈判方案制订的基本方法，并能够有效地做好商务谈判的各项物质准备工作，确保商务谈判的顺利开展。

【案例导入】

在20世纪60年代我国开始大庆油田的建设时，有关大庆的一切信息几乎都是保密的。除了少数有关方面的人员以外，一般外界连大庆油田的具体地址在哪里都不知道。但是日本人不仅知道，而且还掌握得非常准确。他们对我国大庆油田有关的信息收集，既没有派间谍，也没有收买有关领导和一般群众，完全依靠对有关大庆油田公开资料的收集与综合分析。

1960年7月，《中国画报》封面上登出了一张大庆石油工人艰苦创业的照片，画面上，工人们身穿大棉袄，正冒着鹅毛大雪奋力拼搏。日本人根据这张照片分析出，大庆油田可能在东三省北部的某个地点。接着，在《人民日报》上日本人又看到这样一篇报道，说王进喜到了马家窑，说了一声：好大的油海啊！我们要把中国石油落后的帽子扔到太平洋里去。于是，日本人找来“伪满”时期的旧地图，发现马家窑是位于黑龙江省海伦县东南的一个村子，在兆安铁路上一个小车站以东的10余公里处。接着，日文版的《中国人民》杂志里又有报道说，中国工人阶级发扬了“一不怕苦，二不怕死”的精神，大庆石油设备不用马拉车推，完全靠肩扛人抬运到工地。日本人据此分析出，大庆的石油钻井离马家窑远不了，远了人工是扛不动的。当1964年王进喜光荣地出席第三届全国人民代表大会的消息见报时，日本人肯定地得出结论：大庆油田出油了，不出油王进喜当不了人民代表。他们进一步根据《人民日报》上一幅大庆油田钻塔的照片，从钻台上手柄的架式等方面推算出油井的直径，再根据油井直径和国务院的政府工作报告，用当时公布的全国石油产量减去原来的石油产量，估算出平时大庆油田的石油产量，在这个基础上，他们很快设计出了适合大庆油田操作的石油设备。这样，当我国大庆油田突然宣布向世界各国征求石油设备的设计方案时，其他各国都没有准备，而唯独日本人胸有成竹，早已准备好了与大庆油田当时的情况完全吻合的方案与设备，在与大庆油田代表的谈判中一举中标。

资料来源　张丽华．商务谈判实训［M］．北京：中国劳动社会保障出版社，2010.

思考：信息收集与分析的准备在商务谈判中起着什么作用？

古语说：凡事预则立，不预则废。商务谈判往往是一项复杂的交际工程，谈判人员会遇到各种复杂的环境、形形色色的谈判对手、变化多端的谈判场面、令人提心吊胆的谈判策略。如果在谈判前缺乏谈判所需知识的积累和信息的收集，在谈判人员和谈判物质条件方面准备不足，也没有周密细致的谈判方案，也就不能对谈判、谈判对手、谈判目标、谈判方法等做出明智的选择，谈判就会变成冒险，直接影响到企业的利益。

任务一 商务谈判信息准备

随着科学技术的飞速发展，我们已进入了信息万变的年代。了解信息、掌握知识，已成为人们成功地开展各种活动的保证。谈判则是人们运用信息获取所需物质的一种活动。所以，谁掌握了信息，谁就掌握了谈判的主动权，有了谈判成功的基本保证。国际著名谈判大师基辛格说："谈判的秘诀在于知道一切、回答一切。"信息准备就是搜集、整理、分析、筛选各种与商务谈判有关的信息资料。

一、了解政治环境、法律环境及文化环境

政治环境由各种政治势力、政府和政府首脑、政治制度、政治体制、政局、政治思想等各种可能影响谈判的因素组成。政治环境意味着某项交易是否能得到政府的支持，是否有安全的履约保证，是否会得到大众的认可而具有经济效益。例如，自从美国发动了所谓的反恐战争以来，美国的可乐在阿拉伯国家的销量急剧下降，阿拉伯国家自产可乐的销量大幅度上升。原因很明显，既不是产品本身，也不是消费者口味发生了变化，而是反美思潮的掀起、政治环境因素的变化。

法律环境主要包括立法和司法两个方面。现行的法律会告诉你：怎样的合作受法律的支持和保护，怎样的合约是规范的、合法的；如果合作出现了问题，怎样用法律的武器维护自己的合法权益。比如，生产化工产品的企业在投资之前，就要考虑当地环境保护法的规定如何，是否接近修订期，要求是否会越来越高。这直接影响产品选择、生产成本和产品利润以及经营条件。一个长期在某种法律环境中工作的谈判人员，当被换到另一种法律环境中去谈判时，很容易习惯性地用在本国、本地形成的法律意识去看待外国、外地的法律环境，从而造成所签合约的漏洞甚至错误。日本商人在其产品成功地进入美国市场后，总结出了两条经验：一是要舍得花钱请当地的好律师；二是要利用当地经验丰富的销售商。这的确使日本商人减少了受当地法律环境的影响所遭受的损失，也等于获得了更多的经济利益。

文化环境由宗教、价值观念、文化教育、文化活动、生活方式、流行文化等组成，它每时每刻都和我们在一起，影响着我们的生活和工作方式。特别是在国际商务谈判中，了解不同文化背景下的消费者习俗、消费心理和购买行为，显得十分必要。因为双方所交易的产品从设计、命名、商标、包装、运输以至交货日期都可能在不同程度上与消费习俗、购买心理有一定的联系，影响买方的经营与销售。

【小贴士2-1】

20世纪80年代末，我国某公司曾向德国出口一批核桃，在谈判中双方商定，交货日期在11月中旬，提前交货和延迟交货分别有奖罚条款。但我方由于某种客观原因，不得不推迟了交货日期，这批货于次年的1月中旬到达德国。由于德方进口核桃是供应

圣诞节的，所以我方的延迟交货使德方错过了销售的黄金期。结果，核桃大量积压，对方要求我方赔偿包括核桃储藏费在内的所有损失，其赔偿费远远超过了核桃的成本。如果我方了解到德国人有在圣诞节消费核桃的习俗，恐怕就会对核桃的交货期限格外当心，如实在不能按时交货，至少可以采取一些相关的补救措施。在对外贸易中，像这样的案例不胜枚举，应当引以为戒。

资料来源 朱艳. 关于谈判前期准备的若干思考 [J]. 辽宁经济，2000.

二、掌握市场行情

市场行情瞬息万变，在商务谈判中，必须及时、准确地了解与标的有关的市场行情，预测、分析其变化动态，以掌握谈判的主动权。这里所讲的市场行情是广义的，不仅仅局限于产品价格变化，还应包括市场中同类产品的供求状况、相关产品和替代产品的供求状况、产品技术发展趋势、有关产品的零配件供应，以及影响供求变化的各种因素。

值得一提的是，掌握市场行情，并不是把所有的市场信息都收集起来，不分轻重、主次、真假，一概加以考虑研究。为保证信息、情报的准确、可靠，必须对所收集的市场信息进行反复筛选、过滤、加工、整理，使原始的情报、信息变成对谈判交易活动有用的情报、信息。

在经济发达国家，要了解有关的信息十分快捷和方便，人们在短短几分钟内就可以通过电脑系统查询与收集有关信息。这种信息查询与分析系统、数据处理系统、预测分析系统既可以由企业提供，也可以由社会的专门机构提供。目前，我国对信息的重视还很不够，不仅企业收集、处理信息的系统比较落后，社会专门提供信息咨询服务的机构也很有限。比较快捷的途径就是向港台及国外咨询机构购买信息，这在涉外谈判中是值得借鉴的做法。

【小贴士 2-2】

据统计，情报的95%来自公开资料，4%来自半公开资料，仅1%或更少来自机密资料。理论上是这么说，但在我国要从公开信息源中获取情报还是很困难的。既然信息准备是以分析公开资料为主要基础的情报搜集工作，相关人员就要有敏感性，要善于从公开资料中发现线索，找到“产生方向感的微弱信号”。

三、研究谈判对手

古语曰：“知己知彼，百战不殆。”对谈判对手的研究，是谈判准备工作中最关键的一环，也就是要在谈判前、谈判中掌握与谈判有关的企业情况及谈判人员的个人情况。如果事先对谈判对手无任何了解，会给谈判造成极大的困难，甚至会冒很大的风险。研究谈判对手，可着重从以下几方面入手：

（一）对方的主体资格

简单地说，谈判对方的主体资格就是能够进行谈判、享有谈判的权利和履行相关义务的能力。谈判的主体不合格，将直接导致谈判无法进行，或者使已经完成的谈判变为无效。在现实生活中，常常会遇到由于在谈判前没有考虑己方或他方的主体资格问题，而使谈判归于无效的案例。为了避免因谈判主体不合格而导致谈判失败和遭受损失，在谈判之前应当通过直接或间接的途径，审查对方的主体资格。

【案例2-1】

我国一家国际投资公司在海外投资房地产时，与国外一位商人谈判，将房子建在他的地产上，建成后双方按一定比例分享房地产收益。谈判一开始，该商人出示了地产证明，谈判进行得相当顺利。当房子造好后，这位商人的妻子找到该公司，说该公司侵权。理由是该公司把房子建在属于她的土地上了，并出具了合法证明（原来地产证已转到该商人的夫人的名下，而该公司在签约时对此未作进一步核对）。由此，她提出了两个解决方案：一是房子造好后，除了她丈夫应得的部分外，再给她若干套房子；二是要求把房子从她的地产上搬走。这家投资公司一下傻了眼，煮熟的鸭子飞走了。由于在签约时，没有验明土地的产权证明，结果自己陷入了相当被动的境地。这家公司实在不甘心，于是聘请律师打官司。这场官司打了三年多，结果不但要承担高昂的律师费用，而且由于错过了出售房子的时机，房地产价格大跌，导致这家公司损失惨重。投资公司由于审核疏忽，这一谈判从一开始就没有建立在一个有合法保障的基础之上。因此，在谈判前一定要审查对方的主体资格和履约能力，避免出现此类纠纷。

资料来源　作者根据相关资料整理.

（二）对方公司的营运情况

谈判对方公司的营运状况，主要是指对方公司的经营好坏。即使是一家注册资本很大的股份有限公司，也会由于经营不善而负债累累、濒临破产或实际已破产。根据大多数国家公司法和破产法的规定，公司一旦破产，股东对公司的债务承担仅以其持有股票所代表的金额为限，如果股票总额和公司其他财产不足以偿还债务，各债权人只能按清算比例收回债权。因此，如果在谈判前不了解对方公司的营运情况，一旦对方公司破产，很可能收不回全部债权。

（三）对方的商业信誉情况

要了解对方的商业信誉，主要应调查以下几个方面的情况：

（1）产品质量。它指对方产品的内在质量、外观质量与竞争产品相比是否符合目标市场的要求，能否满足用户的需要并和一定的价格相适应。

（2）技术标准。标准要符合规定，与相应级制（如国际标准、国家标准、专业标准、企业标准）相适应，更主要的是符合用户的要求，在式样、颜色和包装等方面适合不同消费者的喜好。

（3）产品的技术服务。其包括指导用户正确安装、使用和维护；代为保修、提供零配件；代用户培训技术力量；设立技术咨询站，为用户提供咨询服务；送货上门、质量不合格的产品在保修期内包退、包换等。

（4）商标及牌号。

（5）广告宣传。

（四）了解谈判人员的权限和时限

（1）谈判人员的权限。它是指谈判人员所拥有的谈判决策权有多大，也就是他在某个问题上是否有权做出承诺，可以承诺到怎样一个限度。谈判的一个重要法则是不与没有决策权的人谈判。一般来说，对方参加谈判的人员级别越高，权限也就越大；如果对方参加谈判的人员级别较低，就应该了解其是否得到了授权，对方参谈人员在多大程度上能独立做出决定，有没有让步的决定权。

谈判权限的大小，在谈判中的影响是不同的。谈判权限是大好呢，还是小好呢？美国前国务卿、著名的谈判高手基辛格博士认为，谈判的权限还是小一点好，这样在谈判中往往能够取得其他方式所不能取得的效果。

【案例2-2】

世界上第一位女大使柯伦泰，掌握英、法、意等11个国家的语言，曾被任命为前苏联驻挪威全权贸易代表。一次，她和挪威商人就购买挪威鲱鱼进行谈判，挪威商人要价高，她出价低。挪威商人深谙贸易谈判的诀窍：卖方喊价高得出人意料，买方往往不得不随之调整出价。柯伦泰亦懂得这一生意经，只肯还以低价。她知道在谈判不破裂的情况下，这样往往会有好的收获。她坚持出价要低、让步要缓的原则，取得了和挪威商人讨价还价的余地。双方激烈地争辩着，都企图削弱对方的信心，谈判终于陷入了僵局。后来柯伦泰说："好吧，我同意你们的价格，如果我的政府不批准这个价格，我愿意用我的工资来支付差额。但这自然要分期支付，可能要支付一辈子。"柯伦泰的这两句话，在价格争议中起了决定性的作用，它使争议戛然而止。听了柯伦泰的话后，挪威商人面面相觑，然后一致同意将鲱鱼的价格降至柯伦泰所坚持的价格水平。挪威商人为什么会主动降价呢？柯伦泰的话暗含着这样的意思：我的权力是有限的，我无权（尽管她有权）接受你们的价格，我必须把你们所坚持的价格报经我的政府批准，如果政府不批准，就无法签订购买鲱鱼的合约。若挪威商人想成交，就必须降价。

（2）谈判人员的时限。它是指谈判人员拥有的时间量，也就是对时间的限制。在一般情况下，谈判者要对自己的最后期限（也称为"底线"）保密。因此，谈判中常常会出现这样一种情况：双方都希望摸清对方在谈判中的"底线"，以争取主动；与此同时，又都对"底线"严格保密。

【案例2-3】

一位美国商界代表被公司派往东京进行一次为期14天的谈判（这个期限自然是保密的）。他少年得志，斗志昂扬。这次，他一心想大获全胜。在出发前，他做了大量的准备工作，包括看了一大堆关于日本人精神、心理、文化传统方面的书。

飞机着陆后，两位等候已久的日本商人把他送上了一辆大轿车。美国人舒舒服服地靠在轿车后面的丝绒座椅上，日本人则僵硬地坐在两张折叠椅上。美国人友好地说："过来一起坐吧，后面能坐下。"日本人回答："哦，不，您是重要人物，您需要好好休息。"美国人颇感得意。轿车开着，日本人问："您会讲日语吗？""不，不会。"美国人回答，"不过，我带了一本日文字典。"日本人又问："您是不是一定要准时搭机回国？我们可以安排这辆轿车送您回机场。"美国人心想：日本人真是考虑得周到，于是顺手掏出回程机票交给日本人，以便让日本人准时去接他。但这样一来，他已让日本人知道他拥有多少时间，而他根本不知道日本人这方面的情报。

日本人没有立即开始谈判，而是盛情招待他。从皇宫神庙、艺妓、花道、茶道到用英语讲授的佛教的学习班等，日本人总是将日程安排得满满的。每当美国人问及何时开始谈判，日本人总是喃喃地回答："时间有，有时间。"直到第12天，双方才开始谈判，但早早地就结束了，因为要去打高尔夫球。第13天又开始谈判，也因为晚上有盛宴而早早结束。第14天早上，谈判重新开始，正谈到紧要关头，送美国人去机场的那辆轿车到了。日本人建议在车内一路继续交涉。美国人没有时间再与对方周旋了，但又不愿空手而回，结果就在轿车到达机场之时，他答应了对方的条件，签订了协议。他事后才知道对方的老谋深算。此后许多年，每当他的老板提起这件事时总是叹道："这是日本人自偷袭珍珠港后的最大一次收获!"

资料来源 作者根据相关资料整理，有删减.

（五）对谈判对手的分析

在谈判准备阶段，应尽可能了解和掌握谈判对手的性格、爱好、兴趣、专长，了解他们的职业、经历以及处理问题的风格、方式等。特别是在一对一的谈判中，掌握对手的兴趣、爱好，投其所好，可以使谈判化紧张为轻松，化僵局为融洽，会使你取得意想不到的成功。

一位港商想在内地合资办厂，与他谈判的内地厂长事前了解到对方极爱古诗词，便做了一些准备。谈判后因利益分配发生分歧而终止。厂长在一家饭店为客人饯行，进门时见客人对一株枝繁叶茂的柳树甚感兴趣，便折柳相送。客人脱口背出王维的两句诗："渭城朝雨浥轻尘，客舍青青柳色新。"厂长接口吟到："劝君更进一杯酒，西出阳关无故人。"巧遇知音，港商很高兴。席间二人谈论诗词，越发投机，最后客人松了口："为了我们的友谊，我让一步，按你的方案办。"于是双方合作成功。

这位厂长投对方所好，使已陷入僵局的谈判获得了成功；而与此相反，有些人与外商谈投资或合作时，动不动就请客送礼，或每日大宴，以为这是投其所好。结果往往适得其反，给对方留下了不好印象，使合作失败。

四、熟悉国际交往礼仪

做好涉外谈判的准备工作，不仅要了解政治、法律、文化环境，掌握市场行情，研究谈判对手，还要熟悉国际交往的礼仪，了解不同国家谈判人员的风格、特点、商业习惯。这也是谈判成功与否的重要影响因素。国际交往的礼仪表现在各个方面，这里主要介绍与谈判活动密切相关的几点：

（一）名片

名片在谈判人员的交往中起着重要的媒介作用。在正式谈判场合，谈判人员的身份都要由介绍人介绍，但也要寻找适当的机会交换名片，因为名片清楚、准确地显示了姓名、地位、职务，为双方的联系与交往提供了方便。在交换名片时，要认真浏览名片，切不可扫一眼就装入口袋了事。如果是出国洽谈，在名片上最好写上投宿的宾馆名称、房间号码、电话号码等。在国际交往中，日本人最重视名片的作用，据资料介绍，一位美国专家曾在一次与日本人的谈判中，一连交换了112张名片。

（二）礼物

在商务活动中，互赠礼物是常有的事，礼物虽小，却可以加深彼此的友谊，有利于促进彼此之间的贸易关系。赠送礼物不能草率，一般情况下，要根据客人的身份或对方赠礼的情况确定礼物的价值。礼品不一定越贵越好，过于贵重的礼物会让受礼者过意不去或产生疑心，最好选择有纪念意义或民族特色的礼物，但也要考虑对方的消费习俗。

（三）着装

在商务活动中，着装也很重要。法国时装设计大师香奈尔说："如果一个人穿得十分邋遢，你注意到的便是他的服装；如果他穿得十分整洁，你才注意到他本人。"一般来讲，着装要整洁大方。在谈判时，要尽量穿深色服装。西方人有一种习惯，商人或政界人士着深色西装。如果穿浅色或过于时髦的服装，则给人一种轻浮、不可靠的感觉。此外，着西装时，上装纽扣要扣上一粒，在他人面前不要把手插在口袋里，不要露出胳膊。

（四）餐桌礼仪

吃西餐与吃中餐的差别很大。其中，刀、叉、餐巾的使用，座位的安排都有讲究，切不可失礼，而且，在公众场合不允许吸烟。吃中餐许多人都有剩饭、剩菜的习惯，而在西餐中这样是不礼貌的。

吃西餐时不论是菜还是汤，都应该等到每个人都端好以后，主宾一起开始吃，吃的速度也应该同步，不要过快或过慢，还要避免吃东西时的特殊声音，以免引起他人的不快。

（五）日常礼貌

在国际商务交往中，言谈、举止风度是十分重要的。除了要求举止大方、言谈得体外，还应注意一些细节问题。如在公共场合不要大声、毫无顾忌地谈笑、争论，声音过大，会破坏周围的气氛，妨碍他人。

外出探访，无论是公事还是私事，一定要事先约好，突然登门拜访是不礼貌的。赴约时既不要迟到，也不要早到，寒暄、答谢要适可而止。特别是在访问结束辞别时，道谢之后要马上离开。拖拖拉拉一再答谢道别，反而失礼。在公众场合，应让女士先行，男士不要抢先进门上车、就座。

了解国际商务交往礼仪，可以使你的言谈举止更加得体，使你能友好和平地与人相处，并赢得对方的信任和尊重。这对你的谈判将大有裨益。

任务二　商务谈判方案准备

商务谈判方案是指为实现商务谈判目标，事前进行全面、总体的设想所写出的书面材料，即根据商务谈判目标将所确定的谈判内容、谈判方法、谈判组织、谈判策略、完成期限等归纳写成的文字材料。谈判方案通常应包括以下内容：谈判的主题和目标、谈判策略、谈判期限及谈判议程、谈判人员的组成与分工等。

一、确定谈判的主题和目标

任何谈判方案的制订，首先必须确定谈判的主题和目标，因为整个谈判活动都要围绕谈判主题和谈判目标进行。正如有人所说的那样："如果你知道目的地是罗马，那么条条大路都可以通向罗马"。

所谓谈判主题，就是参加谈判的目的，而谈判目标就是谈判主题的具体化。为保证全体谈判人员牢记谈判主题，在表述主题的方式上就要言简意赅，一般都应用一句话来加以概述和表述。如“以最优惠的条件引进某项技术”或“以最优惠的价格购进某种商品”等。至于什么是“最优惠的条件”和“最优惠的价格”，就成了谈判目标问题。

谈判的具体目标，体现着双方参加谈判的基本目的，整个谈判活动都必须紧紧围绕着这个具体目标来进行，都要为实现这个目标而服务，而确立正确的谈判目标是保证谈判成功的基础。

商务谈判的目标可分为三个层次：第一层次的目标是必须达到的目标，即最低目标（有时也称临界目标）。如果通过谈判不能实现这个目标，就需要重新考虑谈判的基本情势或是终止谈判。第三层次的目标是期望目标，是本方在本次商务谈判中所要追求的最高目标水平，如果要求超过这个目标，往往要冒谈判破裂的风险。而第二层次的目标则界于以上二者之间，它是一个区间范围，谈判人员应充分发挥个人的才智，在最低目标和期望目标之间取得尽可能多的利益。

在一场商务谈判中，当谈判双方的力量强弱趋于相近时，则双方最低目标所确定的区间就是双方的友好协商范围。例如，成风家具厂新近设计出一套组合式家具，由于漆色、样式深受广大消费者的喜爱，销势看好。宏大家具城很看好成风的潜力，便主动上门要求签订定期供货合同。在交货日期、数量、交货方式以及付款方式无异议的情况下，在价格问题上成风心中有数，全套家具的零售价是5 800元，纯利500元，若卖5 300元一套则持平。因销势好，成风的最低目标是5 400元一套，最高目标是5 700元一套，谈判时报价6 000元一套。宏大家具城经过分析，则把最高目标定为5 350元一套，最低目标定为5 600元一套，还价5 100元一套。此次谈判就价格而言，双方之间的友好协商范围应当是5 400～5 600元。也就是说，双方的成交价格就是5 400～5 600元，至于在友好协商范围内最终以什么样的价格条件成交，就要看双方运用技巧和战术讨价还价的结果了。

二、选择适当的谈判策略

谈判目标明确后，要拟定实现这些目标所要采取的基本途径和策略。任何谈判都不能指望双方一接触或一讨论就马到成功，达成协议。倘若如此，就无所谓谈判了。谈判就是双方面对面坐下来，商量、争论、讨价还价、妥协让步。因此在谈判开始前，就要对谈判中可能出现的问题做好充分的准备，并能心中有数地选择适当的谈判策略，做到有备无患。谈判策略多种多样，在具体的谈判中应当加以灵活选择和使用。具体策略的选择和使用针对不同的谈判对手、不同的谈判阶段、不同的谈判内容而不同。这部分内容将在后面的相关章节中加以阐述。

三、确定谈判议程

谈判议程安排本身就是一种策略，因此对谈判双方非常重要。谈判议程一般包括谈判时间的安排和谈判议题的确定。谈判议程可由一方准备，也可由双方协商确定。谈判议程包括通则议程和细则议程，前者由谈判双方共同使用，后者供己方使用。

（一）时间安排

时间安排，即确定谈判在什么时间开始、持续多长时间、各个阶段时间如何分配、议题出现的时间顺序等。它是谈判议程中的重要环节。如果时间安排得很仓促，准备不充分，匆忙上阵，心浮气躁，很难沉着冷静地在谈判中实施各种策略；如果时间安排太长，不仅会耗费大量的时间和精力，而且随着时间的拖延，各种环境因素都会发生变化，还可能会错过一些重要的商机。

1.在确定何时开始谈判、谈判计划多长时间、何时结束时要考虑的因素

（1）谈判准备的程度。如果已经做好了谈判的充分准备，则谈判时间安排得越早越好，而且也不用担心马拉松式的长时间谈判；如果没有做好充分准备，不宜匆匆忙忙地开始谈判，俗话说“不打无准备之仗”。

（2）谈判人员的身体和情绪状况。如果谈判者多为中年以上的人员，就要考虑他们的身体状况能否适应较长时间的谈判。如果谈判者的身体情况不太好，可以将一项长时间的谈判分割成几个较短时间的阶段谈判。

（3）市场形势的紧迫程度。如果所谈项目与市场形势密切相关，瞬息万变的市场形势不允许进行长时间的谈判，则谈判宜早不宜迟，更不要拖延时间。

（4）谈判议题的需要。对于有多项议题的大型谈判，不可能在短时间内解决所有问题，所需时间相对长一些；对于单项议题的小型谈判，没有必要耗费很长时间，应力争在较短时间内达成一致意见，以提高谈判效率。

2.谈判过程中时间的安排要讲策略

（1）对于主要议题或争执较大的焦点问题，最好安排在总谈判时间的3/5时提出来。这样因经过一定程度的交换意见后，谈判双方有了一定的了解，又不会因拖得太晚而显得仓促。

（2）合理安排好己方各谈判人员发言的顺序和时间，尤其是关键问题的提出，应选择最成熟的时机。当然，也要给对方足够的时间表达意向和提出问题。

（3）对于不太重要、容易达成一致的议题，可以在谈判开始阶段或即将结束阶段提出来。谈判者应该把大部分时间都用在关键问题的磋商上。

（4）己方的具体谈判期限在谈判开始前应保密。如果对方摸清了己方的谈判期限，就会在时间上用各种方法拖延，待到谈判期限临近时才开始谈正题，迫使己方为急于结束谈判而匆忙接受不理想的结果。

（二）确定谈判议题

谈判议题就是谈判双方提出和讨论的各种问题。确定谈判议题时，首先要明确己方要提出、讨论哪些问题。要把所有问题都拿出来进行比较和分析，看哪些问题是主要议题，列入重点讨论范围；哪些问题是非重点问题；哪些问题可以忽略；这些问题之间有什么关系，在逻辑上有什么联系。此外，还要预测对方会提出哪些问题，哪些问题是需要己方认真对待、全力以赴去解决的；哪些问题是可以根据情况做出让步的；哪些问题是可以不予讨论的。

（三）通则议程和细则议程的内容

（1）通则议程。它是谈判双方共同遵守、使用的日程安排，一般经过双方协商同意后方能正式生效。在通则议程中，通常应确定以下一些内容：①谈判总体时间及各分阶段时间的安排；②双方讨论的中心议题，尤其是谈判第一阶段的安排；③列入谈判范围的各种议题及讨论的先后顺序；④谈判中的各种人员安排；⑤谈判地点及招待事宜。

（2）细则议程。它是对己方采用的谈判策略的具体安排，只供己方人员使用，具有保密性。其内容一般包括以下几方面：①谈判中的统一口径。如发言的观点、文件资料的说

明等。②对谈判过程中可能出现的各种问题的对策安排。③己方发言的策略，如何时提出问题？提什么问题？向何人提问？谁来提问？谁来补充？谁来回答对方的问题？谁来反驳对方的提问？什么情况下要求暂时停止谈判等。④谈判人员更换的预先安排。⑤己方谈判时间的策略安排、谈判期限等。

四、谈判人员的组成与分工

一般来说，一个商务谈判组（团）的组成主要涉及两方面的问题：一是人员数量问题；二是人员配备问题，即配备哪些人员的问题。

（一）谈判小组的规模

通常情况下，谈判人数应根据谈判内容、项目复杂程度、谈判规模大小及人员素质等来确定，过多和过少都不合适。例如，对于谈判内容繁多、技术性强的商务谈判，需要的人数多一些；反之，则少一些。相对来讲，谈判时间越短，任务越重，所需的谈判人员就应相应增加；反之，则可少一些。谈判人员素质高，则谈判所需人数相对少一点；反之，则应相应增加。谈判小组由几个人组成，没有统一的规定，但谈判专家的研究表明：就一般谈判来说，谈判小组以不超过四个人最为理想。谈判专家比尔·斯科特认为，如果没有特别原因，都应力求谈判规模小型化，以利于谈判者恰当地利用谈判技巧对谈判小组进行有力的协调与控制；即便是大规模的谈判，人员最好也不要超过12人。

（二）谈判小组的构成

如同确定谈判小组的人数一样，谈判小组的人员构成也没有统一的模式。但从商务谈判的实践来看，谈判人员可由与交易内容有关的部门选派，即包括主管部门人员、企业人员、专业技术人员以及翻译、法律工作人员等。

（1）主管部门人员。其既可以是主管部门的某一负责人，也可以是主管部门中与谈判相关的项目负责人。对主管部门人员的要求是：能全面地了解、掌握谈判情况，有权在谈判中做出主要决策。

（2）企业人员。其既可以是企业的主要负责人，也可以是企业中谈判项目的负责人。对企业人员的要求是：能了解、掌握项目中企业的主要情况，根据企业的规模和生产能力估量企业在项目中能承担的任务。因此，企业人员特别是企业负责人参加项目谈判是十分必要的。同时，他也会因为参加了谈判或者说参与了协议的整个讨论过程，进一步增强责任感与自信心，竭尽全力履行合同。

（3）专业技术人员。在许多谈判特别是专项谈判中，常常需要某些方面或某个领域的情报和专业知识，如专业技术知识、财务知识、国际商法知识、世界市场行情等，因此，专业技术人员也是必不可少的。专业技术人员可能是某一行业或领域的专家、技术人员，也可能是教授、顾问等。

（4）翻译与律师。在涉外商务谈判中，翻译也是谈判小组的主要成员。国际商务谈判中有一个不成文的惯例，就是一方决不使用另一方推荐的译员。另外，律师参与谈判也是必要的，国际贸易涉及国际公法或其他国家的法律，仅凭谈判人员粗浅的法律知识是远远不够的，要聘请专门的法律顾问或律师，以保证合同条款的法律效力。

总之，一个优秀的谈判小组的组成应该做到目标明确、人员精干、功能互补、团结合作，并且在小组中有一位权威人士能起到核心领导作用。这样的谈判队伍在谈判场上才有可能取得谈判的主动权。

【小贴士2-3】

某公司在制订一项谈判方案时谈判小组的人员组成与分工

谈判小组的组成：

（1）谈判负责人：王先生，销售部经理。

（2）谈判成员：①李先生，工程技术部工程师；②张先生，法律顾问；③吴先生，公司会计师；④赵小姐，经理助理。

（3）谈判人员的分工：①王先生：该项谈判的负责人和主谈人；②李先生：负责所有工程和生产方面的谈判；③张先生：负责谈判中涉及的所有法律问题；④吴先生：负责该项谈判中所涉及的财务问题；⑤赵小姐：负责谈判的记录工作。

任务三　商务谈判人员准备

谈判人员的选择是谈判准备工作最关键的一环。从某种意义上说，谈判者素质的高低决定着谈判的成功得失。那么，什么样的人才适合担当谈判的重任？什么样的组织才是有实力的谈判班子呢？

一、谈判人员的基本素质和能力

步入谈判领域的人，都希望成为谈判能手甚至谈判大师，能把握、了解、预测对手的行为，能引导谈判朝着对自身有利的方向发展，这取决于谈判者的素质和能力。

谈判者的个人素质即综合素质，是由谈判者的“识”“学”“才”三方面因素构成的，是谈判者所具有的内在特质。

（一）谈判人员的“识”

“识”是谈判人员素质构成中最核心的内容，对谈判人员的整体素质起着决定性作用，主要包括：气质结构、心理素质、思想意识等内容。

1.气质结构

谈判人员应该具备适应谈判需要的良好的气质。有些气质特征是不利于谈判的，如性格内向、孤僻多疑、冷漠刻板、急躁粗暴、唯我独尊、嫉妒心强、心胸狭窄等。良好的气质应具备以下特征：大方而不轻佻、豪爽而不急躁、坚强而不固执、果断而不轻率、自重而不自傲、谦虚而不虚伪、活泼而不轻浮、严肃而不呆板、谨慎而不拘谨、老练但不世故、幽默但不庸俗、热情但不多情。正如美国的谈判专家弗雷德·查尔斯·艾克尔所说：“一个完美无缺的谈判者，应该心智机敏，而且有无限的耐性；能巧言掩饰，但不欺诈行骗；能取信于人，而不轻信他人；能谦恭节制又刚毅果断；能施展魅力而不为他人所惑。”

2.心理素质

谈判人员在谈判中会遇到各种阻力和对抗，也会遇到许多突发情况，只有具备良好的心理素质，才能承受各种压力和挑战，取得最后的成功。谈判人员应具备的良好心理素质主要包括以下几个方面：

（1）自信心。它是谈判者最重要的心理素质。所谓自信心，就是指谈判者相信自己企业的实力和优势，相信集体的智慧和力量，相信谈判双方的合作意愿和光明前景，具有说服对方和把握谈判走势的自信。没有自信心，就不可能在极其艰难的条件下不懈努力，为企业争取最佳的谈判成果。自信心的获得建立在充分调查研究的基础上，建立在对对方实力科学分析的基础上，而不是盲目的自信，更不是藐视对方、轻视困难、固执坚持自己错误的所谓的自信。

（2）自制力。它是谈判者在谈判过程中遇到激烈的矛盾冲突时能保持冷静、克服心理障碍、控制情绪和行动的能力。谈判过程中双方难免会由于利益的冲突而形成紧张、对立、僵持、争执的局面，如果谈判者自制力差，出现过分的情绪激动，如发怒、争吵、沮丧、对抗，就会破坏良好的谈判气氛，造成自己举止失态，表达不当，使谈判不能进行下去，或者草草收场，败下阵来。谈判者如具备良好的自制力，在谈判顺利时不会盲目乐观、喜形于色；在遇到困难时也不会灰心丧气、怨天尤人；在遇到不礼貌的言行时，能够克制自己不发脾气。一触即怒在谈判中是十分危险的。当谈判形势紧张时，要采取一些方式稳住自己的情绪。

【小贴士2-4】

第一次世界大战后，土耳其打败了甘作英国傀儡的希腊，英国政府咽不下这口气，便与土耳其在洛桑举行谈判，企图胁迫土耳其签订不平等条约。土耳其派了外交官伊斯美出席，伊斯美个小、位卑，听力不太好。英国派外交大臣克遵出席，克遵身材魁梧，声如洪钟。在谈判中，克遵不可一世，咄咄逼人。伊斯美有“耳聋”的优势，对土耳其有利的话，他都能听见；不利的话，他都听不见，并一再表示：“您能表达得更清楚一些吗？”克遵大发雷霆，挥拳怒吼，伊斯美坐在那里，若无其事，因为他“听不见”。等到克遵坐下来以后，他才不慌不忙地张开右手，靠在耳边，移向克遵，温和地说：“您刚才说什么来着，我还没听明白呢！”克遵被弄得筋疲力尽。在洛桑的三个月里，伊斯美面对列强以战争相威胁的局面，坚持以静制动的策略，维护了土耳其的利益。

（3）尊重。它是谈判者正确对待谈判对手的良好心理。谈判者首先要有自尊心，维护民族尊严和人格尊严，面对强大的对手不妄自菲薄、奴颜献媚，更不会出卖尊严换取交易。同时，谈判者还要尊重对方，既要尊重对方的利益、意见、习惯，也要尊重对方的文化观念和正当权利。在谈判中，只有互相尊重，才能保证合作成功。

（4）坦诚。坦诚的谈判者善于坦率地表明自己的立场和观点，真诚地与对方合作，赢得对方的信任。虽然谈判双方都有自己的机密和对策，但是谈判的前提是双方都有合作的愿望。谈判就是通过坦诚的洽谈和协商使合作的愿望变成现实。开诚布公、真诚待人是化解双方矛盾的重要因素。坦诚应该是一切谈判的前提，也是双方差异最终消除的必要条件，更是双方长期合作的重要保证。说到底，谈判应该是一种合作，没有坦诚相待，就不可能获得令双方都满意的谈判结果。

3.思想意识

（1）政治思想素质。这是指在商务谈判（尤其是国际商品谈判）中忠于祖国，坚决维护国家主权，维护民族尊严，分清内外，严守国家机密，严格执行保密规定，严格按照党的方针政策办事，正确处理好国家、企业和个人三者之间的利益关系。

(2) 信誉意识。企业应把信誉看作商务活动的生命线，高度重视并维护企业的良好形象，反对背信弃义来谋取企业利益的做法。

(3) 合作意识。企业应自觉地将真诚合作看作一切谈判的基础，以互惠互利为谈判的基本原则，善于借助一切可借助的力量实现自身利益，善于将竞争与合作有机地统一起来。

(4) 团队意识。谈判者应具备对本企业的认同感、归属感和荣誉感，谈判组中的所有成员应具备向心力、凝聚力。

(5) 效率意识。谈判者应视时间为金钱、效益为生命，以只争朝夕的精神，力争花最少的时间和精力取得最好的谈判结果。

(二) 谈判人员的“学”

“学”是指谈判人员应具备的良好知识结构和谈判经验。

1.知识结构

谈判人员要具备较高的知识水平和科学的知识结构，并且要积累丰富的谈判经验。

(1) 商务知识。谈判人员要系统掌握商务知识，如国际贸易、市场营销、国际金融、商检海关、国际商法等方面的知识。

(2) 技术知识。谈判人员要掌握与谈判密切相关的专业技术知识，如商品学、工程技术、各类工业材料、计量标准、食品检验、环境保护的知识等。

(3) 人文知识。谈判人员也要掌握心理学、社会学、民俗学、语言学、行为学方面的知识，要了解对方的风俗习惯、宗教信仰、商务传统和语言习惯。

2.谈判经验

谈判不是千篇一律的，每一次谈判都有谈判的共性和特殊性。要尽量挑选有丰富谈判经验的人员作为主谈人，并且要大胆选拔青年骨干，在实践中积累经验。

(三) 谈判人员的“才”

“才”是指谈判人员所具备的适应谈判需要的各种能力。

(1) 社交能力。谈判实际上是人与人之间有关思想观念、意愿、感情的交流，是重要的社交活动。谈判人员应该善于与不同的人打交道，也要善于应对各种社交场合。这就要求谈判人员有良好的个人形象，能掌握各种社交技巧，熟悉各种社交礼仪知识。

(2) 表达能力。谈判人员应该有较强的文字表达和口语表达能力，要精通与谈判相关的各种公文、协议合同、报告书的书写，掌握计算机技术；同时，交谈时口齿清晰、思维敏捷、措辞周全，善于驾驭语言，有理、有利、有节地表达己方的观点。在涉外商务谈判中，谈判人员还要熟练掌握外语的听、说、写、译能力。

(3) 组织能力。谈判是一项需要密切配合的集体活动，每个成员都要在组织中发挥自己的特殊作用。谈判队伍要严格管理、协调一致、有机统一地凝聚在一起，这样才能发挥出最强的战斗力。

(4) 应变能力。谈判中会发生各种突发事件，面对突变的形势，谈判人员应头脑冷静、正确分析、迅速决断，善于将原则性和灵活性有机结合，机敏地处理好各种矛盾，变被动为主动，变不利为有利。

【学一学2-1】

周恩来这位叱咤风云的国际著名政治家、外交家，在谈判中素以思路清晰、反应敏捷著称。有一次在宴会上，某西方记者问他，中国的国库到底有多少人民币？对这一不可泄露的机密，周恩来略微一想说："应该是十八元八角八分。"他解释说，中国发行的人民币面值有十元、五元、二元、一元、五角、二角、一角、五分、二分、一分，共计为十八元八角八分。这一机智而又得体的回答博得了满堂掌声，那位记者更是叹服不已。

（5）创新能力。谈判人员要具备丰富的想象力和不懈的创造力，勇于开拓创新，拓展商务谈判的新思路、新模式，创造性地提高谈判工作水平。

二、谈判人员的角色分工

一个高效而强有力的谈判小组，应该由多方面的专门人才组成。他们在谈判进程中扮演着不同的角色，并各司其职，发挥不同的作用，尤其是谈判小组的负责人和主谈人，起着至关重要的作用。

（一）谈判小组的负责人

谈判小组的负责人是整场谈判的管理者、决策者，他应该是企业中有权威的人，精通管理并善于决策。对于谈判小组的负责人，并不要求他什么都懂，什么都会，而是看他能否使其他人员发挥应有的水平、作用，能否在谈判中恰如其分地调动和使用各类人员。高明的决策者能充分调动谈判人员的积极性、主动性、创造性，使谈判绝路逢生；而低能的决策者会压制谈判人员的积极性、主动性的发挥，使谈判功亏一篑。

谈判小组负责人的基本职责是：从整体上调控商务谈判工作，并进行谈判人员的职责分工。其具体包括：①挑选商务谈判小组的成员；②制订周密的商务谈判计划；③总管商务谈判全过程，并对商务谈判中的重要事项做出具体决定，如已方让步的时间及程度、哪些条件可作为交换条件等；④与谈判对手进行具体的交易磋商；⑤代表企业签字；⑥负责汇报商务谈判工作。

（二）谈判小组的主谈人

谈判小组的主谈人是谈判目标的实现者，是谈判第一线的主将。他要运用他的口才、表演，准确的分析判断能力、迅速反应能力，来影响对方、说服对方，维护本方的利益。谈判小组的主谈人除了应具备谈判者应具备的基本素质外，还要在以下方面有出色的表现：

（1）善于辞令和表演。主谈人的主要行为是和对方交谈，其时而要阐述自己的立场，时而要和对手争论。主谈人的语言运用能力和表演能力，对增强表达内容的影响力有很大的作用。这就好像同样的故事用不同的语言和不同的演员来表现，其效果截然不同。谈判是口才的较量、是演技的较量。

（2）思维敏捷、反应及时。谈判中的有利时机有时稍纵即逝，对方的发问有时需要及时应答，一旦错过，就可能造成被动。例如，某国的谈判代表与中方代表就知识产权问题进行谈判，一坐下来，外方代表就给了中方一个下马威，他们指着中国代表说："你们中国人是小偷，偷了我国的知识产权。"没想到我方主谈马上回敬到："你们外国人就是强盗，抢了我国的大量国宝，并且堂而皇之地展览。"外方代表当即脸红了。试想一下，遇到这种情况，你思考了半天，才做出回应，还有效吗？谈判是思维、反应、速度的较量。

（3）意志坚定，不受迷惑。在商务谈判中，假的东西往往被说得像真的一样，使你难以分辨、选择，丧失自信；谈判中己方有可能受到很大的压力，使你觉得除非让步，否则别无出路；谈判中对手会极力夸大自己的优势，让你感到自惭形秽。以上种种情况就要看你的意志是不是坚定，所以说谈判也是意志的较量。

（4）精力充沛。许多商务谈判都是劳神费力的苦差事，谈判的时候，主谈人一直处于高度紧张的状态，要倾听对方的发言，要留意对方的神态变化，要快速思考合适的对策，要控制自己的心态。长时间下来，能量消耗很大，所以有时候谈判也是在拼精力。

（三）谈判小组的陪谈人

陪谈人是谈判小组的参谋、顾问。主谈人必须与陪谈人密切配合，才能真正发挥谈判小组团队作战的作用，取得谈判的成功。例如，主谈人在发言时，自始至终都应得到陪谈人的支持。陪谈人可以通过口头或肢体语言做出赞同的表示，并随时拿出相关证据证明主谈人的观点正确。当对方集中火力，多人、多角度刁难主谈人时，陪谈人要善于使主谈人摆脱困境，从不同角度反驳对方的攻击，增强主谈人的谈判实力。当主谈人谈到陪谈人所熟知的专业问题时，陪谈人应给予主谈人更详尽、更充足的证据支持。值得注意的是，主谈人和陪谈人的身份、地位、职能不能发生角色越位，否则谈判就会因为己方乱了阵脚而陷入被动。

三、谈判人员的培养

企业对谈判人员有意识、有系统的培养，一般要经历四个阶段：晓其基础、亲身示范、先交小担、再加重负。

（一）晓其基础

对一个刚加入谈判队伍中的新人来说，无论其年龄大小，作为企业的领导者，首先就是向他传授、交代本行业的基本知识和要求，并检查其是否掌握了这些基本知识和要求。其采取的形式主要有两种：集中授课和单兵教练。前者是指接受任务之前集中时间，系统授课，考试合格再上阵；后者是指派专人带，手把手地进行传授。

（二）亲身示范

谈判说到底是一种技艺。如果理论上头头是道，进了谈判场所却茫然不知所措，这种只会“纸上谈兵”的人不能胜任谈判工作。因此，在传授了关于谈判的基本知识以后，应当创造条件，让新手体验并逐步适应千变万化的谈判环境。示范的形式也可以有两种：模拟谈判和参加真实的谈判。示范应当包括从谈判准备、开局、实质性谈判到签约全过程，一边做给新手看，一边向新手讲析，尤其是谈判桌上千变万化，原先准备好的方案、台词，随时都会因谈判形势的变化而变得无用，需要推倒重来。在谈判桌前应对完这些变化以后，在谈判桌下应主动向新手解释改变原方案的原因和基础，比较新旧方案的利弊，并预测下一步的局势变化以及可能采取的相应对策。这样，才能使新手亲身感受到谈判形势的变化以及所采取的应对措施的变化，悟出其中的真谛，进一步理解并灵活运用他原先学到的基础知识。

（三）先交小担

无论是讲授还是示范，对谈判新手来说都是必要的，但这还不够。对于谈判新手，最富刺激性的学习莫过于亲自实践，在商务谈判中独当一面。一般来说，可以先给一些项目涉及金额不大、困难较小的项目，即“小担”，让新手独立去挑，这对谈判人员的成长具有重要意义，有人称为“起飞前的助跑”，不可或缺。

（四）再加重负

对于在若干“小担”的负载中取得成功实绩的谈判人员，适时赋予“重担”是促其成材、实现“起飞”的重要条件。所谓重担，通常是指交易金额较大、谈判目标较高、交易标的技术较复杂、涉及的交易方较多、本方的竞争对手较多的谈判项目。谈判启动后，有关负责人应随时或定期检查其进展情况和实际效果；针对谈判的实际进展给予及时指导，帮助其克服困难，完成谈判目标。

我们应当知道，一个优秀的谈判能手并非一日造就的，而是要经过各方面的锻炼，运用科学的方法，持之以恒，才能有所成就。

任务四　商务谈判物质条件准备

商务谈判的物质条件准备包括两个方面：会务准备工作和谈判现场的布置。

一、会务准备工作

商务谈判最终必将通过正式会议的方式进行。当双方经过多次协商，共同确定了谈判的议题、时间、场地、人数、规模等细节问题后，谈判会务准备工作的主要内容从时间上可以分为：会前筹备、会间安排准备和会后安排准备。

（一）会前筹备

会前筹备是具体落实谈判会务细节工作、使谈判得以顺利进行的前提之一，是谈判的物质基础保证。会前筹备必须做到充分、细致、周到。其主要内容包括：

（1）成立精干得力的会议筹备机构。对于不同内容、不同规模的谈判，筹备机构的大小与筹备人员的多少也不相同。通常情况下，筹备机构一般应包括：①秘书组：负责会议材料等文字工作；②会务组：负责谈判场所的布置、服务、会间休息安排（如文娱活动安排、参观游览安排等）等具体会务工作；③后勤组：负责接送、食宿安排、医务准备等工作。以上各部门职责分工应明确，同时又要注意彼此协调配合。

（2）拟订会议预案（即会议筹备方案）。其主要内容包括谈判场所布置；谈判会议的摄影、摄像、通讯、新闻发布、会间文化生活安排以及谈判会议的有关票证等。

（3）准备会议文件，即将谈判所需的有关文字资料撰写、打印或复印好，需装订的应装订成册，在谈判开始之前，送交谈判者手中。另外，若谈判中需要出示样品等物，也应精心挑选准备好。

（4）发送会议通知。会议通知的内容应包括谈判会议名称、时间、地点、议题、议程、注意事项、应携之物、报到凭证、联系人等（类似于备忘录）。发送时间要恰当及时，发送信函要挂号登记，信封应注明“会议通知”字样。若双方对谈判的相关内容皆已约定清楚，则无须另行通知。

（5）检查会议筹备工作的落实情况，发现遗漏，及时补救。

（6）准备接待谈判人员。其包括准备车辆、迎接、报到登记、安排食宿、分发有关材料等。接待工作应该做到热情周到，从一开始就为谈判营造一种良好的氛围。

（二）会间安排准备

（1）确立会议签到制度。签到是谈判的原始记录之一，必须坚持。

（2）做好会议记录准备。若进行笔记，双方一般应当对等地各自配备若干速记人员。若双方协商同意采用现代化记录手段，则需准备好有关设备器材。记录材料是谈判最重要的原始档案，必须认真做好准备工作。

（3）做好编印会议简报、通报、备忘录等准备工作，主要是有关文印设备、工具的预置。

（4）做好会间服务准备工作。其包括医疗服务、休息服务、文化活动安排（如是游览还是观看文艺演出，去什么地方游览，观看什么演出）等内容。

（5）若谈判前景预期良好，还需做好签约准备，包括安排签约场所、用具、仪式等。

（三）会后安排准备

会后安排准备的基本内容是拟订会后安排项目清单，一般包括：

（1）应该回收的谈判文件及回收方式。

（2）根据谈判的原始档案或已经签订的协议制发谈判纪要。

（3）谈判材料、原始档案、协议、合同的立卷归档。

（4）送别谈判人员的方案。其包括在什么地方举办告别宴会、车辆安排、订购车船飞机票并送往车站、码头、机场等。

（5）对善后人员的食宿安排。

（6）善后工作。其包括清理会场、会务用品清点入库、会议经费结算、会务工作总结等。

二、谈判现场的布置

谈判现场的布置包括两个方面：一是谈判室及室内用具的选择、布置；二是谈判室的座位安排。

（一）谈判室及室内用具的选择、布置

谈判至少需要两个房间，其中一间是主要谈判室，另一间为秘密会谈室（即私下晤谈室），以便于当需要时可进行个人之间的直接交谈。若有可能，最好再配一间休息室（也可以秘密会谈室充当休息室）。休息室是供谈判双方在紧张的谈判间隙休息用的。休息室应该布置得轻松、舒适，能使双方放松一下紧张的神经。休息室内最好布置一些鲜花，放一些轻柔的音乐，准备一些茶点，以便于调节心情，舒缓气氛。

主谈室应当宽大舒适、光线充足，有良好的灯光、冷暖调节、通风、隔音等条件，并配有一定的装饰、摆设、色调、烟茶用具等，使双方能心情愉快、精神饱满地参加谈判。

密谈室是一个双方均可使用的单独房间，是一个协调、缓冲场所。它既可供某一方的谈判小组私下协商时使用，也可供双方人员私下讨论时使用。密谈室应贴近主谈室，其最重要的条件是隔音。

谈判室内的桌子一般居于房间的中间，可以是长方形的，也可以是圆形或椭圆形的，一般以长方形为佳，有时甚至可以只用茶几（如果是两排对称或以环形沙发布置的话）。按照国际惯例，以正门为准，主人应坐背门的一侧，客人则面向正门而坐。主谈人或负责人居中而坐，翻译安排在主谈人右侧的座位上，其他人员依职位或分工在两侧就座。

谈判场所应该布置得舒适、幽雅、轻松，以利于双方松弛紧张的心理，缓解对抗的情绪，营造良好的谈判氛围。

【小贴士2-5】

1972年2月，美国总统尼克松访华，中美双方将要展开一场具有重大历史意义的国际谈判。为了营造一种融洽和谐的谈判气氛，中国方面在周恩来总理的亲自领导下，对谈判过程中涉及的各项工作都做了精心而又周密的准备和安排，甚至对宴会上要演奏的中美两国民间乐曲都进行了精心的挑选。在欢迎尼克松一行的国宴上，当军乐队熟练地演奏起由周总理亲自选定的《美丽的亚美利加》时，尼克松总统简直听呆了，他绝没有想到能在中国的北京听到他如此熟悉的乐曲，因为，这是他平生最喜爱的并且指定在他的就职典礼上演奏的家乡乐曲。敬酒时，他特地到乐队前表示感谢，此时，国宴达到了高潮，融洽而热烈的气氛也同时感染了美国客人。一个小小的精心安排，营造了和谐融洽的谈判气氛，这不能不说是一种高超的谈判艺术。美国总统杰斐逊曾经针对谈判环境说过这样一句意味深长的话："在不舒适的环境下，人们可能会违背本意，言不由衷。"英国政界领袖欧内斯特·贝文则说，根据他平生参加过的各种会谈的经验，他发现，在舒适明朗、色彩悦目的房间内举行的会谈，大多比较成功。

资料来源　作者根据相关资料整理.

（二）谈判室的座位安排

座位安排直接影响谈判氛围，从而影响双方在谈判过程中的交流，因此，极有讲究。最常见的座位安排是谈判双方各居一边，中间可以有桌子，也可以没有。另一种可供选择的排位方法是任意就座，即谈判双方人员混杂落座，没有分明的"阵线"。在某些情形下，根本不就座或根本不用谈判桌也是一种排位方法。双方人员自由交换意见，最后达成协议。但此种方式适用于双边关系十分友善的状况，且应限制在小范围内。

谈判室的座位安排一般应遵循国际惯例，讲究礼节。但从谈判战术角度讲，选择谈判座位是有艺术性的。

【本章小结】

随着科学技术的飞速发展，我们已进入了信息爆炸时代。谈判则是人们运用信息获取所需的一种活动。所以，谁掌握了信息，谁就掌握了谈判的主动权，有了谈判成功的基本保证。商务谈判的信息准备包括政治环境、法律环境和文化环境方面的信息，市场行情信息，谈判对手信息和国际商务礼仪常识等的准备。

商务谈判方案是指为实现商务谈判目标，事前进行全面、总体的设想所写出的书面材料。谈判方案通常应包括以下内容：谈判的主题和目标、谈判策略、谈判期限及谈判议程、谈判人员的组成与分工等。

谈判人员的选择是谈判准备工作最关键的一环。除了谈判人员应具备的基本素质和能力以外，一个高效而强有力的谈判小组，应该由多方面的专门人才组成，尤其是谈判小组的负责人和主谈人，起着至关重要的作用。企业对谈判人员有意识、有系统的培养，一般要经历四个阶段：晓其基础、亲身示范、先交小担、再加重负。

商务谈判的物质条件准备包括两个方面：会务准备工作和谈判现场的布置。其中，会务准备工作包括会前筹备、会间准备、会后准备三方面的内容；谈判现场的布置则包括两个方面：一是谈判室及室内用具的选择、布置；二是谈判室的座位安排。

【思考题】

1.列举信息准备的主要内容。

2.什么是谈判的时限和权限？

3.试述谈判方案的基本内容。

4.谈判人员应具备什么样的基本素质和能力？

5.谈判负责人的工作主要有哪些？

6.试述商务谈判物质条件准备的内容。

【案例分析】

20×7年1月，某县港联公司与某市电器进出口公司签订了一份买卖合同。合同规定：电器进出口公司供给港联公司日本原装松下双开门冰箱100台，每台单价3 000元，1月底由港联公司前往电器进出口公司提货，2月15日前付清货款。合同签订后，港联公司即于1月25日用5辆卡车（在验货合格后）将100台冰箱全部运回。2月1日，港联公司将卖出的10台冰箱款计4万元全部电汇给电器进出口公司。当2月15日电器进出口公司向港联公司追讨剩余的26万元欠款时，港联公司表示“冰箱没有卖完，无力支付”。经协商，双方又达成一个补充协议，约定港联公司于同年3月31日前将26万元欠款付清，并向电器进出口公司支付利息3 000元。港联公司通过批发和零售于同年2月27日将所剩冰箱全部销完，获利36万元，全部为相关人员挥霍一空。电器进出口公司多次去电去人追讨余款未果，遂诉至当地人民法院。

后经查明，港联公司是20×6年10月由该县港澳同胞联合会向县政府写了申请报告，然后港澳同胞联合会拿着县政府的批文，向县工商局谎报注册资金及其他有关事项，骗取营业执照而成立的。港联公司既无资金、场地，也无从业人员、经营设施，纯属“皮包公司”。因此，追回欠款已经不可能，电器进出口公司为自己的盲目签约付出了沉重的代价。

思考：电器进出口公司应从中吸取什么教训？该公司该如何规避风险？

【实训设计】

实训一　收集情报并制订商务谈判计划

（一）实训目的

1.掌握商务谈判前情报收集的基本方法。

2.学会建立谈判小组。

3.学会制订商务谈判计划。

（二）实训内容

了解商务谈判开始之前的情报收集方法，组成谈判小组，进行人员分工，确定谈判目标、谈判进程、谈判策略，准备谈判资料等。

（三）实训方式

1.找一家上市公司，查询其公开资料（如年报、公告等相关资料），做一份该公司的简介。简介内容包括：①公司简介；②公司产品介绍；③公司所在行业简介及竞争情况；④公司近三年的产值、利润、现金流；⑤公司存在的问题；⑥公司的发展前景。

2.假如你公司是该公司所需某材料的供应商，根据以上资料，自设场景，做一份供应商的谈判计划，内容必须包括：①如何建立谈判小组；②如何进行人员分工；③如何确定谈判目标；④如何确定谈判进程；⑤如何确定谈判策略；⑥需要做好哪些方面的资料准备；⑦确定你的谈判预案。

实训二　制订谈判实战计划训练

（一）实训目的

1.学会商务谈判信息的收集和处理方法。

2.学会商务谈判实战计划的制订。

（二）实训内容

1.上网收集制订谈判实战计划所需的商业信息。

2.制订商务谈判实战计划。其内容包括：①谈判名称、谈判对象、交易的商品；②谈判目标：理想目标、可接受目标、最低目标；③谈判顺序：谈判共有几大议题，先谈什么，后谈什么；④谈判地点：己方公司所在地、对方公司所在地、其他地点；⑤谈判时间及进程：谈判共几天，每天如何安排。

（三）实训要求

1.选择1～2家学生比较熟悉的企业，上网收集该企业的相关资料。

2.分小组讨论，形成谈判思路，并以小组为单位制订商品买卖谈判的实战计划。

3.根据谈判的实战计划，对小组成员进行分工，分别赋予不同的谈判角色，为后面的模拟谈判做准备。

项目三 商务谈判过程

【任务目标】

通过本章的教学，了解商务谈判过程中不同阶段的主要任务和工作重点；掌握谈判报价先后顺序的选择和报价的方法、技巧；懂得在讨价还价之前先要对对方的报价进行评论，然后再进行讨价还价及讨价还价的方法、技巧；掌握交易达成前最后一次让步的方法和要点。

【案例导入】

澳大利亚一家著名的汽车公司在美国刚刚“登陆”时，急需找一家美国代理商来为其销售产品，以弥补他们不了解美国市场的缺陷。当澳大利亚的这家汽车公司准备与美国的一家公司就此问题进行谈判时，澳大利亚公司的谈判代表路上堵车迟到了。美国公司的代表抓住这件事紧紧不放，想要以此为手段获取更多的优惠条件。澳大利亚公司的代表发现无路可退，于是站起来说：“我们十分抱歉耽误了你们的时间，但是这绝非我们的本意，我们对美国的交通状况了解不足，所以导致了这个不愉快的结果，我们希望我们不要再为这个无所谓的问题耽误宝贵的时间了，如果因为这件事怀疑我们合作的诚意，那么，我们只好结束这次谈判。我认为，我们所提供的优惠代理条件在美国是不会找不到合作伙伴的。”澳大利亚代表的一席话说得美国代理商哑口无言，美国人也不想失去这次赚钱的机会，于是谈判顺利地进行下去了。

思考：美方与澳方的谈判代表分别采取了什么样的开局策略？

商务谈判的各项准备工作就绪以后，就可以进行正式谈判了，而谈判也应有一定的程序，这个程序涉及谈判的方案、议程安排及相关对策等。有经验的谈判者都注重谈判程序的安排和运用。本章主要就谈判过程从开局、报价、磋商到最后协议的签订，分阶段进行阐述。

任务一 开局

开局阶段主要是指谈判双方见面后，在讨论具体、实质性的谈判内容之前，相互介绍、寒暄以及就谈判具体内容以外的话题进行交谈的阶段。开局阶段的主要任务是为谈判营造一种良好的氛围。

一、营造良好的谈判氛围

（一）符合礼仪规范

（1）热情主动，不卑不亢。如果谈判双方是初次见面，又是本着一个共同的目标（尽管在目标的细化上存在着矛盾），就没有必要剑拔弩张，而应以大方、热情的姿态向对方打招呼、问候并适当寒暄，充分展示自身良好的人格魅力，周到而不失礼貌，热情又格调高雅，既不阿谀奉承，也不过分清高，就如同结识一位新朋友一样，表现出一种发自内心的（手、眼、语言、动作、表情一致）开诚布公、善意友好的姿态。

（2）遵守基本礼仪规范。非礼勿视、非礼勿听、非礼勿言，尤其在对方的主场谈判，更应遵守相关礼仪规范，不能因失礼而让对方产生误会甚至被曲解为是一种示威行为。

（二）运用中性话题，保持良好沟通

（1）以非业务的轻松话题切入，尽快消除双方心理上的陌生感。可以选择诸如天气、环境、经济发展、人民生活等双方较熟悉且没有立场之争的话题，也可以就目前社会上大家都关心的问题展开适当评述，包括一些无伤大雅的玩笑，以活跃谈话气氛。

（2）选择对方最感兴趣的话题。每个人都有一些自己最熟悉、最关心或最引以为豪的事件与经历，如能及时发现对方的“热点”并适当引入，并就能让对方打开“话匣子”，把你作为他倾诉的对象，对方在尽情畅叙之后，对你就会产生莫大的好感，甚至有一种相见恨晚的知音感。

（3）切忌在话题的观点上与对方争论。这里要记住谈判的又一条基本规则：切忌将利益之争上升到面子之争。对于同一事物，每个人都有各自不同的观点或见解，在中性话题的议论中，也会体现出各自的不同立场，但要记住这不是利益之争，仅仅是一次聊天、一次营造良好人际沟通环境的普通谈话，没有什么值得去争论的。即便对方的观点不对或表达不清，你把对方驳得哑口无言，你又能得到什么呢？一场无谓的争执会让你失去许多原来你一直想得到的东西。

（三）树立良好的个人形象

个人的内在素质是通过衣着、行为、言语等外显事物表现出来的，而人的形象所起的作用，主要是第一印象的作用，这种心理倾向得到了社会心理学家的科学验证。因此，在谈判的初始阶段，注重自己的衣着打扮、给人以良好的第一印象是很重要的。你可以穿着一套特别的衣服去旅游度假或参加聚会，它可能会使你风光无限。但不要把非正式场合的服装与正式谈判时的服装搞混了。

（1）在衣着上要与谈判性质、身份、环境保持一致。如果是正式谈判，谈判者应当穿得正式一点，以体现对这次谈判的重视和充分准备，也是向对方表示一种尊重。如果是非正式谈判，谈判者的衣着则可“非正式”一些、轻松些，因为衣着过于“正式化”，也会影响沟通气氛。谈判者应根据自己的身份来选择衣着，一个人的穿着超过了自己的社会地位，容易给人以虚假和做作感；穿着适当低于自己的社会地位，往往给人以平易近人的感觉，故穿着上宜低不宜高。无论是奢华还是简朴，高雅还是平俗，都要考虑与谈判环境的一致性，超越谈判氛围的刻意打扮会使你适得其反。若是参加涉外的商务谈判，则必须穿上相应的正规服装；否则，与会者会以异样的目光注视你，让你倍感不自然。此外，切忌穿着全新衣服，服饰是“自我的延长”，刚买的服饰，一是会表现出你专为这次谈判而“破费”的良苦用心，而不是一种日常生活水平的自然表现；二是新买的服饰往往和身体无法产生贴切感，而使你的动作显得笨拙；三是表现出了你刻意打扮的动机——紧张、拘谨、不安或怯场。最好的做法是把新买的衣服先穿上几天，或经过一次洗涤，使自身和新着装协调后再穿入正式谈判场所。

（2）行为举止上要做到自然放松。在谈判中要放松心态、放松身体，自然面对谈判对方。虽然对手是陌生人（也有可能不是），但并非是敌人，也许还会成为朋友，没什么值得紧张的。动作自然得当，不僵硬、不机械，目光应专注，适度直视对手，表现出一种自信的心态；要学会以眼神配合语言，能让眼睛说话，告诉对手你在乎什么，看重什么，不愿重提什么，目光不要散乱，更不要东张西望（那表示你太紧张了，或是真的心不在焉）。

（3）语言表达上条理清楚，意思明确。要想取得谈判的成功，获得比较理想的结果，一开始就要让对方了解你的目标、意图和想法。而在表达己方对本次谈判的意图、想法时，在语言上一定要做到条理清楚，意思明确。

二、营造谈判氛围应考虑的因素

（一）双方企业之间的关系

谈判者应根据双方企业之间的关系来决定营造怎样的开局气氛，采用怎样的语言，针对哪些内容进行交谈。

（1）如果双方企业过去有业务来往，且关系很好，那么应把以往的这种友好关系作为双方谈判的基础。在这种情况下，开局阶段的气氛应该是热烈、友好、真诚和愉快的。在开局阶段，谈判人员在语言上应该是热情洋溢的，内容上可以畅谈双方过去的友好合作关系，从而可以较快地将话题转到实质性谈判上。

（2）如果双方企业过去有业务来往，但关系一般，那么开局阶段仍然要争取营造一种比较友好、随和的气氛。但是，己方在语言的热烈程度上应该有所控制，内容上可以简单地谈一谈双方过去的业务往来情况，也可以谈一谈日常生活中的兴趣与爱好等，在适当的时候，自然地将话题转入实质性谈判上。

（3）双方企业过去有业务来往，但本企业对对方的印象不佳，那么，开局阶段的气氛应该是严肃的、凝重的，内容上可以简单地谈一谈对过去双方业务关系的不满意甚至是遗憾，并且希望通过本次谈判能够改变这种状况。

（4）双方企业过去没有业务来往，则开局阶段应力争营造一种友好、真诚的气氛，以淡化和消除双方的陌生感。在内容上多以途中见闻、业余爱好等比较轻松的话题为主，在适当的时候，将话题转入实质性谈判上。

【小贴士3-1】

1994年，美国全年贸易逆差居高不下，约1 800亿美元。其中，对日本的逆差居首位，近660亿美元，而其中60%的逆差来自进口的日本汽车，日本汽车大量进入美国市场，一年约400万辆，于是就有了1995年美日汽车贸易谈判。在这次谈判中，美国谈判方认为，日本汽车市场不开放，而日方却认为本国政府未采取任何限制措施。为了使谈判顺利进行，日方在谈判正式开始前就致力于改善谈判气氛，日本汽车制造业协会出钱在华尔街报纸上做广告，广告标题是："我们能多么开放呢？"接着用文字说明："请看以下事实：（1）对进口汽车，零件无关税；（2）对美国汽车实行简便的进口手续；（3）美国汽车免费上展台；（4）销售商根据市场需求决定卖什么车。"之后，日方又总结出美国车在日本销售不好的原因：日本汽油昂贵，所以日本人只能买省油的小汽车，而美国对日出口的是大型车。广告最后得出结论："自由贸易才是成功之路"。日本汽车制造业协会之前做了详尽的市场调查，看过报纸的美国人都认为日方讲的有道理。因此，双方在谈判的开局阶段形成了良好的谈判气氛。

资料来源　作者根据相关资料整理.

（二）谈判双方个人之间的关系

谈判是个人之间交流思想的一种行为，谈判者个人之间的感情同样会对谈判过程和效果产生很大的影响。如果双方谈判人员过去有过交往，并结下了一定的友谊，那么开局阶段的气氛自然是友好的、和谐的。若双方谈判人员以前没有交往过，互不认识，开局的气氛应当平淡一些，说话时也要有所顾虑。其他情形与如前所述的“企业之间的关系”类似，这里不再重复。

三、谈判角色定位与谈判人员入场

（一）谈判角色定位

谈判双方在初次接触、闲谈中，通过无声信息的传递和有声信息的沟通，彼此之间会对对方形成各自的印象，如对对方的表象认识，包括通过对方的言谈举止、衣着打扮对其本性的推断：是自信还是自卑，是精力旺盛还是疲惫不堪，是轻松愉快还是高度紧张等。精明的谈判人员往往依据这些推断来确立自己在谈判中的形象，形成自己的角色定位。

例如，你的谈判对手是西方人，他目光直视着你，握手有力，而且用右手与你握手时，左手又放在你的肩膀上，这说明此人精力充沛（这个人太精干了，我最好小心一点），或者说明他权力欲强（这是一种过激的举动，他想控制我）。那么，你就应该相应地采取“慢火义攻”的方式来确立自己的谈判形象。

同样，如果对方是一个衣着传统、拖泥带水、时间观念差的人，你则应警惕“他想拖垮你”，必须采取主动进攻的谈判方式，并设法以巧取胜。

因此，在真正谈判之前，谈判者应做好周密、细致的准备工作，注意个人形象，并认真研究、分析谈判对手的行为；同时，谈判中要以诚待人、行为端庄、谦虚、态度诚恳、言之有理、以理服人；平等互利、真诚合作、处事灵活、遇变不惊，始终维护来之不易的良好洽谈氛围和业已确立的己方在谈判中的地位。

（二）谈判人员入场

虽然谈判人员入场的时间很短，但对谈判的影响却很大。为了便于双方接触，一般以站立交谈为主，虽然每个谈判者的行为方式、个性特征各不相同，但从总体上都要注意以下几点：

（1）谈判者步入会场时应径直走向会场，表情自然，目光坦率而自信，以开诚布公、友好的态度出现。

（2）握手。谈判者应掌握握手的力度、时间和方式，亲切、郑重，不迟疑、傲慢或久握不放。

（3）介绍。谈判者可以自我介绍，也可以由双方的领导向对方介绍己方的谈判人员。

（4）问候、寒暄。问候、寒暄时的语言、语态、语调应亲切、和蔼、轻松自如，为营造良好的气氛，可适当谈一些大家都感兴趣的中性话题。

四、开局陈述

开局陈述，是指在开局阶段双方就本次谈判的内容，陈述各自的观点、立场及建议。也就是说，双方把本次谈判要涉及的内容全部提出来，同时，彼此了解对手对本次谈判的内容所持的立场、观点，在此基础上，就一些分歧分别发表建设性意见或倡议。开局陈述往往决定着整个谈判的基调。

开局陈述是原则性的，不涉及具体问题。因而在陈述自己的观点时，要采用横向铺开的方法，而不是深究某一个问题。也就是说，通过陈述，使谈判横向展开，而不是向纵深发展。所以开局陈述要言简意赅，使对方能很快把握要领，尽快切入主题，避免在枝节问题上纠缠。

开局陈述一般包括陈述的内容、陈述的方式和对对手陈述的反应三个方面。

（一）陈述的内容

开局陈述的内容主要包括谈判参与各方在开始阶段需要表明的观点、立场、计划和建议，具体包括以下几方面：

（1）己方的立场，即己方可以采取何种方式为双方共同获得利益做出贡献，今后双方合作中可能会出现的成效或障碍，己方希望本次谈判应遵循的方针、原则等。

（2）己方对问题的理解，即己方认为本次会谈应涉及的主要问题，以及对这些问题的看法、建议或想法等。

（3）己方合作的态度，即己方拟在本次谈判中准备做出的让步及具体商谈的内容。注意：这里的让步不是真正意义上的妥协，而是在对方本应拥有的权益上印上“让步”的字样。

（4）己方对对方陈述的基本态度。如果对方先陈述，则在己方陈述的过程中，可针对对方陈述的同一议题提出本方的计划和打算。值得注意的是，此时不宜反驳对方的建议，应从己方的角度提出对该议题的看法。

（二）陈述的方式

（1）简明扼要，准确表达。陈述己方的观点、立场时要简单明了，不要啰唆，更不要对表达的观点附加理由说明。

（2）以商讨性语言陈述。陈述时尽量多用“我们以为这样比较合适……”“您看这样行不行？”“这是我方的设想，不知你方以为如何？”等语句。陈述是谈判各方的共同权利，而且它与最终可能达成的结果是两回事，所以应以尊敬的态度，友善地向对手表明己方的观点，这是谈判者应具备的礼仪。

（3）不要被对手的表情所迷惑。高明的谈判者在对方陈述的时候就开始施展进攻战术，他们会采用各种表情（因为“不能打断对方的陈述”是谈判的“游戏规则”之一），如痛苦的、无奈的、气愤的，还配合各种各样的身体动作，如摇头、皱眉、苦笑或发出那种令人心神不宁的怪声，扰乱陈述者的心神，使其不由自主地怀疑自己的报价是不是真的有问题。还有一些谈判高手会在现场演“双簧”，即转过头与身边的同事或部下窃窃私语，眼睛不时瞄上你一眼，他身边的那位则装出一种非常为难、无可奈何甚至不可能做到的样子。一旦你真的被迷惑，则谈判初期树立起来的信心也会开始动摇。

记住你在准备工作中所做的一切：自信地认为这种方式的合作是对双方真正有利的。你可以对对方的表情和动作视而不见，更不要因此自乱阵脚，不妨这样理解对方的表情和动作：他的表情痛苦是因为胃痛的老毛病犯了；他与身边的人窃窃私语是向对方借钱，对方知道他借了不会还，所以表情好为难……你还是应该按你自己的计划出招：马二进三！

【小贴士 3-2】

巴西一家公司到美国去采购成套设备。巴西谈判小组的成员因为上街购物耽误了时间。当他们到达谈判地点时，比预定时间晚了45分钟。美方代表对此极为不满，花了很长时间来指责巴西代表不遵守时间，没有信用，如果这样下去的话，以后很多工作很难开展，浪费时间就是浪费资源、浪费金钱。对此，巴西代表感到理亏，只好不停地向美方代表道歉。谈判开始以后，美方代表似乎还对巴西代表来迟一事耿耿于怀，一时间弄得巴西代表手足无措，说话处处被动，无心与美方代表讨价还价，对美方代表提出的许多要求也没有静下心来认真考虑，匆匆忙忙就签订了合同。等合同签订完以后，巴西代表平静下来，头脑不再发热时才发现己方吃了大亏，上了美方的当，但已经晚了。

资料来源 作者根据相关资料整理.

（三）对对手陈述的反应

（1）学会有效聆听，切勿打断对方。前者要求能听懂对方的弦外之音，能准确理解对方陈述中的关键内容，如价格、交货方式、质量保证、产品标准、运输方式等（这是对方开价的上限，是己方保证可以得到的最起码的条件）。后者则是指从礼貌上讲，随意打断对方的陈述会引起对方的不快；从利益上讲，对方一般都会把预定给你的有关利益部分的陈述放在最后，一旦被打断了，他可能会将这部分"赠品"当作讨价还价的一个筹码，对己方的利益获取很不利。

（2）发现有不明白的地方及时求证。一旦对方陈述中的某些内容你不是非常明白或者不能完全确认，应及时向对方求证，切不可想当然："应该就是这个意思"。需要求证时，可用商量的语气："对不起，我想打扰一下，刚才……是不是这个意思？"

（3）以其人之道还治其人之身。你也不妨用各种动作、表情扰乱对方的心境，因为这种方法确实有实用性。心理专家曾经研究指出：当你面对一个发言人时，你不时地摇头、皱眉，重复多次后，对方就会感到很不耐烦。而当一个教室里的数十位学生都对着讲台上的那位发言人摇头的时候，台上的那位发言人很快就觉得惶惑不安，继而开始对自己产生怀疑，甚至变得不自信起来。

（4）在对方陈述后，将对方的意思归纳一下，要求对方再次确认："我能否这样理解您的意思……"归纳不是重复对方的叙述内容，而是点明对方叙述中的弦外之音。

另外，在谈判中容易被忽视却又很重要的问题，就是谈判者应该注意双方在谈判过程中的地位变化，这个问题贯穿于谈判的整个过程。一般说来，在商务谈判中，业主与客商之间的关系在谈判的不同阶段会呈现出不同的特征。如就某一项目公开招标，那么在招标阶段，招标业主的地位比应标客商要高出许多。但到开标之后，第一标者就取得了与业主平等的地位，其他第二标者、第三标者只是作为候补对象处在等待的地位。第一标者将合法地与业主进行一对一的谈判，通过相互商讨、彼此妥协来谋求一致。到了签约阶段，中标者的地位就可能超出业主，因为经过一系列的技术与利益谈判后，时间已经不多了，如果这时业主否定第一标者而转向第二标者或第三标者，则此时的第二标者可能比第一标者更难对付，提出的条件也许更为苛刻。所以，第一标者可能会趁机向业主提出一些苛刻的要求，而业主因为对象、计划已经确定，时间紧迫，可能不得不迁就对方，甚至为此做出一些必要的让步。因此，谈判者要密切注意谈判进程中双方地位的变化，以便把握机会，驾驭谈判的利益趋向。

【案例3-1】

有一位杂志出版商，他在创立自己的刊物时资金短缺，于是希望通过刊登广告的方式来筹集资金。他来到了一个写字楼，一家公司接一家公司地推销其杂志广告。但是，由于他的杂志是新办的，人们对它缺乏信心，因此，他的推销工作十分艰难。在推销过程中，这个杂志出版商了解到：这个写字楼最上面两层分别被两家不同的房地产公司包租了，这两家公司互为对手，竞争十分激烈。于是，他走进了其中一家公司，问他们是否愿意购买自己的广告版面，公司经理说对他的杂志不感兴趣。出版商扭头便往外走，边走边说："看来还是楼上的先生（即楼上房地产公司的老板）更精明些。"这位经理一听，赶快把他叫了回来，问道："楼上那家公司购买你的广告了吗？"这位出版商耸了耸肩说："这是商业秘密，等杂志出版后你就会知道的。"这位房地产公司的经理想了想说："好吧，请把您准备的广告合同给我看一下。"就这样，这位杂志出版商获得了一份大合同。用同样方法，他又使得楼上的房地产公司也购买了他的广告版面。

资料来源　作者根据相关资料整理.

思考：这位杂志社出版商是如何成功的？

任务二　报价

在商务谈判中，报价是不可逾越的阶段，只有在报价的基础上，双方才能进行讨价还价。报价之所以重要，是因为报价对讨价还价乃至整个谈判结果会产生实质性影响。商务谈判中的报价，不仅指产品的要价，而且也泛指谈判一方向对方提出的所有要求，包括商品质量、数量、包装、装运、保险、商检、支付条件、索赔、仲裁，以及工程项目的承包条件、工期、材料、质量等。其他像委托代理谈判、企业兼并谈判、合作合资谈判、咨询顾问谈判等，尽管谈判内容各不相同，但谈判双方都会向对方提出各种要求，这种要求即报价。当然，既然是商务谈判，价格这个极其重要的经济要素就必然是谈判的中心议题。基于这一点，我们把报价作为谈判的关键环节来研究。

【案例3-2】

美国芝加哥的大都会酒店，是一栋12层多达300个房间的大建筑，地处市区南部，位置极佳，在19世纪20年代因被意大利籍黑手党头目卡邦租用其中的两层共50个房间作为总部，大酒店更是声名远播。但是好景不长，1947年卡邦死于梅毒，之后，黑手党开始没落，大都会酒店也空置至今。1991年曾传酒店内藏有珠宝，可经过挖掘搜寻后，只找到一堆尸骨，这更使大都会酒店罩上了一层神秘的面纱。

此后，芝加哥市政府采取了一系列措施：查封该楼，不准入内；列为古迹，不准拆除。最令人吃惊的则是1992年宣布出售大都会酒店，售价1美元，但至今无人问津。

1美元可买下一家大酒店，这绝非天方夜谭。因为，像这样廉价的房屋在全美各州均有售卖，房屋的外表大都破败不堪，房主因无法出售或抵押而由政府收回统一处理。但是根据美国的有关法律，购买这类旧房不准拆卸，必须由买主在购入后一年内将其翻新，且至少使用五年后方可转手。前不久，一位失业的男子花了1美元在弗吉尼亚州的一个小镇买了一所两室的住房，他还在室内捡到73美分，所以，他实际上只花了27美分便得到了这所住房。但是，他的整个翻修工程却花了3 000美元。

大都会酒店同样如此，它虽年久失修，但不准拆除，只许翻新，以求重现该楼及附近当年的繁荣。据估算，它的修理翻新需要耗资近1亿美元！

问题就在这里！1美元买下大酒店固然令人神往，但再用1亿美元在购入一年内对酒店进行翻修就让人望而却步、咂舌不已了。这就应了一句谚语：老鼠拖扫帚——大头在后头。

在商务谈判中，这种情况非常普遍。卖方常常以比较低的价格与买方签订一份合同，为了图一时之利，买方也愿意选择最低的出价，然而他们常常忽略了额外的开支。如零配件、互补产品、技术咨询、改装、修理等方面买家需要付出更多的费用，否则产品将无法使用。

一、报价的形式

(一) 书面报价

书面报价，通常是指谈判一方事先提供较详尽的文字材料、数据和图表等，将本企业愿意承担的义务以书面的形式表达清楚，使对方有时间针对报价做充分的准备，使谈判进程更为紧凑。但书面报价中的白纸黑字，客观上将成为该企业承担责任的记录，会限制了企业在谈判后期的让步和变化。因此，对实力强大的谈判者而言，书面报价是有利的；谈判实力相当时，也可使用书面报价；谈判实力较弱者不宜采用书面报价法，而应尽量安排一些非正规的谈判。书面报价的适用性包括以下方面：

(1) 在有关规则的约束下，本企业没有选择余地，只能以这种方式提出交易条件，如招投标项目。

(2) 以书面方式提出的交易条件既是最初的交易条件，也是最后的交易条件，不希望对方讨价还价，如供货价目表。

(3) 书面报价有时是一种策略，即成文的要约一般对对手会有相当大的压力，因书面印刷的材料比口头表述规范得多，易使对方就范（即所谓的正统性）。

(二) 口头报价

口头报价具有很大的灵活性，谈判者可以根据谈判的进程来调整、变更自己的谈判战术，先磋商，后承担义务，没有义务约束感。口头报价，可以充分利用个人沟通技巧和情感因素，促使交易达成。察言观色，见机行事，建立某种融洽的个人关系，从而寻求良好的谈判气氛，是这种方式的最大长处。当然，如果谈判人员没有娴熟的沟通技巧和经验，很容易失去议题的头绪，而转向枝节问题；容易因没有完全地理解而产生误会；也容易使对方进行反击。一些复杂的要求，如对统计数字、计划图表等的要求，难以口头阐述清楚。此外，由于对方事先对相关情况一无所知，他就有可能一开始很有礼貌地聆听企业的交易条件，然后退出谈判，直到他准备好了如何回答才回来重新谈判，因而会影响谈判进度。为了克服口头报价的不足，在谈判前可以准备一份印有本企业交易重点、某些特殊要求、各种具体数字的简明表等，以供临时取用。

二、报价应遵循的原则

报价的高低对整个谈判进程将产生实质性影响，而且任何对手都会对你的报价进行砍价，对此，你应有充分的心理准备。若要成功地进行报价，谈判人员还必须遵循一定的原则。

（一）设立“最低可接纳的价格水准”

报价之前为自己设定一个“最低可接纳的价格水准”，是报价的首要原则。所谓最低可接纳的价格水准，是指最差的但却可以勉强接纳的谈判终极结果（即最低利益目标）。例如，卖方可以将他即将出售的某种商品的最低可接纳的价格水准定为××元。也就是说，谈判时，假如售价等于或高于××元，他将愿意成交。

设立最低可接纳的价格水准的好处是：①借此避免拒绝有利的成交条件；②借此避免接纳不利的成交条件；③借此防止一时的鲁莽、冲动行为；④当事人可限制谈判者的权力；⑤在团体谈判时，可避免多个谈判者各行其是。

【小贴士3-3】

美国著名发明家爱迪生在某公司当电器技师时，他的一项发明获得了专利。公司经理向他表示愿意购买这项专利，并问他要多少钱。

当时爱迪生想：只要能卖到5 000美元就很不错了，但他没有说出来，只是督促经理说：“您一定知道我的这项发明专利对公司的价值，所以，价钱还是请您说吧！”

经理报价道：“40万美元，怎么样？”

还能怎么样？谈判当然是没费周折就顺利结束了。爱迪生获得了意想不到的巨款，为日后的发明创造提供了资金。

资料来源　作者根据相关资料整理，有删减.

（二）报价要“凶”

报价要“凶”，即卖方的报价应是最高的可行价，买方的报价应该是最低的可行价。这里的“凶”是指有理由证明你的最高价或最低价是可行的，而不是天方夜谭。也就是说，只要你找到理由加以论证，你就该报出最“凶”的价格，报价应达到你难以找到理由予以反驳的地步！这是谈判的又一基本法则。报价要“凶”的理由如下：

（1）报价是为最终结果设定一个无法逾越的上限。一般来说，不能提出更高的要价了，除非你有非常强烈的理由。报价之后，再次反向调整报价极易招致对方的不信任。

（2）报价的高低会影响对方对己方潜力的评价。一般而言，报价高能使对方提高对己方潜力的评价；反之，则会提高对手还价的积极性。

（3）报价越高，为自己所预留的余地就越大。

（4）期望水平越高，成就水平也随之越高，即你的报价高低与你最后的谈判结果有相关性。

当然，从理论上讲，报价的高低没有绝对的界限，它只是一个相对数。在商务谈判实务中，它取决于特定的项目、特定的合作背景、合作意愿和谈判氛围，报价虽然可以由专业人员依据一定的原则与假设进行精确测算，但是隐含于价格中的不确定因素仍然很多。

一般来说，标的金额越大、客户特殊要求越多的项目，其报价弹性也越大。同时，商务谈判特别是涉外商务谈判的开盘价不仅仅是一个价格问题，还包括交货时间、付款条件、运输和保险方式以及其他一系列内容。所以，开盘价的正确决策，不仅依赖于谈判前的充分准备，而且依赖于富有经验的谈判人员的准确判断。

（三）报价时态度明确、果断

报价时要充满自信，态度要明确、果断，给对方留下诚实、自信、认真的印象。

报价应非常明确，要清楚到足以避免使对方产生误解或曲解的程度，有时总价下可附以详细的分项价格清单；也可以借助直观的方法报价，如在口头报价的同时，将具体数据和要点在纸上演示给对方。

报价时不必作任何解释或说明。只要报价是合理的，没必要为它辩护。假如你主动为报价作辩护和说明，对方反而认定你的报价是不合理的，或者说是较勉强的。只有当对方对你的报价表示不满或要求你进行解释时，你才需要对自己的报价进行辩护和说明。

（四）对报价作说明时的原则

在商务谈判中，不管一方报价的水分有多少，另一方都会提出质疑。因此，当一方报价结束时，另一方一般都会对对方的报价表示不满并要求做出价格解释。在对所报价格进行解释时，应遵循如下原则：

（1）不问不答。对方不主动问及的问题不要回答，以免言多有失。

（2）有问必答。对对方提出的每一个问题，都要一一做出回答，并且要很流畅、很痛快地予以回答。因为任何吞吞吐吐、欲言又止的回答，都易招致对方的怀疑。

（3）避虚就实。对本方报价中实质的部分，应多讲一些；对于比较虚的部分或者水分含量较大的部分，应该少讲甚至不讲。

（4）能言不书。能用口头表达的，就不要用文字来书写。一旦有误，书写的就很难改变了。

【案例3-3】

美国一位著名的谈判专家有一次替他邻居与保险公司交涉赔偿事宜。谈判是在专家的客厅里进行的，理赔员先发表了意见：“先生，我知道你是交涉专家，一向都是针对巨额款项来谈判，恐怕我无法承受你的要价，我们公司只出100美元的赔偿金，你觉得如何？”

专家表情严肃地沉默着。根据以往的经验，不论对方提出的条件如何，都应表示出不满意，因为当对方提出第一个条件后，总是暗示着可以提出第二个甚至第三个。

理赔员果然沉不住气了：“抱歉，请勿介意我刚才的提议，我再加一点，200美元如何？”

“加一点，抱歉，无法接受。”

理赔员继续说：“好吧，那么300美元如何？”

专家等了一会儿说：“300美元，嗯……我不知道。”

理赔员显得有点惊慌，他说：“好吧，400美元。”

“400美元，嗯……我不知道。”

“就赔500美元吧！”

"500美元，嗯……我不知道。"

"这样吧，600美元。"

专家无疑又用了"嗯……我不知道"，最后这件理赔案在950美元的条件下达成协议，而邻居原本只希望要300美元！

这位专家事后认为，"嗯……我不知道"这样的回答真是效力无穷。

三、报价的顺序

在商务谈判中，先报价还是后报价，是一个先发制人还是后发制人的策略选择。报价的先后在某种程度上对谈判结果会产生一定的影响。对于这一问题，谈判者应事先慎重考虑好。

（一）先报价的利弊分析

1.有利之处

首先，先报价为谈判划定了一个成交的框架或基准线，是讨价还价的起点。先报价比后报价（还价）更具影响力，因为先报价不仅能够为谈判划定一个难以逾越的上限（卖方的报价）或下限（买方的报价），而且还会直接影响到对方的期望水平，起到争取主动的作用。

其次，先报价能先声夺人，使对方感觉到与其先期预测的报价差距过大，而不得已做一定的调整，故先报价有时能打乱对方原有的计划，动摇对方原来的期望值，使其失去按原计划谈判的信心。

最后，先报价也是自信的一种表现，如配以正统性权力和较充分的理由，往往能取得较理想的结果，尤其是对实力较强的一方更加有利。

2.不利之处

（1）先报价会过早暴露报价方的底牌和意图。

（2）对方以你的报价为核心，不还价，却不断挑剔你的报价，逼迫你一次次让步，而始终不泄露自己的底价，从而在价格的谈判上使报价方变得被动。

（3）先报价有时还会失去因行情变动带来的利益。对方可针对你的报价，及时调整其开价，以获得本来可能没料到的利益。如卖方就某件商品报价为200元，买方原预期的初步报价为190元，并计划以200元成交，现在则可调整为170元甚至更低。在价格冲突较小时，确实先报价不如后报价。

【案例3-4】

美国加州一家机械厂的老板哈罗德先生准备出售3台更新下来的数控机床，有一家公司闻讯后前来洽购。哈罗德先生十分高兴，准备开价360万美元，即每台120万美元。当谈判进入实质性阶段时，哈罗德先生正欲报价，却突然停住，暗想："可否先听听对方的想法?"结果，对方在对这几台机床的磨损与故障情况做了一系列的分析与评价后说："我公司最高只能以每台140万美元的价格买下这3台机床，多一分钱也不行。"哈德罗先生大为惊喜，竭力掩饰住内心的喜悦，还装着不满意的样子，讨价还价了一番，最后自然是顺利成交。

（二）何时选择先报价

（1）当己方的谈判实力强于对方，或者在谈判中处于主动地位时，宜选择先报价（尤其是对方对本行业的行情不熟悉时）；反之，可以考虑后报价，以观察对方并适当调整自己的期望目标。

（2）在冲突程度高的谈判场合（即事先了解到本次谈判双方的实力相当，各项交易条件的竞争会非常激烈），应“先下手为强”，选择先报价；在合作程度高的场合，则无所谓先报价还是后报价。

（3）就一般习惯而言，谈判的发起人应先报价。在贸易谈判尤其是国际贸易谈判中，通常卖方先报价，而买方后报价。

（4）若对方是谈判高手，则应让对方先报价，以避免对方对你的报价剥茧抽丝，把价格压得很低。

【案例3-5】

撒切尔夫人的强硬智慧

英国前首相撒切尔夫人由于工作作风强硬，素有“铁娘子”之称，这一点在她的谈判工作中也有所体现。

1979年12月，在欧共体的首脑会议上，撒切尔夫人提出了一项协议草案。她表示英国在欧共体中负担的费用最多，却没有得到相应的利益，因此要求将英国负担的费用每年减少10亿英镑。这项惊人的议案提出后，各国首脑脸色铁青，他们认为撒切尔夫人的真实目的是削减3亿英镑。于是他们提议只能削减2.5亿英镑，并认为这已经是极限了。一方提案为2.5亿英镑，另一方提案为10亿英镑，双方差距太大，以至于出现了僵局。

其实，这个情况撒切尔夫人早已预料到了，她的策略是先报出高价来打乱各国的预期目标，并强硬地坚持自己的立场，且拒绝做出让步。她要让对方明白，无论对方采取什么样的手段，英国都不会改变立场，决不妥协。

撒切尔夫人运用强硬、威胁的谈判手法是成功的，终于迫使对方做了很大让步。一旦对方的立场动摇，撒切尔夫人就把欧共体各国首脑的期待转向自己所期待的目标。最后，欧共体终于同意每两年削减8亿英镑。

本次谈判虽然属于政治谈判的范畴，但撒切尔夫人巧妙地选择了先报价，并很好地运用了商务谈判的报价原则和策略，即“报价应该坚定、明确、完整，且不加任何解释和说明”。有时候过多的解释和说明，反而会使对方从中找出破绽和突破口，进行猛烈的反击。

四、报价的技巧

报价的技巧涉及如何确定报价起点、报价时应注意的问题、报价的操作技巧三个方面。

（一）如何确定报价起点

谈判者在报价之前，首先应当根据外部环境和内部条件，结合谈判意图，拟定出价格幅度，确定报价的上下限，即最优期望目标和临界目标。这样，既可以避免拒绝有利条件，又可以避免接受对己不利的条件。

其次，就一般情况而言，卖方的报价要尽可能高，买方的报价要尽可能低。而在实际的商务谈判中，报价还有较大的伸缩性，谈判者还应视具体情况而定。比如，双方关系比较友好，特别是已经有过多次合作的老客户，报价就应稳妥些，以免因报价过高而影响双方之间的关系。

（二）报价时应注意的问题

（1）开盘价的报出要坚定、果断、毫不犹豫。这样做能给对方留下己方是认真又诚实的好印象。

（2）开盘报价要明确、清晰而完整，以便使对方能够准确地了解己方的期望，以免产生误解。

（3）报价时不要对本方所报价格做过多的解释、说明。因为不管己方报价的水分有多少，对方都会提出质疑。如果在对方还没有提出问题时，己方就主动加以说明，会使对方意识到己方最关心的问题，而这些问题有可能是对方尚未考虑到的问题。因此，过多的说明和解释，会使对方从中找出破绽或突破口，这对己方是极为不利的。

（三）报价的操作技巧

如前所述，卖方报价要高、买方报价要低，这里所说的高与低，并非毫无道理的漫天要价，必须能够自圆其说。比如，我方作为卖方报价过高，自己又说不出道理，对方必然认为我方缺乏诚意，很可能导致谈判的终止。因此，从报价技巧方面来讲，卖方所报的高价在同类竞争价格中不能高得过多，应尽量使对方感到所报价格合情合理。根据这一要求，报价时可运用以下技巧：

（1）报最小单位价格。它是指按商品的最小单位报价，凡是能把整体分解成部分的，先分解，然后再一部分一部分地报价。例如，对于成套设备的销售，可以先进行分解，如专用设备价、辅助设备价、零配件价、技术转让费、培训费等。这种报价能够使本来很高的价格变得相对较低，因而比较容易被对方接受。

（2）报零头价格。它是指所报的价格不论总额大小，都要有零头。如果是零售价，零头可能是几角几分；如果总额很大，其零头可能是几万几千几百等。带零头的报价给人一种经过精确计算的感觉，因而也是一种显得便宜的报价方法。

（3）由低到高报价。当所报价的商品是两种或以上时，为了显示所报的价格相对较低，可采用由低到高的报价法，即先报价格最低的，然后依次由低到高报价。因为人们对第一次听到的商品报价最为敏感，对后一种商品价格高低的考虑，往往又是以前一种商品为起点进行比较的，这样价格较低的商品看起来便宜，而高价商品与低价商品相比差距又不是很大，从而使对方觉得各种商品的价格都比较低。

（4）运用比较法对高价商品加以说明。对于价格特别高、难以大幅度下降的商品，无论怎样报价，对方都会觉得价格高，只能在对方提问时通过自己的说明来解释。说明时可采用比较法，即通过与其他项目的比较来显示自己产品的价格较低。如本企业产品与其他企业的同类产品做比较，对报价产品的性价比进行说明；国产产品与进口产品做性价比的说明。

【案例3-6】

报价策略的选择

纳尔逊先生是伦敦地区的一名律师，他的合伙人委托他买一台电脑，他面临的问题是：有一种型号的电脑正是他们需要的，但钱不够，与对方的开价相比，还差2 400镑。他想把这件事办得漂亮一点，但绝不愿为此多支付1英镑。

一天晚上，纳尔逊乘着酒兴去找那位电脑商谈判，他展开想象的翅膀为谈判想了一整套极具说服力的言辞。

他先是让对方把电脑的性能再详细说一遍，并请他在本周晚些时候为他的合伙人再次演示。对方认定他是诚心想买，也就同意了纳尔逊的要求，但却错误地透露了急于做成这笔生意的愿望（说是想为在旅店推销这种电脑打开销路）。

一周后，演示如约进行。之后，纳尔逊告诉对方，他的合伙人原则上已同意买下这台电脑，只是为成交价规定了一个上限：最多不得超过11 500镑。

他说："到了这个线，就一个子儿也不会再加了。"还装模作样地拿出合伙人会议的记录给对方看，说那是大家的一致决定。

纳尔逊不无遗憾地对对方说，电脑价格是11 500镑，加上使用、培训费500镑和一年的维修费1 900镑，加到一起是13 900镑，早过线了。他还告诉对方，合伙人已暗示自己，要找别的厂家看看有没有更合适的电脑。

纳尔逊对对方说："你这种机器的确先进、适用，遗憾的是我的合伙人不大懂行，这不，下周又约了别的厂家来演示机器了。"

这个消息令对方大为吃惊。他马上为自己辩护说价格可以商量，可以不超出限额，电脑软件可以免费提供，培训费也可以酌情减少，付款期限也好商量。

电脑商被套住了：要想达成交易只能降低价格，但2 400镑不是个小数目，总得有个理由才好向老板交代。于是他向纳尔逊说，还得和老板商量一下才能决定。

三天后，电脑商打来电话，说公司愿意以"特别"优惠价10 500镑出售电脑，"为了表示对本产品的信心，1 900镑维修费也可以推迟一年交付。全部价款加起来只有11 000镑，比你们的最高限额还低了500镑呢，这个价不能再让了"。但电脑商也有一个条件：得允许他们在向其他旅馆推销产品时，以纳尔逊的公司已经用过作为招揽，而且由于"不言而喻"的理由，对"特别"优惠价应予以保密。

思考：纳尔逊在谈判的报价阶段运用了什么策略？这一策略在谈判中对对方的心理产生了什么样的影响？

五、如何对待对方的报价

（一）不要干扰对方报价

在商务谈判中，谈判者在报价时，一般会将他计划"施"给对方的部分放在后面陈述，一旦己方中途干扰，他就不再陈述"施"的内容而改为接受你的"砍价"要求，使得你白白失去了那部分应得的利益。此外，打断对手的发言、无端干扰对手也是一种不礼貌行为。要知道，请对方讲话，仔细倾听，也是赢得对手好感的有效举措。

比较有效的做法是：仔细倾听对方的报价与陈述，尽力准确理解与把握对方报价的全部含义，如有不清楚之处，可及时提问要求明确（注意提问的语气及措辞），并在对方陈述清楚后，对对方的陈述进行归纳。

（二）切实弄懂对方报价的全部含义

对方报价结束后，不清楚的地方，可要求对方给予解答（即价格解释），告知价格的构成依据、计算方式等，以了解对方报价的实质、态势、意图及诚意，从而采取相应对策。例如，对方提出“我方该批设备的总售价为100万元”，那么它包含了哪些内容呢？运费、技术指导、配件供应以及安装、付款优惠办法等，都应当弄清楚，或在归纳时要求对方明确。

（三）全面把握对方的报价

对方的报价无论水分有多大，都不要完全回绝，因为完全回绝是一种缺乏诚意的草率举动。既然对方敢报价，肯定有其理由，其中不乏实价的内容，当然更多的是虚价。理性的做法是：在全面把握对手报价的基础上，肯定其实价内容的部分，再各个击破其有水分的报价内容。

六、西欧式报价与日本式报价的比较

在国际商务谈判中，有两种比较典型的报价战术，即西欧式报价与日本式报价。

（一）西欧式报价的一般模式

西欧式报价首先报出留有较大余地、对己方有利、对对方不利的交易条件，通过让对方给予己方优惠，己方做出让步，降低交易条件，逐步接近对方的交易条件，最终达成交易。西欧式报价的成交价小于所报价。

（二）日本式报价的一般模式

日本式报价与西欧式报价正好相反，其一般做法是：先报出对己方不利、对对方有利的价格。如商品贸易谈判，卖方先将最低的售价列在价格表上，以引起买方的兴趣，同时也便于排斥其他竞争者。但卖方所提供的较低价格的交易条件，很难全部满足买方的需要，如果买方想改变有关交易条件，卖方就会相应提高商品价格。因此，买卖双方最终成交的价格，往往高于价格表上所列出的价格。

（三）防止陷入日本式报价圈套的要点

在国际商务谈判中，谈判人员应尽量避免陷入日本式报价的圈套。为此，谈判者应当注意以下两点：

（1）在谈判前，把对方的报价内容与其他客商的报价内容相比较，看报价的项目内容是否一样，是否具有可比性，切忌匆忙决策。

（2）即使某个客商的报价确实比其他客商提供的条件优惠，也不要完全放弃与其他客商的接触和联系，以免陷入被动。

任务三　磋商

商务谈判中的磋商阶段就是双方的讨价还价阶段。这一阶段指的是当谈判的一方报价后，另一方一般不会无条件地接受这一报价，而是要求报价方提供更优惠的价格，报价方则要求对方就报价内容提出自己一方的价格条件，双方展开讨价还价。磋商阶段的策略与技巧主要体现在如何讨价、如何还价及讨价还价过程中的让步等方面。

一、讨价

（一）讨价之前先评价

当对方报价之后，已方最好不要急于还价，可以要求对方修改原来的报价。也就是说，讨价是在一方报价之后，另一方根据报价方的解释，对其所报价格进行评论，当评论的结果是对对方的报价持否定的态度时，再还价就比较容易了。所以在讨价之前要先评价。那么如何评价呢？

（1）评价要抓住对方报价的“要害”。评价可以从总体上谈已方对对方报价的看法，也可以对不同部分的报价逐项予以评论。例如，“我方觉得贵方设备陈旧、技术水平也不高，而价格水平却如此之高”。又如，“贵公司生产的辅助设备报价与市场价差不多，而专用设备的报价则是市场价格的两倍多”。无论是从总体上评价，还是逐项评价，都要抓住对方报价中最贵的部分拿出来评论，这等于抓住了对方价格中的“要害”。

（2）当对方改善报价后，还要对其做出新的评价，以便决定是否再次进行讨价。如果对方的重新报价并无明显改善，则应通过评价做进一步的讨价。作为深入讨价的评价，既要与讨价前的评价有内在的联系，也要有新的内容。例如，“我方已清楚地指出贵方报价中存在的问题，但贵方新的报价并没有完全反映我方的意见”。该评价以原来的评价为依据，同时对新的报价又做了否定。又如，“贵方在设备价格的改善中，成型部分的价格改善明显，而装配部分和检测部分的价格并没有改动”。该评价对照原来的评价，分析了设备价格不同部分的改善情况，把讨价进一步引向未改善的部分。

（二）讨价的方法与次数

虽然在谈判中讨价是双方的共同行为，但是，有代表性的讨价还是买方的讨价。这里以买方的讨价为例进行说明，卖方在讨价时可参考买方的讨价。

讨价的方法大致有两种，即全面讨价和有针对性的讨价。买方的讨价过程一般可分为三个阶段，不同的阶段采取不同的讨价方法。

第一个阶段，由于讨价刚刚开始，对卖方价格的具体情况尚欠了解，因而首次讨价往往是从全面讨价入手，即要求对方从整体上改善价格。次数不限，可视具体情况而定。

第二个阶段，即讨价的实质性阶段，这时的讨价方法应该是有针对性的讨价，即在分析对方价格的基础上，找出含水分大的项目，有针对性地讨价。有针对性的讨价不一定是就某一项内容讨价，也可同时对几项内容讨价。

第三个阶段，是讨价的最后阶段，讨价方法又是全面讨价。最后的总体讨价，往往不是一次能完成的，也有反复的可能。

讨价的次数，主要取决于买方对卖方价格的评论。只要买方认为卖方的报价还有降低的依据（可能），讨价过程就不可能结束。因此，讨价次数没有统一的标准，一般不只一次。

【案例3–7】

有家跨国公司与盖温联系，请他为公司的高级经理办一场有关谈判问题的两小时研讨会。公司董事长事前约见了他，征询他对研讨会主题的意见。盖温扼要地讲了“对谈判者而言，最不该做的事是接受对方的第一次出价”的观点。董事长极为赞同，说：“这个主题好，能使我的人受益匪浅。”接下来董事长还谈了其他细节，他要盖温放手去做，临别时，盖温提到了报酬问题。董事长问：“你想要多少？”盖温说：“通常都是一天1 800镑。”他想对方大概会嫌他要价太高。哪知董事长回答得很痛快：“可以，我马上给你开支票。”

至今，盖温还是搞不清该要多少劳务费才算合适。

（三）讨价应注意的问题

为了保证讨价的成功，在讨价时必须注意以下问题：

（1）讨价前尽量避免用文字或数字回答对方的问题。根据谈判惯例，在卖方报价或买方报价后，下一步就是买方或卖方进行新的还价。这时，只要说出自己对谈判另一方所报价格的具体看法，尤其是用数字或文字回答了对方有关价格的提问，即可视为已经还价，而还价一开始，选择权便又让给了对方。

（2）讨价要保持平静的态度。由于讨价不触及实质性问题，不说明自己的具体观点和看法，因而不宜采取硬压的办法，而应启发、诱导对方自动地降价，即采取平静的态度。并且要相信对方，当对方以“算错了”等作为“后退”的辩护词时，己方应持欢迎的态度。

（3）讨价要适可而止，不要久拖不还价。讨价虽然对自己有利，但要适可而止。如果对方已对价格做了明显的改善，己方却久拖不还价，对方会认为己方缺乏诚意，进而影响谈判。

二、还价

经过报价和讨价以后，谈判就进入了还价阶段。所谓还价，是指谈判一方根据对方的要价以及自己的谈判目标，主动或应对方的要求，提出自己的价格条件。还价阶段的策略技巧主要体现在还价的方式、起点和次数等方面。

（一）还价的方式

在商务谈判中，还价的方式从整体上看，可以分为两类：一类是按比例还价；另一类是按分析的成本还价。其主要做法如下：

（1）逐项还价。它是指对主要设备可逐项还价；对每个项目，如技术指导费、培训费、工程设计费、资料费等，均可分项还价，尤其是对一些内容熟悉的项目，可以按己方分析的成本逐项还价。

（2）分组还价。它是指根据价格分析时划出的价格档次，分别还价。如对报价水分含量大的，还价时就压得多一些；对报价水分含量少的，还价时就压得少一些，以区别对等，实事求是。

（3）总体还价。它是指把成交货物或设备的价格集中起来，仅还一个总价（如招标价），或者按总预算下浮若干个百分点。

以上方式采取哪一种合适，要根据具体情况而定，不能生搬硬套。如果卖方价格解释不清，买方手中的比价材料丰富，且卖方成交心切，没有耐心和时间，则采取逐项还价更有利；如果买方解释不足，掌握的比价材料少，而卖方有成交的信心，但时间紧迫，则采取分组还价的方式，对双方都有利。

如果卖方报价粗，且态度强硬，或双方相持时间很长，但均有成交的愿望，在卖方已做一两次调价后，买方也可整体还价。不过，这要还得巧妙。所谓巧妙，就是既考虑了对方改善报价的态度，又抓住了其报价“无理”的地方；既考虑到了己方的支付能力，又注意掌握卖方的情绪，留有合理的妥协余地；既做到了保护自身的利益，也使卖方感到有利可图，不失成交的信心。

（二）还价的起点

当选定了还价的方式以后，还要确定还价的起点，即以什么样的条件作为还价的基点，这对双方将起决定性的影响。怎样才能确定合适的还价起点呢？首先，应看报价方在己方讨价后，其价格改善了多少；其次，看报价方改善后的报价与己方拟订的成交方案之间还有多大的差距；最后，看己方是否准备在还价后让步？谈判者应综合这三方面决定还价的起点。总体上应按对等原则还价，即发现对方开价很高时，你的首次还价也一定要降到最低。

（三）还价的次数

还价次数取决于谈判双方手中有多少余地，如己方第一次还价高，手中余地不大，则再让对方降价的可能性就小。此外，如报价方态度强硬，手中也无可让的牌，则还价的作用甚微，否则会使谈判陷入僵局。

如果卖方在固守调整两次后的起价时，仍有两次或三次价格调整的可能，买方也应照此档次还价，但还价的每一个档次的大小要视交易金额而定。如报价方多以5%左右的比例作为价格调整的幅度，则己方也要考虑对方的这种调价比例与自己的期望之间的差距，以此决定还价的次数。通常，商务谈判中的还价以2～3次为宜。

三、还价的基本要求与技巧

（一）还价的基本要求

（1）做好还价的各项准备。还价准备工作除了要掌握有关产品（项目）的生产（流通）程序、技术要求、质量标准、对方企业的资信及市场环境、竞争状态等一般性资料以外，还有一个重要内容就是对谈判双方力量的把握。

谈判中无论是心平气和还是剑拔弩张，都改变不了双方力量的对比。谈判者在谈判过程中的讨价还价就是根据对双方力量的判断来把握“火候”的。而谈判中双方的“力量”，既是一种客观存在的东西，包括产品性能上的优势、技术标准的先进性、对市场供求趋势的了解及对竞争状态的把握等；同时，也是一种主观意识，还指谈判者的心态。它体现的是谈判者愿望、目标的达成和意志的较量。因此，做好还价的准备还包括谈判者做好心理上的准备。

我们可以想象，对方在谈判中的任何举动或策略，其意图或多或少地都会影响己方对双方力量对比的看法。也就是说，在双方的力量对比中，哪一方能更有技巧地让对方形成“对方有利”的看法，则这一方在谈判中所获得的利益也就更多。换句话说，只要你认为力量在对方一边，那么对方还没有说话就赢了一半了。

（2）统筹兼顾，松紧适度。统筹兼顾是指把价格与商务、技术、售后服务保证等各方面的条件、数据资料结合起来，作为讨价还价的筹码，而不应该只把目光盯在价格上，要学会一点一点地“啃”。此外，还价时还要松紧适度。过松、过于迁就对方，自己会吃亏，尤其是当对方态度强硬时；但过紧，一旦对方感觉受不了，就有可能因愤怒而退出谈判，双方均无所得。所以，还价时要做到对方让一步，你也让一步；如果对方寸步不让，你也不能迁就。

（二）还价的技巧

(1)“投石问路”技巧。它是指了解了对方的报价后，不急于还价或提出己方的报价，而是提出各类与价格有关的带有假设性条件的问题，请对方明示，并在对方的答复中寻求最有利的还价信息。这类信息掌握得越多，就越有利于做出还价选择。例如：

问：这种商品你的售价是多少？

答：每件100元。

问：有折扣吗？

答：可以打9折。

问：那我买两件呢？

答：那就170元（每件8.5折）。

问：我想为我朋友多买些，如果买10件的话，你能不能多优惠？

……

在实际的商务谈判中，“投石问路”式的提问包括：假如我们的订货数量增加1倍（或减半）呢？我们的订货周期从半年延长至一年呢？我们增加（或减少）保证金呢？假如我们自己提货呢？如果我们改为现金支付（或分期付款）呢？假如我们提供技术力量支持呢？假如改变一下你们产品的规格呢？等等。

应该说，作为答复的一方，对这类问题的回答是比较棘手的，基本上处于被动状态，或者在对方步步紧逼式的提问中，不自觉地先行让步。因此，回答这类问题，同样也要掌握一些技巧：①要考虑仔细后再回答，而不要对“假如”马上做出反应（关键在于事先要有充分的准备）。②找出对方（投石方）真正的意图所在。如可以这样回答：“你看这样好不好，把你的打算全告诉我，我再尽可能给你提供优惠。”③同样要求对方以实际订货数量、时间为条件，再给予答复。如“你到底要多少？”“你确保以现金支付吗？”“你现在就决定订货吗？”也丢一块石头给对方。

一个高明的谈判者，可以将对方所投出的“石头”变成一个很好的机会。针对对方这种想知道更多资料的要求，可以趁机向其提出自己的建议。例如，多订几年合同、更多数量的订货、购买备用零件等。

(2)“吹毛求疵”技巧。它是指为迫使对方降低心理期望值并最终让步，可以在对方报价的具体理由上寻找问题（缺陷），让对方觉得报价理由确实有问题，而不得不做出退让。“吹毛求疵”式的提问一般可采用比较法，如：

“××厂同类产品的性能明显要比你们好，可价格也和你们一样啊。”

“你们的设备预热时间要半小时，对生产效率影响太大了，对我方生产规模的扩大很不利。”

“这类产品的技术性能要求较低（仿造者和竞争者会很多），做代理的压力很大，说不定辛苦一场，反而为他人做了嫁衣。”

“你们的产品外壳是很漂亮，但硬度不够，很容易损伤。”

“吹毛求疵”的应对技巧有：

第一，仔细听，寻找对方提问中的漏洞和不实之词，实事求是地加以解释。例如：“对不起，我想你可能有些误会，××厂的产品寿命可只有两年啊，而我们能保证三年以上。”

第二，对对方提出的某些有争议的难题，应直截了当地提出反对意见。例如："不错，我们的价格是比同类产品要高10%，但用料是完全不同的，我们都是用进口钢板制作，这是质量说明书，请您过目。"

第三，对于有些不好回答或不愿意回答的问题，要适当回避。可以适当转移话题，介绍自身产品的独特优势。

第四，向对方建议一个具体且彻底的解决方法，回避枝节问题。

第五，不要轻易让步，一旦发现对方是无理挑剔，要及时予以反击。例如："您需要的那种既有硬度又很时尚的产品我们也有，瞧，这是价目表，它的售价要比您现在看到的这种产品高出1/3。"

此外，也可以用"吹毛求疵"的方法，提出一些有针对性的问题和要求，以加强自己的报价力量。例如："您的技术要求我们可以满足，但我们的价格要求您能满足吗？"

（3）数字战术技巧。数字是权力的一项很微妙的来源。人们对各种烦琐的统计数字总有一种敬畏心理，因为它代表着某种权威，因而不敢轻易怀疑它。如"我厂产品去年的市场占有率已达到34.5%""××报将我厂产品列为十大畅销产品系列"。收集数字的人常常控制着决策，也影响着谈判的力量平衡。

我们经常会听到有的竞争对手在叙述或报价解释中不时地吐出一连串统计数字：GDP、市场占有率、同行的业绩、消费者评估排名，甚至某年某月某日在某地发生的某事，使人惊讶他那计算机般的头脑。尤其是当我们听到那些数据来自一些权威机构或媒体公开报道的时候，更加不自觉地就信以为真，不敢有所怀疑。统计数字具有"催眠"的力量，它们本身没有好坏可言，挖掘得越深，越能显现出它的真正意义。而隐藏在数字里的，可能是故意制造出来的事件、解释、假设和个人的价值判断。可是，这一切你却无法从表面轻易看出来。所以，对于统计数字，要保持审慎的怀疑态度。

数字战术的另一种方式就是化繁为简。一般人都有怕麻烦或怕伤脑筋的弱点，这种弱点有时会被善于把握心理的谈判者所利用。比如，我们都喜欢接纳一个整数，而不愿意处理含有小数或分数的数值，因为整数便于记忆，而且它代表的是一个完整的观念或数值的片段分界线。因此，在谈判中，当对方指出"我们不妨采用四舍五入法将9.99879元化为10元"时，你很有可能不假思索地表示同意。但是，你仔细思考一下：假如每千克的价格你多付0.00121元，100万千克的购买量将令你多付1 210元，"小数怕长计"的道理就在于此。

任务四　成交与签约

随着谈判双方磋商的深入，双方的观点逐渐趋向一致，彼此可以从各自的角度促使交易达成。在谈判双方就谈判项目达成一致意见之后，还要形成书面文件，签订正式的交易合同。

一、成交

（一）选择成交前最后一次报价的时机

在交易达成前，谈判双方都要做最后一次的报价。如果这个报价双方都能接受，则交易达成；否则，谈判可能破裂。因此，最后的报价，一是要注意时机，二是要选择好价格。

在选择报价时机时，千万要谨慎，不要过于匆忙地报价，否则会被对方认为是另一种让步，对方会希望再得到获取利益的机会；当然也不能过晚，因为报价过晚，对局面不起作用或影响很小。为了选择好报价时机，最好把最终的报价分成两步：主要部分放在最后期限之前提出，刚好给对方留下一定的时间回顾和考虑；次要部分应作为最后的好处，安排在最后时刻提出。

（二）掌握最后让步的幅度

最后让步时，应注意以下两个问题：

（1）严格把握最后让步的幅度。一般来讲，最后让步的幅度大小必须足以成为预示最后成交的标志。在决定最后让步的幅度时，一个主要因素是看对方接受这一让步的人在对方组织中的地位。合适的让步幅度：一是刚好满足对方较高职位的人维护其地位、尊严的需要；二是对对方较低职位的人来讲，以能使对方的上司不至于指责他未能坚持为度。

（2）要做到让步与要求同时并提。在己方做出让步的同时，最好要求对方做出相应的回报。己方可以用以下方式向对方发出信号：①己方在做出让步时，可示意对方“这是我本人的意思，这个让步很可能会受到上级的批评”，所以要求对方给予相应的回报；②并不直接做出让步，而是指出己方愿意这样做，但要以对方的让步作为条件。

【案例3-8】

美国有位谈判专家想在家中建个游泳池，建筑设计的要求非常简单：长30英尺、宽15英尺，有温水过滤设备，并且在6月1日前建好。谈判专家在游泳池的造价及建筑质量方面是个外行，但这难不倒他。在极短的时间内，他不仅使自己从外行变成了内行，而且还找到了质量好、价钱便宜的建造者。

谈判专家先在报纸上登了一个想要建造游泳池的广告，具体写明了建造要求，结果有A、B、C三位承包商来投标，他们都拿给他承包的标单，里面有各项工程的费用及总费用。谈判专家仔细地看了这三张标单，发现他们所提供的温水设备、过滤网、抽水设备、设计和付款条件都不一样，总费用也有差距。

接下来，谈判专家约这三位承包商来他家里商谈，第一个约定早上9点钟，第二个约定9点15分，第三个则约在9点30分。第二天，三位承包商如约而来，他们都没有得到主人的马上接见，只得坐在客厅里彼此交谈。

10点钟的时候，主人出来请第一个承包商A先生进到书房去商谈。A先生一进门就宣称他的游泳池一向是造得最好的，好的游泳池的设计标准和建造要求他都符合，顺便还告诉主人B先生通常使用陈旧的过滤网，而C先生曾经丢下许多未完的工程，并且他现在正处于破产的边缘。接着又换B先生与主人商谈，从他那里谈判专家又了解到其他两位所提供的水管都是塑胶管，他提供的才是真正的铜管。C先生告诉主人的是，其他两位所使用的过滤网都是品质低劣的，并且往往不能彻底做完，拿到钱之后就不管了，而他则是绝对做到保质保量。

谈判专家通过静静的倾听和旁敲侧击的提问，基本上弄清楚了游泳池的建筑设计要求及三位承包商的基本情况，他发现C先生的价格最低，而B先生的建筑设计质量最好。最后他选中了B先生来建造游泳池，而只给C先生提供的价钱。经过一番讨价还价之后，谈判终于达成一致。

二、签约

（一）书面合同的草拟及注意事项

在各类商务谈判中，书面协议、文件的名称和内容往往各不相同。例如，在国际货物买卖谈判中，书面协议大多被称为合同或确认书；而在合资企业谈判中，则需签订协议、合同和章程三种文件。

在实际的货物买卖谈判中，书面合同往往采用己方或对方印好的现成格式加以填写。但在其他各类商务谈判中，书面合同则很少有固定格式，一般都要全文从头到尾草拟，因此，参加谈判的业务人员必须具备草拟合同的知识和技能。在涉外商务谈判中，书面合同由哪一方草拟并无统一规定，但己方应争取合同文本的起草权。因为合同的起草方才会对合同中的条款进行仔细的斟酌，可以避免因对合同条款理解的差异而使己方的利益受损。

此外，合同的条款要详细，符合《合同法》的要求。涉外商务谈判要争取在我方所在地举行签约仪式，因合同的签约地点往往决定了采取哪国的法律解决合同中的纠纷问题。

（二）书面合同的签字

书面合同起草完毕后，双方当事人应认真地审查各项条款，确认内容无误后，由双方代表签署。在面对面谈判成交的情况下，合同由双方同时签署。如果是通过函电往来成交，一般由己方签署后，将正本一式两份或一式多份寄交对方，经对方签署后退回一份，以作为履行合同的法律依据。至此，双方所进行的谈判工作告一段落。

三、谈判总结

谈判一旦结束，通常给人的感觉是轻松、自然，谈判桌上的对手仿佛一下子就变成了亲密的朋友。在大中型商务谈判中，谈判结束后还要举行一场告别酒会。酒会后，大家各自怀着兴奋的心情返程，然后做一些后续工作，如把谈判资料整理入档，开始做履行合同的准备，谈判人员进行经验、教训的总结等。

需要注意的是，谈判结束后的总结工作往往被人们所忽视，实际上它对做好今后的谈判工作是十分必要和非常有益的。谈判结束后的总结应包括以下内容：

（1）己方的战略。其包括谈判对手的选择、谈判目标的确定、谈判小组的工作作风等。

（2）谈判情况。其包括准备工作、制定的程序与进程、采用的策略与技巧等。

（3）己方谈判小组的情况。其包括小组的权力和责任的划分、成员的工作作风、成员的工作能力和效率，以及有无进一步培训和增加小组成员的必要性等。

（4）对方的情况。其包括对方的工作作风、小组整体的工作状态、各成员的工作效率及特点、所采用的策略与技巧等。

至此，谈判任务方算圆满完成。

【本章小结】

商务谈判过程是一个从开局、报价、磋商到最后签订协议的双方竞争与合作的过程。

开局阶段主要是指谈判双方见面后，在讨论具体、实质性的谈判内容之前，相互介绍、寒暄以及就谈判具体内容以外的话题进行交谈的阶段。开局阶段的主要任务是为谈判营造一种良好的气氛。营造谈判气氛时，应考虑谈判双方企业之间的关系和谈判者之间的关系。

谈判开局要注意谈判角色定位与谈判人员的入场。谈判角色定位是指在谈判双方的初次接触、闲谈中，通过无声信息的传递和有声信息的沟通，彼此之间会对对方形成各自的印象，并依此来确立自己在谈判中的形象。虽然谈判人员入场的时间很短，但对谈判的影响却很大。

开局陈述是指在开局阶段双方就本次谈判的内容，陈述各自的观点、立场及建议。其一般包括陈述的内容、陈述的方式和对对手陈述的反应三个方面。

商务谈判中的报价，不仅是指产品要价，而且也泛指谈判一方向对方提出的所有要求，包括商品质量、数量、包装、装运、保险、商检、支付条件、索赔、仲裁，以及工程项目的承包条件、工期、材料、质量等。报价有书面报价、口头报价两种形式，谈判时根据实际需要可灵活采用。

由于报价的高低对整个谈判进程将产生实质性影响，故报价时应遵循一定的原则。其主要有：设立“最低可接纳的价格水准”原则；报价要“凶”原则；报价时态度明确、果断原则；对方要求对报价做说明时的原则。

商务谈判中选择先报价还是后报价，是一个先发制人还是后发制人的策略选择，因此，谈判者要根据每次谈判的具体情况，分析先报价和后报价的利弊得失后，再做出选择。

商务谈判还要把握一定的报价技巧，包括如何确定报价起点、报价过程中应注意的问题、报价的操作技巧等。

当谈判对方报价时，一是不要干扰对方；二是切实弄懂对方报价的全部含义；三是要全面把握对方的报价。

在国际商务谈判中，有两种比较典型的报价战术，即西欧式报价与日本式报价。前者的成交价小于所报价，后者的最终成交价往往高于价格表上所列出的报价。因此，在谈判前要全面把握对方的报价内容，以防止陷入日本式报价的圈套。

商务谈判中的磋商阶段就是双方的讨价还价阶段。在讨价之前先要做好评价，一是要抓住对方报价中的“要害”；二是当对方改善报价后，还要对其做出新的评价，以便决定是否再次进行讨价。

还价的方式有两类：一类是按比例还价；另一类是按分析的成本还价。具体操作中可采用逐项还价、分组还价和总体还价的方法。还价应掌握一定的技巧，如“投石问路”技巧、“吹毛求疵”技巧、数字战术技巧等。

在谈判的成交阶段，还要做最后一次报价，报价时要把握好报价的时机和让步的幅度。谈判结束后，要针对本次谈判做一个总结。

【思考题】

1.谈判开局阶段营造良好的氛围时应考虑哪些因素？

2.谈判报价应遵循哪些原则？书面报价和口头报价有什么区别？

3.谈判中何时该选择先报价？报价有哪些技巧？

4.西欧式报价与日本式报价的主要区别是什么？

5.谈判中为什么讨价之前要先评价？评价对讨价有什么作用？

6.还价的方式有哪些？技巧如何把握？

【案例分析】

报价再补救

某年11月，国内A厂负责人到国外S公司考察，与S公司签订了引进3台卷簧机、2台双面磨床，总价值260万美元的意向，同时约定由S公司派代表到北京与A厂签订正式协议。A厂负责人回国后，经过与专家论证，认为260万美元的价格偏高，但第一轮谈判价格已经确定，很难变动，只能通过第二轮谈判在一些方面加以挽回。

12月20日，S公司的董事长K及其助手来到北京，与A厂长进行了第二轮的谈判。在此之前，A厂长对S公司和K董事长的相关情况做了详细的调查。谈判一开始，经验丰富、老练精明的K立即表示："谢谢主人对我们的欢迎，我们这次来贵厂，完全是带着诚意而来，我们信守以前谈定的意向，希望马上签订协议，而且我们已经买好了明天下午的飞机票，要赶回去过圣诞节。"K董事长气势逼人，一开始就施加压力，希望速战速决。

A厂长不慌不忙地笑着说："K先生，离圣诞节还有一个星期呢，何必急着回去呢！作为主人，我们很愿意陪客人到处看看，北京有许多世界著名的景点。另外，我想我们应该就协议仔细、认真地磋商一下，如果匆匆签字，将来出现纠纷就不好了。"

K先生碰了个软钉子，意识到马上签字是不可能的了。A厂长慢慢地翻阅着协议草案，笑容满面地说："K先生，协议中有一点小问题，我想向您请教一下。在我方向贵公司购买的机械设备中，有没有说明包括一些附属设备？"

"不，不包括任何附属设备。"

A厂长立刻严肃地说："K先生，这恐怕就不太合理了。我们购买设备的目的是使用，不是放着看的。比如，用户购买了一台电视机，怎么会不包括必要的连接导线、遥控器呢？这恐怕不符合商业习惯吧。"K先生一愣，自觉刚才的回答欠妥当："好吧！那就写上。"他想反正没多少钱，不要因小失大，只要能签订协议，这点损失无所谓。

随后，A厂长问道："我方从贵公司购买的3台卷簧机，怎么没有包括必要的配套电子操控平台呢？"1台电子操控平台价值3万美元，3台总价值就是9万美元。K董事长一听就急了："不，不，如果是这样，我们是无法接受的。"推磨似的谈判开始了，直到中午，K先生让步了，他希望下午能签署协议。

丰盛的午饭后，A厂长亮出了自己的底牌："我希望K先生能够理解，按照目前的协议条件，我还是无法签字。我们所购买的这些设备，现在只能生产一般的弹簧；我们希望能生产高级专用弹簧，这需要贵公司提供有关技术资料；同时，我们还希望贵公司能够派专人来帮助我们安装、调试设备。作为合作诚意的象征，我们将再向你方订购1台双面磨床。"

K董事长一听，非常生气地说："我听说中国是礼仪之邦，可没想到你们如此没有合作诚意，看来我们无法签订协议了。"K先生欲起身离去。

A厂长也义正词严地说道："不是我们没有合作诚意，坦率地告诉您，贵国的Y公司正在与我们接洽。他们所提供的价格比你们优惠得多。但我们中国非常重视与朋友的友谊，希望能够与你方做成这笔生意。当然，我们不会勉强，实在不行，那就另当别论了。"K先生听后，沉默了一会说道："好吧，我们再谈谈。"

谈判一直持续到晚上6点，双方仍未达成协议，关键是生产高级弹簧的技术，K董事长无论如何也不肯让步。晚上8点，在客人下榻的饭店，双方继续谈判，一直到次日凌晨2点，谈判仍在僵持中。又过了一会儿，A厂长起身告辞："今天就谈到这里吧！明天我还有很重要的工作，你们也需要休息了。"说完便告退了。

次日早晨，双方又开始谈判，可一上午仍无结果。A厂长遗憾地对K董事长说道："非常遗憾，我们没能达成一致意见，希望以后有机会再合作！下午我们派专车送你们去机场。"午饭时，K先生和他的助手只是低头吃饭，没有任何表示。

午饭后，客人的行李已经搬上停在饭店门口的汽车上了。A厂长与客人握手告别，随后微笑着对客人挥手："再见，一路顺风！"

轿车引擎发动了，突然K先生对A厂长说："A先生，您如能上车陪我们，还可以再谈谈。"A厂长无动于衷地说："你们不是下午的飞机吗？恐怕时间不够了。""如果途中谈不好，我们可以把航班改为明天。""如果先生真想谈，我们可以派人帮你们改期，请你们下车谈。"

K先生下车了，不到一个小时，K先生让步了，双方在协议上按A厂长的要求签了字。

资料来源 作者根据相关资料整理.

思考：在本案例中，在谈判开局阶段，A厂长营造了一种什么气氛？A厂长在谈判过程中运用了哪些策略？对谈判的发展有什么导向作用？

【实训设计】

实训 谈判实战模拟训练

（一）实训目的

1.了解商务谈判的程序。

2.熟悉商务谈判的全过程。

（二）实训内容

1.商品买卖模拟谈判。

2.分析每个小组在模拟谈判中的优缺点。

3.评出模拟谈判优胜小组。

（三）实训要求

1.在谈判实训室中，按谈判要求布置好谈判现场，依据前面制订的谈判实战计划（方案）组成谈判小组，模拟商品买卖谈判，其余同学作为观众，按此方式轮流。

2.每个小组指定一名同学，记录谈判过程中双方交谈的主要内容。

3.有条件的话，可将学生模拟谈判的场景拍摄下来，在谈判结束后观摩评判。

4.评出模拟谈判优胜小组。

项目四 商务谈判心理

【任务目标】

通过本章的学习，认识到谈判者心理对谈判交易达成所起到的作用，了解人的心理活动过程、心理表现及常见的谈判者心理类型；掌握针对不同个性谈判者的谈判策略；明白一个成功谈判者应具备的心理素质和谈判能力。

【案例导入】

美国通用电气公司的推销员威尔士到佛罗里达州乡村推销用电。他看到一所整洁的农舍，便前去敲门。敲门声过后，门打开了一条小缝，户主布朗·布拉德老太太从门内向外探出头来，问来客有什么事情。当得知威尔士先生是电气公司的推销员后，"砰"的一声把门关上了。威尔士先生只好再次敲门。敲了很久，布拉德老太太才将门又打开了，仅仅是勉强开了一条小缝，而且还没等威尔士先生说话，就毫不客气地破口大骂。怎么办呢？威尔士先生并不气馁。他决心换个法子，碰碰运气。他改变口气说："很对不起，打扰您了。我访问您并非是为了电气公司的事，只是向您买一点鸡蛋。"听到这句话，老太太的态度稍微温和了一些，门也开大了一点。威尔士先生接着说："您家的鸡长得真好，看它们的羽毛长得多漂亮，这些鸡大概是多明尼克种吧？能不能卖给我一些鸡蛋？"这时，门开得更大了。老太太问威尔士："你怎么知道这些鸡是多明尼克种呢？"威尔士先生知道自己的话打动了老太太，便接着说："我家也养了一些鸡，可是，像您养得这么好的鸡，我还没见过呢。而且，我养的来亨鸡只会生白蛋。夫人，您知道吧，做蛋糕时，用黄褐色的蛋比白色的蛋好。我太太今天要做蛋糕，所以特意跑您这里来了……"老太太一听这话，顿时高兴起来，由屋里跑到门廊来。威尔士则利用这短暂的时间，瞄了一下四周的环境，发现他们拥有整套的现代化养鸡设备，便接着说："夫人，我敢打赌，您养鸡赚的钱一定比您先生养乳牛赚的钱还要多。"这句话说得老太太心花怒放，因为长期以来，她丈夫都不承认这件事，但她总想把自己得意的事告诉别人。于是，她把威尔士先生当作知己，带他参观鸡舍。在参观时，威尔士先生不时对所见之物发出由衷的赞美。他们还交流养鸡方面的知识和经验。就这样，他们变得很亲切，几乎无话不谈。最后，布拉德老太太在威尔士的赞美声中，向他请教用电有何好处。威尔士先生实事求是地介绍了用电的优越性。两个星期后，威尔士收到了老太太交来的用电申请书。后来，便源源不断地收到这个村子的用电订单。

资料来源　吕晨钟. 学谈判必读的95个中外案例［M］. 北京：北京工业大学出版社，2005.

思考：威尔士如何从心理上改变了布拉德老太太的看法？

谈判心理是指围绕谈判活动所形成的各种心理现象及心态反应。它不仅能影响谈判当事人的行为活动，也直接关系到交易协议的达成和合同的履行。通过对商务谈判心理的研究，可以了解并掌握谈判者的一般心理活动过程和常见的心理类型，在谈判中利用人的个性特征，达成交易。

任务一 研究和掌握商务谈判心理的意义

人的心理影响人的行为。商务谈判心理对商务谈判行为有重要影响。认识并掌握商务谈判心理在商务谈判中的作用，对于培养良好的商务谈判心理意识，正确地运用商务谈判的心理技巧有着十分重要的意义。

一、商务谈判心理的内涵

准确地把握商务谈判心理的内涵，是认识商务谈判心理的基础。

（一）商务谈判心理的概念

人是具有心理活动的。一般地说，当一个正常的人，面对壮丽的河山、秀美的景色会产生喜爱、愉悦的情感，进而会形成美好的记忆；看到被污染的环境、恶劣的天气、战争的血腥暴行会出现厌恶、逃避的情感，并会留下不好的印象。这些就是人的心理活动、心理现象，也即人的心理。心理是人脑对客观现实的主观能动的反映。人的心理活动一般有感觉、知觉、记忆、想象、思维、情绪、情感、意志、个性等。人的心理是复杂多样的，人们在不同的专业活动中，会产生各种与不同活动相联系的心理。

商务谈判心理是指在商务谈判活动中谈判者的各种心理活动。它是商务谈判者在谈判活动中对各种情况、条件等客观现实的主观能动的反映。譬如，当谈判人员在商务谈判中第一次与谈判对手会晤时，对手彬彬有礼，态度诚恳，易于沟通，就会产生好的印象，对谈判取得成功抱有希望和信心。反之，如果谈判对手态度狂妄、盛气凌人，难以友好相处，谈判人员就会对其留下坏的印象，从而对谈判的顺利开展存有忧虑。

（二）商务谈判心理的特点

与其他的心理活动一样，商务谈判心理有其心理活动的特点以及规律性。一般来说，商务谈判心理具有内隐性、相对稳定性、个体差异性等特点。

（1）商务谈判心理的内隐性。它是指商务谈判心理是藏之于脑、存之于心，别人是无法直接观察到的。但尽管如此，由于人的心理会影响人的行为，行为与心理有着密切的联系，因此，人的心理可以反过来从其外显行为加以推测。例如，在商务谈判中，对方作为购买方对所购买的商品在价格、质量、售后服务等方面的谈判协议条件都感到满意，那么在双方接触中，谈判对方会表现出温和、友好、礼貌赞赏的态度反应和行为举止；如果很不满意，则会表现出冷漠、粗暴、不友好、怀疑甚至挑衅的态度反应和行为举止。掌握这其中的规律，我们就能较为充分地了解对方的心理状态。

（2）商务谈判心理的相对稳定性。它是指人的某种商务谈判心理现象，产生后往往具有一定的稳定性。例如，商务谈判人员的谈判能力会随着谈判经历的增多而有所提高，但在一段时间内却是相对稳定的。正是由于商务谈判心理具有相对稳定性，我们才可以通过观察分析去认识它，而且可以运用一定的心理方法和手段去改变它，使其有利于商务谈判的开展。

（3）商务谈判心理的个体差异性。它就是指因谈判者个体主客观情况的不同，谈判者个体之间的心理状态存在着一定的差异。商务谈判心理的个体差异性，要求人们在研究商务谈判心理时，既要注重探索商务谈判心理的共同特点和规律，又要注意把握不同个体心理的独特之处，以有效地为商务谈判服务。

二、研究和掌握商务谈判心理的意义

商务谈判，既是商务合作、商务问题的谈判，又是心理的较量。它不仅被商务实际条件所左右，也受到商务谈判心理的影响。

在商务谈判中，运用谈判心理知识对谈判进行研究，分析对手的言谈举止反映什么、其有何期望、如何恰当地诱导谈判对手等，对成功地促进谈判很有必要。掌握商务谈判心理现象的特点，认识商务谈判心理发生、发展、变化的规律，对于商务谈判人员在商务谈判活动中养成优良的心理素质，保持良好的心态，正确判断谈判对手心理状态、行为动机，预测和引导谈判对手的谈判行为，有着十分重要的意义。

【小贴士4-1】

在谈判的交锋过程中，我方往往会感到自己身处于不利的被动环境之中，也无法说明到底为什么。例如，座位正对刺眼的阳光，看不清对手表情；会议室环境嘈杂，常有噪声及走动干扰；疲劳战术，连夜谈判，在我方疲劳和困倦时提出一些细小但关键的改动让人难以察觉等等。更有甚者利用外部大环境，迫使我方承受压力。当遇到“阳光刺眼”战术时，我们应该立刻要求拉上窗帘或更换座位，但往往碍于面子，默默忍受，没有及时出击。

资料来源　陈文汉. 灵活运用商务谈判心理［EB/OL］.［2014-12-27］. http：//www.doc88.com/p-9743394112672.html.

此外，商务谈判的虚虚实实、真真假假的心理策略对谈判的成果也有很大的影响。了解并熟悉商务谈判心理，有助于提高谈判人员谈判的艺术性，从而灵活有效地处理好各种复杂的谈判问题。

研究和掌握商务谈判心理，对于商务谈判有以下几方面的作用：

（一）有助于培养谈判人员自身良好的心理素质

谈判人员良好的心理素质是谈判取得成功的重要基础条件。谈判人员的坚定信心，对谈判的诚意，在谈判中的耐心等都是保证谈判成功不可或缺的心理素质。良好的心理素质，是谈判者铺设谈判成功之路的基石。

谈判人员对商务谈判心理有正确的认识，就可以有意识地培养和提高自身的心理素质，摒弃不良的心理行为习惯，从而能够成为从事商务谈判方面的人才。良好的心理素质对以下几方面有所帮助：

（1）有助于自信心的提高。所谓自信心，就是相信自己的实力和能力。它是谈判者充分施展自身潜能的前提条件。缺乏自信往往是商务谈判遭受失败的原因。没有自信心，就难以勇敢地面对压力和挫折，面对艰辛曲折的谈判，只有具备必胜的信心才能促使谈判者在艰难的条件下通过坚持不懈的努力走向胜利的彼岸。

自信不是盲目的自信和唯我独尊。自信是在充分准备、充分获取信息和对谈判双方的实力在进行了科学分析的基础上，而对自己有信心，相信自己要求的合理性、所持立场的正确性及说服对手的可能性。自信才有惊人的胆魄，才能做到大方、潇洒、不畏艰难、百折不挠。

(2) 有助于耐心的培养。商务谈判的状况各种各样，有时是非常艰难曲折的，商务谈判人员必须有抗御挫折和打持久战的心理准备。这样，耐心及容忍力是必不可少的心理素质。耐心是谈判抗御压力的必备品质和谈判争取机遇的前提。在一场旷日持久的谈判较量中，谁缺乏耐心和耐力，谁就将失去在商务谈判中取胜的主动权。有了耐心可以调控自身的情绪，不被对手的情绪牵制和影响，使自己能始终理智地把握正确的谈判方向。有了耐心可以使自己能有效地注意倾听对方的诉说，观察了解对方的举止行为和各种表现，获取更多的信息。有了耐心可以有利于提高自身参加艰辛谈判的韧性和毅力。耐心也是对付意气用事的谈判对手的策略武器，它能得到以柔克刚的良好效果。此外，在僵局面前，也一定要有充分的耐心，以等待转机。谁有耐心，沉得住气，就可能在打破僵局后获取更多的利益。

【学一学4-1】

上海甲公司欲引进外墙防水涂料生产技术，日本乙公司与香港丙公司报价分别为22万美元和18万美元。经调查了解，两家公司技术与服务条件大致相当，甲有意与丙公司成交。在终局谈判中，甲公司安排总经理与总工程师同乙公司谈判，而全权委托技术科长与丙公司谈判。丙公司得知此消息后，主动大幅度降价至10万美元与甲签约。

此案例是商务谈判战术中典型的兵不厌诈，甲公司采用了兵不厌诈战术，让丙公司认为自己无意与其合作，主动降价，便可以更低的价格达成交易。丙公司中计，然而这在商业谈判中是不可取的，因为其没有坚守己方的底线，丧失了耐心和主动权。

资料来源　佚名. 最全的商务谈判技巧案例解析2［EB/OL］.［2012-12-10］. http://www.docin.com/p-550292037.html.

(3) 有助于诚意的表达。商务谈判是一种建设性的谈判，这种谈判需要双方都具有诚意。诚意，是一种负责的精神，是谈判双方合作的基础，也是影响、打动对手心理的策略武器。有了诚意，双方的谈判才有坚实的基础，才能真心实意地理解和谅解对方，并取得对方的信赖；才能求大同存小异取得和解和让步，促成上佳的合作。要做到有诚意，在具体的活动中，对于对方提出的问题，要及时答复；对方的做法有问题，要适时恰当地指出；自己的做法不妥，要勇于承认和纠正；不轻易许诺，承诺后要认真践诺。诚意能使谈判双方达到良好的心理沟通，保证谈判气氛的融洽稳定，能排除一些细枝末节小事的干扰，能使双方谈判人员的心理活动保持在较佳状态，建立良好的互信关系，提高谈判效率，使谈判向顺利的方向发展。

(二) 有助于揣摩谈判对手心理，实施心理诱导

谈判人员对商务谈判心理有所认识，经过实践锻炼，可以通过观察分析谈判对手的言谈举止，揣摩弄清谈判对手的心理活动状态，如其个性、心理追求、心理动机、情绪状态等。谈判人员在谈判过程中，要仔细倾听对方的发言，观察其神态表情，留心其举止包括细微的动作，以了解谈判对手的心理，了解其深藏于背后的实质意图、想法，识别其计谋或攻心术，防止掉入对手设置的谈判陷阱并正确做出自己的谈判决策。

人的心理与行为是相联系的，心理引导行为。而心理是可诱导的，通过对人的心理诱

导，可引导人的行为。

【小贴士4-2】

英国哲学家弗朗西斯·培根在他写的《谈判论》中指出："与人谋事，则需知其习性，以引导之；明其目的，以劝诱之；谙其弱点，以威吓之；察其优势，以钳制之。"培根此言对于从事商务谈判至今仍有裨益。

了解谈判对手心理，可以针对对手不同的心理状况采用不同的策略。了解对手人员的谈判思维特点、对谈判问题的态度等，可以开展有针对性的谈判准备和采取相应的对策，把握谈判的主动权，使谈判向有利于我方的方向转化。例如，需要是人的兴趣产生和发展的基础，谈判人员可以观察对方在谈判中的兴趣表现，分析了解其需要所在；相反地，也可以根据对手的需要进行心理的诱导，激发其对某一事物的兴趣，促成商务谈判的成功。

（三）有助于表达和掩饰我方心理

商务谈判必须进行沟通。了解商务谈判心理，有助于表达我方心理，可以有效地促进谈判双方的沟通。如果对方不清楚我方的心理要求或态度，必要时我方可以通过各种合适的途径和方式向对方表达，以有效地促使对方了解并重视我方的心理要求或态度。

作为谈判另一方，谈判对手也会分析研究我方的心理状态。我方的心理状态，往往蕴含着商务活动的重要信息，有的是不能轻易暴露给对方的。掩饰我方心理，就是掩饰我方的情绪、需要、动机、期望目标、行为倾向等。在很多时候，这些是我方在商务谈判中的核心机密，失去了这些秘密也就失去了谈判的主动权。商务谈判的研究表明，不管是"红白脸"的运用，撤出谈判的胁迫，最后期限的通牒，拖延战术的采用等，都是以一方了解了另一方的某种重要信息为前提，与一方对另一方的心理态度有充分把握密切相关的，因此不能掉以轻心。

为了不让谈判对手了解我方某些真实的心理状态、意图和想法，谈判人员可以根据自己对谈判心理的认识，在言谈举止、信息传播、谈判策略等方面施以调控，对自己的心理动机（或意图）、情绪状态等作适当的掩饰。如在谈判过程中被迫做出让步，不得不在某个已经决定的问题上撤回，为了掩饰在这个问题上让步的真实原因和心理意图，可以用类似"既然您在交货期方面有所宽限，我们也可以在价格方面做出适当调整"等的言语加以掩饰；如我方面临着时间压力，为了掩饰我方重视交货时间的这一心理状态，可借助多个成员提出不同的要求，以扰乱对方的视线，或在议程安排上有意加以掩饰。

（四）有助于营造谈判氛围

熟悉商务谈判心理知识还有助于谈判人员处理与对方的交际和谈判，形成一种良好的交际和谈判氛围。

为了使商务谈判能顺利地达到预期的目的，需要适当的谈判氛围的配合。适当的谈判氛围可以有效地影响谈判人员的情绪、态度，使谈判顺利推进。一个商务谈判的高手，也是营造谈判氛围的高手，会对不利的谈判气氛加以控制。对谈判气氛的调控往往根据双方谈判态度和采取的策略、方法而有所变化。一般地，谈判者都应尽可能地营造出友好和谐的谈判氛围以促成双方的谈判。但适当的谈判氛围，并不都是温馨和谐的气氛。出于谈判利益和谈判情境的需要，必要时也会有意地制造紧张甚至不和谐的气氛，以对抗对方的胁迫，给对方施加压力，迫使对方做出让步。

【小贴士 4-3】

在美国向墨西哥购买天然气的谈判中，美国希望低价购买墨西哥的天然气，美国的能源部长认为，当时墨西哥还没有其他可能的买主，他们肯定会同意降低售价的，这只不过是一项“价格谈判”。因此，他拒绝批准美国石油工会与墨西哥人经过谈判达成的天然气涨价协议。但是，墨西哥不但有高额售价的要求，而且有“受尊重”和“平等对待”的要求。而美国的行为似乎是“以大欺小”，因此激怒了墨西哥方。结果，墨西哥政府宁愿把它烧掉也不把天然气售给美国。这样，由于政治上的原因，达成低价协议就变得不可能了。

资料来源　张晓明．论立场与利益的商务谈判哲学［J］．吉林省经济管理干部学院学报，2000.

任务二　谈判者的个性

谈判者的个性（也称个性心理特征）与谈判有着极其密切的关系，在任何交易活动中，双方都力图有所得。但究竟是什么因素影响着谈判结果呢？其中重要的一点，也往往被人们忽略的一点就是谈判者的心理因素。它能改变谈判双方的地位，使谈判的最终结果发生潜移默化的转移。

个性是指个人带有倾向性的、本质的、比较稳定的心理特征的总和，包括人生观、兴趣爱好、能力、气质、性格等多方面。它是在人的一定心理基础上，在社会实践活动中形成和发展起来的。它体现了个体独特的风格、独特的心理活动，以及独特的行为表现。

一、谈判中的角色

（一）角色的含义

角色是指个人在特定的社会和团体中占有的适当的位置，以及被社会和团体规定了的行为模式。这里，位置可以被理解为身份、地位。任何人要很好地扮演或充当其在特定情境中应当承担的角色，首先要实现对角色的认同，即按照社会规范对大多数人的要求，使自己的态度、观念、形象及全部行为，都符合角色要求的模式。例如，家庭中父亲这一角色，意味着角色扮演者在家里占有一家之主的地位，他要参加工作、抚养子女、教育孩子、计划家庭生活等。他的一切语言与行动都应该像一个父亲的样子。而服务员的角色，则要求扮演者在商店里出售商品，他（她）必须具有耐心、周到、热情的服务态度，掌握熟练的服务技巧和丰富的业务知识。

角色是每个人在特定的情境里所具有的某种特定身份、所处的特定位置。所以，情境改变，角色也要发生变换。人的一生可以扮演多种角色，甚至同时扮演多种角色，如在家里可以是家长，在火车上是乘客，在团体中是成员，在工作中则可能是推销员。

充任角色最重要的一点是对角色的装饰，即按照自己承担角色所应有的观念、规范来调节自己的语言、仪态及行为。在与人交往中表现得恰当得体，给人以良好的印象，以获得他人的信赖和喜欢，这一点对于谈判人员来讲是特别重要的。

谈判人员这一角色，不仅社会职能相当重要，而且实现它的难度也很大。一些谈判专家认为，谈判人员实现角色的过程，不单单是实现产品或服务的交易，更重要的是在“推销”他自己，或者说是显现他自身的人格特征，并以此来感染和威慑对方，获得他人的信任与接受。

（二）角色在谈判中的作用

角色不同，谈判人员在谈判中所发挥的作用也不同，主要表现为以下两个方面：

一是角色在原团体中所处的地位，使其形成了固有的行为模式，从而影响谈判活动的效率。如某企业经理角色，意味着他在单位负有参与企业决策，决定其职员的升迁、职务的任免，交际应酬等职责。总之，他的言论与行为都应该与领导这一角色相符。当他适应这一角色后，其言行便不自觉地开始按角色要求做。因此，在谈判中，也常常会表现出原角色的言行，显得自信坚定，从容不迫，具有一定的权力欲，希望成为谈判的核心人物。当然，如果原角色没有这样的言行习惯，要想在谈判中做到这一点是很困难的。

二是在谈判中所扮演的角色。谈判中的角色与原角色并不都是一致的，原先在企业中并不一定是负责人，但却要在谈判中承担起主谈的作用，这在心理学上被称为角色冲突。当个体不能克服原有角色带来的内心矛盾冲突时，往往会言行不一。就谈判人员来说，角色要求他必须善于同各种人物交往，善于辞令，灵活、敏锐、富有进取心。但他在原单位的角色却并不要求他具有这些特点，也无从表现。因此，扮演后一角色，常常感到力不从心，难以胜任角色的要求。克服的办法就是努力在实践中锻炼自己，并附有一定的心理训练，以符合角色的要求。

二、期望水平

期望是指个人根据以往的经验在一定时间里希望达到目标或满足要求的心理活动。期望心理与人的行为密切相关，期望水平的高低直接影响人们的活动效率。期望水平的高低受多种因素的影响，如人的经验、能力等，但最重要的影响因素是自我评价。

自我评价是指人们对自己的评价、看法。在谈判之前，谈判人员必须对自己的优点、弱点及自尊心、能力有一个清楚的认识、正确的估价，特别是要找出自己的不足之处，以便更好地发挥自己的长处，克服自己的弱点。谈判人员自我评价一般包括以下几个方面：

（1）自我尊重感。这是成功的谈判者必须具有的特点。自我尊重感的强弱可以通过自问的形式检查，如你认为自己有价值、有能力吗？你是否能完成自己真正打算做的事？你如何看待自己的成功？你对挑战的态度是什么？你喜欢接受艰巨任务，并有信心完成吗？

（2）责任感。这一点在自我评价中占有重要地位。一个自我评价高的人，也应具有高度的责任感，这种责任感促使其努力去实现目标，同时，在失败时勇于承担责任。

（3）乐观主义。乐观主义的态度通常与自信心相互联系。乐观态度使人在困难中看到光明，遇挫折而不气馁。

（4）创造性。它反映了人们解决问题的灵活性与创新性，是寻找切合实际的办法还是盲目效仿别人？是喜欢与众不同，还是跟随大流？是力求稳妥，少冒风险，还是甘冒风险，争取更大的成功？这是检验创造性的分水岭。

（5）交际能力。真正的交际能力绝不是花言巧语的伎俩，而是与人沟通感情的能力。在这方面，你是否具有特长？你能做到细心倾听别人的讲话，并力争把握其实质内容吗？你能让别人信任你和追随你吗？

（6）信任他人。这是与人交往的前提，这包括你能否真正信赖别人，是否愿意与他人合作，把权力交给下属部门和人员是否感到放心。

以上是几个最基本的自我评价标准。如果你对上述问题大部分做出肯定的回答，那么，你就具备了一个成功谈判家的条件。如果不全是，也不必担心，可以改造自己，提高自己。

就一般情况来讲，自我评价高，期望水平相对也高，谈判目标也就越高，取得的成果也就越大；反之亦然。实际经验表明，在谈判中，那些信心百倍、个人期望值高的人，通常比那些不敢奢望的平庸之辈能取得更多的利益。

对于具有坚定的自我形象的人来讲，他们的期望水平很高，在谈判中，总是追求最优而不是较好的结果。他们定出较高的谈判目标，并全力以赴去实现。如果在能做好的情况下没有做好，或者在应多干的情况下留有余地，会被他们认为是对自我形象的背叛。即使别人不指责，他们也会感到自尊心受到挫伤。而期望水平低的谈判人员，会把目标定得较低，只要对方做出很小的让步，他就感到很满足，从而失去争取更大让步的机会。

当然，期望水平也不是一成不变的。一个人从事活动，能够经常很顺利地达到活动目的，长此以往，他就会提高目标值，以获取更大的成果。当其从事的活动经常受挫，或者总是达不到预定的目标时，他就会降低标准，以求得心理平衡。

个人期望值是影响谈判效果的重要因素，优秀的谈判者十分重视这个问题。但是，期望值的确定主要取决于谈判者的自我评价。建立在客观地自我分析基础上的高水平的自我想象力是赢得谈判成功的保证。在实际谈判中，也确实是这些人取得了成功。他们具有树立高目标的勇气和冒风险的精神，具备了不断追求和锲而不舍的耐心，具有非凡的洞察力和理解力。而那种缺乏自我评价能力的人则正相反。他们老是强调事情的不利因素，害怕失败，缺乏自信，总是担心目标定高了，力求风险越小越好。这样做，虽然保险系数可能增大，但其机会损失却是不可估量的。

由此可见，培养谈判人员较强的自我评价力，具有较高的期望水平是十分重要的。

【学一学4-2】

罗纳德·里根是美国历史上年龄最大的总统，难怪他的对手总喜欢拿他的年龄做文章。1984年10月24日晚上，里根为了连任总统，与竞争对手蒙代尔进行了一场至关重要的公开辩论。他在回答他是否认为自己担任总统年龄太大的问题时，把在市政礼堂里的听众都逗笑了，并得到了好评。里根说："我将不把年龄作为一个竞选问题。我将不利用我的对手年幼无知这一点以占尽便宜"。

三、谈判者的性格

（一）性格的概念

性格是指人对客观现实的态度和行为方式中经常表现出来的稳定倾向。它是个性特征的核心，决定人的活动的内容和方向。所以，性格的形成与发展对人的行为活动有重要的影响。在现实活动中，人们的性格是千差万别的，比如在交际方面，有的人活泼外向，喜欢结交朋友，有的人孤寂内向，爱独自沉思；在待人处事上，有的人诚实、和蔼，有的人虚伪、狡诈；在情绪特点方面，有的人乐观进取，有的人悲观失望；在行动上，有的人果敢坚强，有的人则谨慎怯懦。这些都会在谈判活动中淋漓尽致地表现出来，直接影响人们的行为方式。

总之，人与人之间的性格差别是极大的，有的甚至截然对立。对于性格类型的分析是难以穷尽的，这里，我们就谈判这一特定形式的活动，分析几种具有一定代表性的谈判人员的性格类型。

（二）性格的类型

（1）权力型。这种类型的人的特点是对权力、成绩狂热地追求。为了取得最大成就，获得最大利益，他们不惜一切代价。在多数谈判场合中，他们想出一切办法使自己成为权力的中心，我行我素，不给对方留下任何余地。一旦他们控制谈判，就会充分运用手中的权力，向对方讨价还价，甚至不择手段，逼迫对方接受条件。他们时常抱怨权力有限，束缚了他们谈判能力的发挥。更有甚者，为了体现他们是权力的拥有者，而追求豪华的谈判场所、舒适的谈判环境、精美的宴席、隆重的场面。

权力型谈判者的另一个特点是敢冒风险，喜欢挑战。他们不仅喜欢向对方挑战，而且喜欢迎接困难和挑战，因为只有通过接受挑战和战胜困难，才能显示出他们的能力和树立起自我形象，一帆风顺的谈判会使他们觉得没劲、不过瘾。只有经过艰苦的讨价还价，调动他们的全部力量获取成功，才会使他们感到满足。

权力型谈判者的第三个特点是急于建树，决策果断。这种人求胜心切，不喜欢也不能容忍拖沓、延误。他们在要获得更大权力和成绩的心情驱使下，总是迅速地处理手头的工作，然后着手下一步的行动。因此，他们拍板果断、决策坚决。对大部分人来讲，决策是困难的过程，往往犹豫、拖延、难下决策。而这种人则正相反，他们乐于决策，总是当机立断，充满信心。

总而言之，贪权的人强烈地追求专权，全力以赴地实现目标，敢冒风险，喜欢挑剔，缺少同情心。在谈判中，这是最难对付的一类人，因为如果你顺从他，你的权力必然会被剥夺得一干二净；如果你抵制他，谈判就会陷入僵局，甚至破裂。

（2）说服型。在谈判活动中，最普通、最有代表性的人是说服型的人。在某种程度上，这种人比权力型的人更难对付。后者容易引起对方的警惕，但前者却容易被人所忽视。在说服者温文尔雅的外表下，很可能暗藏雄心，与你一争高低。

说服者的第一特点是具有良好的人际关系，他们需要别人的赞扬和欢迎，受到社会的承认对他来说比什么都重要。他们也喜欢帮助别人，会主动消除交际中的障碍，在和谐融洽的气氛中，他们如鱼得水，发挥自如。同时，这种人与下属的关系比较融洽，给下属更多的权力，使下属对他信赖、忠诚。

说服者的第二个特点是处理问题时不草率盲从，三思而后行。他们对自己的面子，对对方的面子都竭力维护，决不轻易做伤害对方感情的事。在许多场合下，即使他们不同意对方的提议，也不愿意直截了当地拒绝，总是想方设法说服对方或阐述自己不能接受的理由。

与权力型不同的是，说服者并不认为权力是能力的象征，却认为权力只是一种形式。虽然他们也喜欢权力，认识到拥有权力的重要性，但他们并不以追求更大的权力为满足，而是希望获得更多的报酬、更多的利益、更多的赞赏。

（3）执行型。这种性格类型的人在谈判中并不少见，他们的最显著特点是，对上级的命令和指示，以及事先定好的计划坚决进行，全力以赴，但是拿不出自己的主张和见解，缺乏创造性。维护现状是他们最大的愿望。

这类人的另一特点是工作安全感强。他们喜欢安全、有秩序、没有太大波折的谈判。

他们不愿接受挑战，也不喜欢爱挑战的人。在处理问题时，往往寻找先例，如果出现某一问题，以前是用A方法处理的，他们就决不会采用B方法。所以，这类人很少在谈判中能独当一面，缺少构思能力和想象力，决策能力也很差。但在某些特定的领域中，工作起来得心应手，有效率。这种性格的人喜欢照章办事，适应能力较差，他们需要不断地被上级认可、指示。特别是在比较复杂的环境中，面对各种挑战，他们往往会不知所措，很难评价对方提出新建议的价值，自然，他们也无法拿出有建设性的意见。

（4）疑虑型。怀疑多虑是这类性格的人的典型特征，他们对任何事都持怀疑、批评的态度。每当一项新建议拿到谈判桌上来，即使是对他们有明显的好处，只要是对方提出的，他们就会怀疑、反对，千方百计地探求他们所不知道的一切。

这种性格类型人的另一特点是犹豫不定，难于决策。他们对问题考虑慎重，不轻易下结论。在关键时刻如拍板、签合同、选择方案等问题上，不能当机立断，老是犹豫反复，拿不定主意，担心吃亏上当，结果，常常贻误时机，错过达成更有利的谈判协议的机会。

这种人的特点之三是对细节问题观察仔细，注意较多，而且设想具体，常常提出一些出乎意料的问题。此外，这种人也不喜欢矛盾冲突，虽然他们经常怀疑一切，经常批评、抱怨他人，但很少会弄到冲突激化的程度，他们竭力避免对立，如果真的发生冲突，也很少固执己见。

任务三　谈判者的心理行为分析

谈判者的心理，既是谈判者个人心理素质的表露，也是谈判者在谈判过程中对于各种现象主观能动的反映。通过对谈判者心理活动过程的了解，可以推断出谈判者的谈判行为。

一、谈判者的心理活动过程

谈判者的心理活动过程，一般可以认为是一个从知觉—情绪—性格—能力—态度的过程。

（一）知觉

这里的知觉是指谈判者对某次谈判活动及谈判对手的直观的、表面的认识。谈判者知觉的好坏将直接影响谈判的成败。

谈判者知觉的过程实际上是对谈判对手第一印象的过程。而第一印象往往是人的表情、仪态、服饰、语言和动作等的综合反映，有时是谈判标的物——商品的包装、色彩、外观形态和文字图案等。

第一印象在商务谈判中非常重要，故在商务谈判中要做好自我形象的设计。

（二）情绪

情绪是指人的喜、怒、哀、乐、惧等方面的体验，这种体验是人们对事物态度的一种反映。或积极，或消极。愉快的情绪会增强谈判者的力量，消极的情绪会降低谈判者的力量。

商务谈判人员应该对自己的业务充满信心，并在充满自信的状态下来提高谈判效率。同时还要有意识地调动和控制对方的情绪，从而达到谈判的目的。

（三）性格

性格是人们在长期的社会生活中形成的比较稳定的心理状态和习惯化的行为。外向型性格的谈判者表现为活跃、开朗、充实、善于交际、使人感到热情；内向型性格的谈判者表现为沉静、缓慢、不爱交际，使人感到冷漠。

在商务谈判中了解谈判者性格，有利于获得谈判的成功。

（四）能力

能力是人们在从事某项活动中所产生的作用，使他能顺利的、高效率地完成这项活动的心理特征。谈判者的能力是指谈判者在谈判中细致的观察判断能力，灵活的应变能力，娴熟的语言驾驭能力，良好的心理承受能力，谈判者的能力在谈判过程中能充分地体现出来。如当谈判处于僵持状态时，一方能快速转移话题，调整情绪后再重新进入谈判。

（五）态度

态度是人们对客观事物所持有的看法，并通过种种行为表现出来。谈判中的态度对商务谈判同样产生直接的影响。

当谈判双方都持积极的态度时，谈判就成功了一半；而当双方的态度冷漠不友好时，谈判就很难成功。

在商务谈判中要充分讲明谈判给双方带来的利益，使双方对谈判都感兴趣。若一方对谈判不感兴趣时，另一方在意向上要引导对方的态度朝着有利于合作的方向上转变，最终使谈判获得成功。

二、谈判者的心理表现形式

（一）文饰与投射

文饰与投射都是心理行为的表现方式，文饰是指一个试图通过似乎合理的途径来使不可能接受的情境合理化。例如，一场谈判结束之后，谈判失败的一方为了自我安慰，掩饰一无所获的失败感，可能会找些自我解释的理由，为谈判结果文饰一番，如“我们根本就不想同他做生意”，这就是谈判失败后最常见的一种文饰。

投射是把自已的观念、想法不加分析地移植到他人身上，如已方本次谈判的目标是为了经济利益，对方也一定是为了经济利益。

（二）压抑与移置

压抑是一种心理机制，是指在违背自已意愿状态下所做出来的行为。如请客送礼。商务谈判者在谈判中要观察对手是否是处在一种压抑状态下来参加谈判的，或某些行为是在压抑状态下做出来的。

移置的心理行为与压抑有关，它表现为试图将自身的冲突移到别人身上，以掩饰内心压抑的一种心理机制，即我们日常生活中所说的“找替罪羊”。

（三）反向行为与理性行为

反向行为的表现是压抑心中最强烈但不为社会容纳的欲望。即所做的行为跟内心的想法完全相反的一种行为。如市场上那个叫得最凶喊得最响的人，正是希望把最坏的货物推销出去的人。因此，在商务谈判中要善于判断一个人的行为是否是反向行为。

理性行为是指按理性规范而行动的行为方式。

（四）自我意象和角色扮演

自我意象是指一个人对自身的综合看法。每个人都会从个人经验、期望和别人的评价中总结出自我意象。

在一场谈判中，谈判者可能将他的自我意象完全暴露出来，也可能只暴露一部分，通过观察其谈判中的自我意象，再了解他过去的行为和经历，从而来判断其心理行为。

角色扮演是指一个人试图通过某种有意义的行为来表现自我意象的一种行为方式。

在商务谈判中，有的谈判者要扮演一个大度、不斤斤计较的现代商人的自我意象；有的谈判者要扮演成对市场行情非常了解、专业知识十分丰富的谈判专家等。

三、谈判者心理性格类型的识别与对策

在谈判过程中，应针对谈判者的心理、性格类型，采取相应的谈判对策，以取得更好的谈判效果。这里的关键是在谈判中如何有效识别对方谈判者的心理、性格类型，以采用有针对性的谈判对策。如前所述，谈判者的心理、性格类型大致有以下几种：权力型、说服型、执行型和疑虑型，谈判中的应对策略也以此制定。

（一）权力型谈判者的识别与对策

（1）权力型谈判者的识别。权力型谈判者在谈判桌上喜欢发号施令，惯用高压政策、边缘政策，以主宰谈判过程，常以结论由自己做出为满足。这类谈判者在谈判桌上求胜心切，敢冒风险，大胆拍板，不给别人留下任何余地，善于引导谈判。正因为如此，这类谈判者在谈判桌上会攫取到更多的果实，获得更大的权利。权力型谈判者是谈判的劲敌，因为，如果是顺从的话，那么他会把你的谈判决策权剥夺得一干二净；如果不顺从的话，那么谈判就会陷入僵局。

（2）权力型谈判者的对策。要对付权力型谈判对手，必须首先在思想上有所准备，要针对这类人的性格特点，寻找解决问题的突破口。正像这种人的优点一样，他们的弱点也十分明显：①不顾及冒风险所付出的代价，一意孤行；②缺乏必要的警惕性；③没有耐心，讨厌拖拉；④对细节不感兴趣，不愿陷入琐事；⑤希望统治他人，包括自己的同事；⑥必须是谈判的主导者，不能当配角；⑦易于冲动，有时控制不住自己。

针对他们的弱点，可从以下两个方面采取对策：

第一，要在谈判中表现出极大的耐心，靠韧性取胜，以柔克刚。即使对方发火，甚至暴跳如雷，也一定要沉着冷静，耐心倾听，不要急于反驳、反击。如果能冷眼旁观，无动于衷，效果会更好。因为对方就是想通过这种形式来制服你，如果你能承受住，他便无计可施，甚至还会对你产生尊重、敬佩之情。

第二，努力营造一种直率的并能让对手接受的气氛。在个人谈判中，面对面直接冲突应加以避免，这不是惧怕对方，而是因为这样不能解决问题，应该把更多的精力放在引起对手兴趣和欲望上。例如，“我们一贯承认这样的事实，你是谈判另一方的核心人物”（引诱其权力欲）。“我们的分析表明，谈判已经到了有所创造、有所建树的时刻”（激起挑战感）。与此同时，要尽可能利用文件、资料来证明自己观点的可靠性。必要时，提供大量的、有创造性的情报，促使对方铤而走险。

【学一学4-3】

甲方："你们的报价太高了，我们无法谈判。你们回去再调整价格，有了新方案后再谈。"

乙方："我们的报价参照了国际市场。如果没有弄错的话，你们能否给我们具体指出来，以便我们重新核对报价。"

上例的谈话中，甲方表现出了咄咄逼人的气势；乙方则以柔克刚，婉言相拒，但又抛出钩子，让甲方再做结论。这种在适当时刻利用对方权力型的特征，有利于谈判取得良好的结果。

（二）说服型谈判者的识别与对策

（1）说服型谈判者的识别。说服型谈判者在谈判过程中办事方法隐蔽，手段精巧，谈判桌上表现得十分随和，能迎合对手的兴趣，在不知不觉中说服对方。在实际的谈判活动中大致又有以下三种情况：

第一种情况是初入行的年轻人。他们大都急于表现自己，以求为以后的发展奠定基础。对这类谈判者行之有效的办法是给予鼓励，即使是出现了明显的失误，也要装扮出钦佩的态度，在他的领导面前称赞其"努力""能干"，有时也可用"激将法"。但一般不要刺伤其自尊心，否则会招致报复。

第二种情况是有多年工作经验的年龄较大的人。他们把成功看作是为自己的荣誉和地位增添光彩。对这种人要充分利用他们的经验、能力和有影响力的一面，多给他们出难题。因为他们在难题面前不会畏缩，否则就会没面子。对于这类人来说，完美的自我形象是非常重要的，他们不希望直接冲突。若要发生冲突，冲突必须恰到好处。如果冲突太激烈，他们就要被迫还击，甚至撕破脸皮，恼羞成怒，那么一定不会出现好的谈判结果。

第三种情况是谈判者不论年龄大小，都有着对公司的热爱、对领导的忠诚以及高度的责任心和使命感，对谈判有着执着的追求。这种人是谈判中最强有力的竞争对手，他们软硬不吃，经验丰富，又很有耐心，外表友善、温和，对自己的事业满腔热情。但这类人中也不缺乏装腔作势、充满野心的进攻型人才。对这种人最好的办法就是采取"以原则对原则"的态度，从而形成一种公事公办的气氛，保持一定的感情距离，同时注意在不激怒对手的情况下，保持态度上的进攻性。

（2）说服型谈判者的对策。要辨别此类人的需要和弱点是十分困难的，因为他们把自己掩藏于外表之下，处事精明，工于心计，说话谨慎，不露锋芒，外表和蔼，充满魅力。他们比较随和，善于发现和迎合对手的兴趣，在不知不觉中把人说服。总之，他们的弱点并不十分明显，在认识这一类人时，要透过表面现象分析其本质。他们的性格可能潜存着这样的弱点：①过分热心与对方搞好关系，忽略了必要的进攻和反击；②对细节问题不感兴趣，不愿进行数字研究；③不能长时间专注于单一的具体工作，希望考虑重大问题；④不适应冲突气氛，不喜欢单独工作等。

明确了这类谈判者的性格弱点，就可以制定相应的策略。首先，要在维持礼节的前提下，保持进攻的态度，并注意双方感情的距离，不要与对手交往过于亲密。必要时，保持态度上的进攻性，引起一些争论，使对手感到紧张不适。其次，可准备大量细节问题，使对方感到厌烦，产生尽快达成协议的想法。再次，在可能的条件下，努力造成一对一的谈判局面。说服者群体意识较强，他们善于利用他人造成有利于自己的环境气氛，不喜欢单独工作，因为这使他们的优势无法发挥。利用这一点，我们可以争取主动。最后，准备一些奉承话，必要时给对方戴个高帽子，这很有效，但必须恭维得恰到好处。

（三）执行型谈判者的识别与对策

（1）执行型谈判者的识别

执行型谈判者在谈判过程中，一般不愿意接受竞争和挑战，更不愿意冒什么风险，喜欢维持现状，愿意多听对方的意见，有时甘当谈判桌前的“传声筒”，只起到上情下达、下情上报的作用，对理论、概念、思想不感兴趣，而热衷于某些现成的方法，以求得稳定和安全。

（2）执行型谈判者的对策

找出执行型谈判者的弱点并不困难，但困难的是怎样利用这些弱点，实施相应的策略：①他们讨厌挑战、冲突，不喜欢新提议、新花样；②没有能力把握大的问题，不习惯、也不善于从全局考虑问题；③不愿意很快做决策，也尽量避免做决策；④不适应单边谈判，需要得到同伴的支持；⑤适应能力差，有时无法应付复杂的、多个方案的局面。

根据上述特点，在谈判中可注意这样一些问题：第一，努力造成一对一谈判的格局，把谈判分解为有明确目标的各个阶段，这样容易获得对方的配合，使谈判更有效率。第二，争取缩短谈判的具体过程，这类人反应迟缓，谈判时间越长，他们的防御性也越强，所以，从某种角度讲，达成协议的速度是成功的关键。第三，准备详细的资料支持自己的观点。由于执行者常会要求回答一些详细和具体的问题，因此，必须有足够的准备来应付，但不要轻易提出新建议或主张，这会引起他们的反感或防卫。实在必要时，要加以巧妙地掩护或一步步提出，如果能让他们认识到新建议对他有很大益处，则是最大的成功；否则，会引起他们的反对，而且这种反对很少有通融的余地。第四，讲话的态度、措辞也很重要，冷静、耐心都是不可缺少的。

而在实际的谈判活动中，执行型谈判者又有多种情况，应针对不同情况采取不同对策。

第一种情况是经验不足者，对谈判中碰到的问题不敢做出决定。对这种人最有效的办法是谈判中主动点明问题的要害，并提醒其要早作汇报，以免耽误谈判。但也可以将比较复杂的问题合理分割，变为几个独立的问题，诱使其达成一致，或形成一对一的谈判格局。

第二种情况是谈判者有经验，但怕负责任。这种人圆滑、诡秘，表面笑眯眯，就是不办事。对这种人要小心，谈判时最好先谈次要问题。在谈重大问题时，要有强硬的态度，促使其调兵遣将，否则劳而无功，白费力气。由于这种人的圆滑且反应迟疑，因此，谈判的时间不宜过长，长了会增强其防御性；也不宜过早地做出让步，那样他会拿你的让步去向上级领导请功，而不会痛快地做出相应的让步。所以让步应让给决策人，谁敢承担责任，就跟谁谈最后的条件。

第三种情况是内外关系都比较不错，但碍于面子，没有自己的独到见解，只会将上级、对方的态度作为自己谈判的目标。这种人大多都有自己明确的目标，心中已有领导的效果标准。应对这种人的办法就是“以礼相待”，以商榷的口气谈问题，但涉及的都应是要求对方让步的理由。如："我们两个公司有长期的合作历史，与您又有良好的信赖关系，双方的贸易习惯也都十分熟悉，没有什么好谈判的。只是，我们公司近来有许多困难，材料供应紧张，能源价格上涨，供货期有困难。要保证供货，需要更多的费用，如果按过去我们所谈的价格条件供货实在有困难"等等。

（四）疑虑型谈判者的识别与对策

（1）疑虑型谈判者的识别。疑虑型谈判者在谈判桌上常常表现出犹豫不定，讨论议题时追究问题的细节；碰到需要其拍板、签合同等内容时，又会表现出拿不定主意，担心吃亏上当的表情。

（2）疑虑型谈判者的对策。与疑虑型谈判者谈判应注意的问题是：提出的方案、建议一定要详细、具体、准确，避免使用"大概""差不多"等词句，要论点清楚，论据充分。在谈判中耐心、细心是十分重要的，如果对方决策时间长，千万不要催促，逼迫对方表态，这样反而会更加重他的疑心。在陈述问题的同时，留出充裕的时间让对方思考，并提出详细的数据说明。在谈判中要表现出胸怀坦荡、诚实热情。如果他发现你有一个问题欺骗了他，那么再想获得他的信任是不可能的。虽然这类人不适应矛盾冲突，但也不能过多地运用这种方法；否则，会促使他更多的防卫、封闭自己，来躲避你的进攻，双方无法进行坦诚、友好的合作。

任务四　谈判者应具备的心理素质与能力

一、谈判者的心理素质

在谈判桌前，谈判人员所拥有的实际力量分物质力量和精神力量两个方面。物质力量是客观的，而精神力量则是主观的。精神力量在谈判中往往起着决定性的作用。精神力量是指谈判家应该具备的信心、诚心、耐心、果断和冒险精神等良好的心理素质。

（一）信心

谈判中的信心就是相信自己，它是谈判者巨大的财富，是不可抗拒的力量。只有具备了信心这一心理素质，自身的才能方可得到充分的展示，潜在的才能方能得到充分的释放。可以说，没有信心就没有成功，没有信心就没有胜利。那么，谈判中怎样才能有信心呢？

首先，要有必胜的信念。在商务谈判活动中，不管哪一方，都有自己追求的目标，并且双方都力图不断地调整需求的心理强度，巧妙地利用谈判心理和应变策略，以达到自己拟定的目标。必胜的信念就是为实现自身利益，灵活运用谈判策略，以实现预定的谈判目标的心理过程。必胜的信念是具有高度理性的自信，它是谈判者想要取胜的心理基础。只有满怀必胜的信念，才能有勇有谋，百折不挠。当然，必胜的信心是以相信他人为前提的，这就是说，一个充满必胜信心的谈判者，要相信自己的合理要求一定能为对方所接受。

例如，英国某公司决定在东南亚地区找一位代理商，他们满怀信心地找到了新加坡的商人王某，并希望双方能坐下来谈判，以解决有关代理的业务问题。然而，王某在与英方代表谈判之前做了这样的考虑：英方为什么找我做代理人？除了我之外，还有其他人吗？在经过认真的调查分析后，王某得出了结论，即英方在向自己邀请之前，已对所有的候选人做了充分的了解，在认定只有自己才是英方的最佳人选之后，王某欣然应邀。结果王某最终以优惠的条件取得了英国这家公司在东南亚的代理权，王某本人也得到了丰厚的报酬。由此可见，信心和互信是相辅相成的。

其次，要充分相信自己。相信自己是正确的直至最后的胜利，这对希望成功的谈判者来说是一条铁的定律。只有相信自己是正确的，谈判中才会不怕困难，一往无前。

（二）诚心

商务谈判是满足双方需求欲望的合作过程，而合作能否成功，还要取决于双方合作的诚意。这就是说，谈判是需要诚意的，受诚意支配的谈判心理是保证谈判目标实现的必要条件。因此，诚意应贯穿于谈判的全过程。从心理学角度讲，诚意是谈判的心理准备，只有在双方致力于合作的基础上，才会合乎情理地提出自己的要求和认真考虑对方的要求，所以，诚意是双方合作的基础。

这里应该明确的是，谈判的诚意绝不是单方面的，一厢情愿是行不通的，只有谈判双方都具有诚意，诚意才能转化为谈判的动力。诚意能促使人们为谈判做大量细致、周密的准备工作。有了充分的准备，面对谈判中所出现的各种问题就能镇定自若，能在复杂的局势中把握时机，扭转局面。诚意能使谈判者的心理活动始终处于最佳状态之中，从而提高谈判效率，加快谈判进程，赢得谈判时间；诚意能强化谈判双方的心理沟通，保证谈判气氛的融洽稳定。只有谈判双方都有诚意合作，才会在双方基本目标和原则立场不受影响时，求大同，存小异，使双方互相合作，友好往来。

（三）耐心

谈判中耐心是在心理上战胜对手的一种战术和策略，表现为不急于求得谈判的结果，而是通过自己有意识的言论和行为，让对方了解合作的诚意与可能。耐心是提高谈判效率、赢得谈判主动权的一种手段。不能低估耐心在谈判中所起的作用，它能使谈判者认真倾听对方的陈述，冷静、客观地进行谈判；它能使谈判者避免情绪用事，融洽谈判气氛，缓和谈判僵局；它能使谈判者正确区分人与事，学会对人软、对事硬的谈判方法；它能使谈判者以软制硬，以柔克刚，是对付脾气暴躁、性格鲁莽的谈判对手的有效办法。

耐心是谈判者心理素质的体现。在商务谈判中，耐心体现在人们追求目标利益的过程中。如果谈判中遇到某些挫折就失去信心，或者对利益目标的追求缺乏勇气，都不可能产生良好的尽责状态。谈判者的耐心表现在周密的分析、科学的思考以及对谈判过程的每一个环节、每一个议程可能出现的问题做出合理预计与周密安排之上，也表现在充分阐述自己的观点和要求的同时，得到对方的理解和配合，从而促成谈判的成功。

耐心是谈判者心理成熟的标志。在商务谈判中，急躁鲁莽难以对每项议题、要求做出全面分析和理性思考，然后做出科学决策。在基本目标一致的前提下，要遵循“求大同、存小异”的谈判原则，不必计较对方提出的种种细节问题，要把时间和精力用在对关键问题以及对对手的心理活动进行分析和判断上，用在对谈判趋势和未来可能出现的谈判结果的预测上。在谈判中，谈判双方的利益至关重要。耐心绝不是故意拖延，如果说拖延是从策略上战胜对方，那么，耐心则是从心理上战胜对方。

（四）果断

果断是一个优秀的谈判者良好的心理素质、战略眼光、领导能力和专业知识等因素的综合反映。果断的谈判者能够有效地动员各种内在和外在的力量，共同为谈判的成败服务。因此，法国的许多专家把具备果断素质的人称为具有“价值10亿美元头脑的人”。

在商务谈判中，作为一名谈判者，不管是谈判的关系主体，还是关系主体的全权代表，都要对谈判的后果负责。这就要求谈判者在面对重大责任或紧要关头，要刚毅、果断，勇于决策，绝不优柔寡断，退缩回避。当然，果断是建立在有准确可靠的信息并对自己有利的基础上的。

【案例4-1】

某企业得知豆浆在市场上销量大增时，马上联想到生产豆浆的小型电动磨浆机一定会十分抢手。就在这时，有一家外商想要订购一批小型电动磨浆机，该企业看准这一商机，在没有任何前期准备的情况下，果断地决定同外商谈判并签订购销合同，并马上着手研制小型电动磨浆机，半个月拿出了样品，鉴定合格后马上投入批量生产，不仅开拓了国际市场，而且他们生产的小型电动磨浆机一下子成为争相订购的热门产品，企业大赚其利。由此可见，果断在某种意义上讲，就意味着成功，优柔寡断往往会与机遇擦肩而过。

二、谈判者的修养

（一）健康的谈判意识

谈判是一种竞争，是一场角逐，同时又是一种合作，是一个以追求利益为目标的竞争过程。谈判者不应只是一个好战的能手，而应当是和平的使者。健康的谈判意识必须是以正当手段来达到存异趋同的目标。因此，谈判者必须牢固地树立起谈判的成功在于谈判的各方都要获利的观念。谈判者必须明白，那种在谈判中一味强调己方利益，甚至试图将对方置于死地而后快的潜意识，都是万万要不得的。

（二）诚实守信

坦率、真诚、正直、守信是谈判者道德品质的一个基本特征。只有彬彬有礼，和蔼待人，才能为谈判创造一种和平友好的合作气氛。如果你能真正信任对方，对方必然向你回报以信赖。有了这种相互依赖的基础，就为成功谈判创造了条件。在谈判中，谈判人员应该开诚布公，直言表露真情实感。如果一方能言辞恳切，举止坦诚，毫不掩饰地向对方表露自己的希望与担心，说明自己的谈判目的，在正常情况下，就很容易给对方如沐春风之感，从而打破戒备心理，引起对方的共鸣。反之，如果谈判人员不讲信用，出尔反尔，朝令夕改，那么要取得对方的真诚合作是不可能的。美国学者李斯吉普特说过：不诚挚的感情，往往是友谊失败、谈判失败甚至事业上失败的一个重要因素。

三、谈判者的文化素质

商务谈判不仅是一门技术，也是一门艺术，更是一门科学。它涉及的知识范围极为广阔，因而要求谈判者既要有广博的基础知识，又要有精深的专业知识。

（一）基础知识

一个人的智慧和才能如何，实际上是指其基础知识掌握得如何。基础知识越雄厚、广博，适应能力也就越强。哲学、数学、语言学是包括谈判家在内的创造型人才必须具备的基础知识中的3个支柱。这是因为，哲学主要是指具有哲理性的头脑，包括一定的政治理论素养，辩证唯物主义和历史唯物主义的科学世界观和方法论。数学主要是指在社会迅猛发展的当今，科学技术的发展使许多学科包括相当一部分社会学科已经由定性描述进展到定量描述，经营管理人才必须具有坚实的数学基础。数学训练可以使人的思维具有严密性和逻辑性，从而不断提高分析问题、解决问题的能力。至于语言修养，是指人们运用语言的能力。众所周知，当今社会是信息社会，而语言是传播信息的重要工具。语言修养好，就可以扩大谈判的空间，能迅速、准确地掌握国外信息，还可以和不同语言的谈判对手进行自由的谈判。

除此之外，一个优秀的商务谈判者还应掌握诸如经济学、民俗学、管理学、决策学、社会学、情报学、心理学、行为科学、法学等多方面的基础知识，特别是涉外谈判人员更需要掌握多方面的基础知识，以体现谈判者的文化知识修养。

文学、历史、地理、逻辑学等也是谈判者必须具备的基础知识。作为谈判者还应懂得商务学理论，熟悉进出口商品的规格、花色、包装、性能、质量标准、使用的原材料以及生产工艺、周期、成本等。如果对这些一窍不通或一知半解，那么在谈判中势必要被对方瞧不起，甚至上当受骗。在国际商务谈判中谈判者还应掌握同一种商品在不同国家或地区的实际用途和质量要求。例如，吊扇在国内的主要用途是降温，一般对转速、运转的时间等指标要求比较严格。而在国外一些地区，人们买吊扇主要是为了装饰，为了调节空调放出的冷气，因而对转速、运转的时间及转速档次要求不高，只要保证安全，外观漂亮就可以了。知道这些常识，就可以改变用料，降低生产成本，同时生产出适销对路的商品。

【小贴士4-4】

一中国谈判小组赴中东某国进行一项工程承包谈判。在闲聊中，中方负责商务条款的成员无意中评论了中东盛行的伊斯兰教，引起了对方成员的不悦。当谈及实质性问题时，对方较为激进的商务谈判人员丝毫不让步，并一再流露出撤出谈判的意图。

在这次谈判中，因中方代表团成员评论宗教的不妥当行为导致双方沟通出现障碍。中方代表团成员应立即为此向对方成员道歉，并且应在谈判前了解对方的习俗禁忌等知识，避免再次出现此类错误。

（二）专业知识

基础知识决定着一个人的修养和风度，专业知识决定着一个人知识的深度和从事本职工作的能力。那么，商务谈判者应具备哪些专业知识呢？一般来说，商业业务、财务、国际贸易、国际金融、进出口业务、技术转让、市场营销学、运输与保险、国际结算业务知识和世界市场行情以及各种法律知识，都是必备的。

一个优秀的谈判者应该具备理想的知识结构，然而现实中完全掌握基础知识和专业知识的谈判者并不多。因此，在当今的知识经济时代，作为一个商务谈判者要树立终身学习的观念，随时随地补充各方面的知识，以不断提高自己的知识和业务修养，成为一个优秀的谈判家。

四、谈判者的能力

（一）能力的概念

人们进行任何一项活动，都需要一定的能力保证，如读书需要理解力、注意力；写作需要创作力、文字表达能力；绘画需要观察力、注意力。能力是指人能够顺利地完成某种活动，并直接影响活动效率的个性心理。人必须具有一定的活动能力，才能顺利地完成各种活动，达到预期的目的。

由此可见，能力是人的一种主要的心理功能。但是，由于人的各种心理机能系统及其结构上的组合不同，以及人们所从事的工作和社会环境的不同，在不同的人身上体现出来的能力则有很大的差异。如有的人实际操作能力强，心灵手巧；有的人语言表达能力强，口齿伶俐。

谈判活动是一种内容复杂、参加人员较多的社会交往活动，需要人的多方面能力。如在谈判中要陈述我方的立场、观点，说服对方做出妥协、让步，这需要一定的语言表达能力；根据对方情绪、表情的变化，推测其心理活动，调整对策，这需要敏锐的观察注意力；当双方就合同的主要条款讨论协商后，进行拍板定案时，决策能力又是十分必要的了。可见谈判人员所具备能力及其水平的发挥直接影响谈判的效果。日本著名谈判专家矢部正秋在《犹太人谈判绝招》一书中指出："一个人如果缺乏谈判能力，则无论他在其他方面多么有才能，仍无法在社会里获得生存。光有才华却不具备谈判能力的人，就像一粒没有经过打磨的钻石，永远无法闪耀出璀璨夺目的光芒。"

（二）谈判人员具备的能力

就谈判这一特定形式的活动来讲，谈判人员应具备的能力主要有以下几个方面：

（1）语言表达能力。语言是交际的工具，谈判人员能够具备良好的语言表达能力是十分重要的。对谈判人员来说，首先是能够用准确、规范的语言陈述立场、观点，提供信息，交流感情，说服对方。如果说话含混不清，吐字不准，措辞不当或前言不搭后语，没有逻辑性，会极大地影响谈判人员之间的沟通、交流，也是谈判人员讲话的大忌。语言表达能力差，不仅不能很好地阐述自己的观点、要求，也不能很好地说服对方，甚至会引起对方的反感。在许多情况下，谈判的障碍都是由语言障碍造成的。这一点，在国际贸易谈判中表现得尤为突出。

语言表达能力主要是人们在社会实践活动中锻炼形成的。当然，由于人们生理条件上的差异，人的这种能力有高有低。但是，只要经过一定的系统训练和在实践中有意识地锻炼，是会得到提高和加强的。对谈判人员来讲，比较切实可行的方法是举行模拟谈判，草拟对方可能提出的问题，并让我方人员扮演对方代表，这样既锻炼了语言表达能力，又对谈判中可能出现的问题做了准备，有较好的效果。

（2）观察注意能力。在谈判中，察言观色是很重要的。美国传播学家艾伯特·梅拉比将人们之间的信息沟通用一个公式来表示，即信息的全部表达=7%语调+38%声音+55%表情。稍加注意，你就可以发现，不论是个别交谈，还是小组聚会，谈判人员的表情神态是很不相同的。有的人在倾听的同时频频点头，有的人则发出会意的微笑，还有的人全神贯注、目不转睛地望着讲话者，有的则边听边若有所思。各种神态表情反映了人们不同的心理活动，也表现出人们对讲话者的一些看法，在传递某种信息。这些信息的捕捉，就靠我们的观察注意能力。

观察是人的一种知觉认识。它是通过眼睛看、耳朵听、手触摸等形式了解周围事物的心理活动，特别是人的眼睛，在正常情况下，人们视线之间的接触约占全部谈话时间的30%~60%，由此可判断人们对谈话内容感兴趣的程度。同语言表达能力一样，人的观察注意能力也有一定的差别。这在心理学实验中已经得到证实。

（3）记忆力。记忆是指人们对过去经历过的事物在头脑中的保存，并在一定的条件下再现出来。记忆在人的生活实践中占有十分重要的地位。如果没有记忆，人的一切活动都无法进行。

就人的记忆能力来讲是有差别的，有的人识记后，保持既长久又准确，有的人则很快就忘掉了；有的人数字记忆好，有的人形象记忆好等。人的这种记忆差别还与人的年龄、经验、所从事的职业和实践范围有着密切的联系。良好的记忆力对谈判人员是十分重要的。它不仅有助于谈判人员更好地掌握各种信息、情报，处理洽谈中的各种问题，而且还会增加个人的魅力，给对方留下良好的印象。在谈判中，记忆就像一架摄像机，能不花任何成本记录在谈判场合中双方的言行，以备在需要时随时取用。记忆提醒你曾许下的诺言，熟悉接触过的人物，积累更多的经验。所以，谈判人员应注意培养和提高自己的记忆能力。

(4) 判断力。良好的判断力对谈判人员来说也很重要。谈判专家认为，谈判是人们所从事的工作中最困难的一种，一个优秀的谈判者需要具备其他职业所不常见的特质，这就是良好的职业判断力。

在商务谈判中，良好的判断力会使谈判人员及早地洞察问题或分歧的关键所在，准确地分析、预见事物发展可能产生的各种结果，从而确定相应的策略，决定买卖的取舍。判断力与风险有密切的联系，判断力只是人们的某种直觉，当然，这种直觉的产生是建立在接收外界大量信息的基础上的。判断也与人的经验密切相关，经验越丰富，过滤信息的能力越强，分析判断就越准确、越敏锐。

(5) 决策能力。它是谈判活动中比较重要的一种能力。当谈判人员就交易的具体内容协商讨论之后，进入拍板决策阶段，是签合同，还是不签，需要谈判人员做出决断。

谈判者决策能力的高低与其自信心等有直接的关系。自信心强，处理问题迅速、果断。敢于冒风险的人，决策能力相对较强；反之则较弱。决策过程持续的时间长短也反映了人的决策能力的差别。一般来说，行为谨慎的人决策可能费时较长，需要反复考虑斟酌，但一旦拍板定案，则义无反顾，坚决执行。决策能力较差的人，决策时间也比较长，犹豫反复、拿不准主意。决策能力的强弱，还要根据决策结果和决策所考虑的内容去分析。当一个人决定做某件事或不做某件事，事实证明他经常是对的，那么，他的决策能力就相对较强。决策能力不单单是人的某一方面能力的表现，从某种程度上说，它是人的各种能力的综合体现。它是建立在人们观察、注意、分析的基础上，运用判断思考、逻辑推理做出判断。因此，培养锻炼谈判人员的决策能力，必须要注意各种能力的平衡发展。

(6) 应变能力。它是指人对突然发生的情况或尚未料到的情况的适应、应付能力。在谈判活动中经常会出现种各意外的突发情况，如果谈判人员不能很好地应付和处理，就会陷于被动，甚至功亏一篑，导致谈判失败。

应变能力的强弱与人的灵活性、创造性有密切的联系，当眼前出现的情况同原告预想的有较大的出入时，应变能力强的人有能够发挥自己的想象力，提出种种灵活的办法、变通的方案，尽量妥善解决。同时，对对方提出的方案、措施，也能够冷静分析思考，权衡利弊关系，做出正确的抉择。但应变能力差的谈判人员却做不到这一点。他们习惯于按老办法去处理新问题，常常是这个我不能接受，那个我不能考虑，从不去寻找更好的解决问题的方法。显然，这种类型的谈判人员是达不成有建设性的协议的。

综上所述，能力是谈判者顺利完成谈判活动，达成谈判协议的根本保证。因此，谈判人员如何培养和提高这些能力对谈判成功与否有着十分重要的意义。这就要求不仅谈判者个人要注意在实践中培养锻炼自己的能力，还要以各种方式专门训练谈判人员的能力，如进行心理训练，模拟谈判等。

【本章小结】

商务谈判心理是指在商务谈判活动中谈判者的各种心理活动。它是商务谈判者在谈判活动中对各种情况、条件等客观现实的主观能动的反映。商务谈判心理具有内隐性、相对稳定性、个体差异性等特点。

研究和掌握商务谈判心理，有助于培养谈判人员自身良好的心理素质；有助于在谈判中揣摩谈判对手心理，实施心理诱导；有助于恰当地表达和掩饰我方心理；有助于营造谈判氛围。

谈判者的个性（也称个性心理特征）与谈判有着极其密切的关系。个性是指个人带有倾向性的、本质的、比较稳定的心理特征的总和，包括人生观、兴趣爱好、能力、气质、性格等多方面。它是在人的一定心理基础上，在社会实践活动中形成和发展起来的。它体现了个体独特的风格、独特的心理活动，以及独特的行为表现。

谈判者的个性包括谈判者的角色、对自己的期望水平、谈判者的性格等几大方面。

谈判者的角色由其在原团体中所处的地位和其在谈判中所扮演的角色两方面组成。角色不同，在谈判中所起的作用也不同。

谈判者的期望水平受多种因素的影响，如人的经验、能力等，但最重要的影响因素是自我评价。自我评价高，期望水平相对也高，谈判目标也就越高，取得的成果也就越大；反之亦然。在谈判实践中，那些信心百倍、个人期望值高的人，通常比那些不敢奢望的平庸之辈能取得更多的利益。

谈判人员的性格大致可以划分为四大类型：权力型、说服型、执行型和疑虑型。

谈判者的心理，既是谈判者个人心理素质的表露，也是谈判者在谈判过程中对于各种现象主观能动的反映。通过对谈判者心理活动过程的了解，可以推断出谈判者的谈判行为。谈判者的心理活动过程是一个从知觉—情绪—性格—能力到态度的过程。

谈判者的心理表现形式，文饰与投射，压抑与移置，反向行为与理性行为，自我意象和角色扮演。

在谈判过程中，需要识别出权力型谈判者、说服型谈判者、执行型谈判者和疑虑型谈判者，并针对他们的心理类型和性格特点，采取相应的谈判对策，以取得更好的谈判效果。

在谈判桌上，谈判者的精神力量往往起着决定性的作用。精神力量是指谈判家应该具备的信心、诚心、耐心、果断和冒险精神等良好的心理素质。

一个成功的谈判者还需具备相应的谈判能力，这些能力包括：语言表达能力；观察注意力；记忆力；判断力；决策能力；应变能力等。

【思考题】

1. 商务谈判心理具有哪些特点？研究商务谈判心理对谈判者有何意义？

2. 什么是谈判者的个性？谈判者的个性体现在哪些方面？

3.谈判者的性格类型大致可以划分为哪几类？分别有什么特点？

4.应如何理解谈判者的心理活动过程是一个从知觉—情绪—性格—能力到态度的过程？

5.一个成功的谈判者应具备什么样的心理素质和谈判能力？

【案例分析】

一套橡胶设备的成功转让

哈尔滨某橡胶厂曾进口一整套现代化胶鞋生产设备，由于原料与技术力量跟不上，搁置三年无法使用。后来新任厂长决定转卖给湖北一家橡胶厂。正式谈判前，哈尔滨一方了解到湖北一方两个重要情况：一是该厂经济实力雄厚，但资金都投入了再生产，要马上腾挪200万元添置设备困难很大；二是该厂厂长年轻气盛，在任何情况下都不甘示弱，甚至常以拿破仑自喻，不相信有办不到的事。对内情有所了解后，哈尔滨一方厂长决定与湖北一方厂长直接谈判。

哈尔滨一方厂长：经过这两天的交流和了解，我对你们的生产经营管理水平确实佩服。厂长年轻有为，能力非凡，有胆识有魄力。可以断言，贵厂在您这位厂长的领导下，不久将成为中国橡胶行业的明星。

湖北一方厂长：老兄过奖了！我身为厂长，年轻无知，真心希望得到老兄的指教。

哈尔滨一方厂长：我向来不会奉承人，只会一尺十寸，实事求是。贵厂今天办得好，我就说好，明天办得不好，我就说不好，昨天，我的助理从哈尔滨打来电话，总厂里有个棘手的事等着我去处理，催我一两天内返回。关于咱们洽谈的进口西德GD公司制造的现代胶鞋生产设备转让问题，通过在贵厂转了一天后，我的想法又有所改变了。

湖北一方厂长：有何高见？

哈尔滨一方厂长：当然谈不上高见。只是担心挺大，疑问挺多：第一，我怀疑贵厂是否有实力能在一两天里拿出这么多资金；第二，怀疑贵厂是否能招聘到管理操作这套设备的技术力量。所以，我并不像原先考虑的那样，确信将设备转卖给贵厂，能使贵厂三年之内青云直上。

湖北一方厂长听到这里，觉得受到哈尔滨一方厂长的轻视，十分不悦，于是不无炫耀地向哈尔滨一方厂长介绍了其经济实力和技术力量，表示完全有能力购买和管理操作这套设备。这样，湖北一方为了急于炫耀和购买，迫于时间压力，就不好意思再在价格上设置障碍，斤斤计较。在激将法的作用下，湖北一方为了显示大厂风度，很爽快地答应了哈尔滨一方200万元的报价，并当即拟写了协议，双方签约，握手共庆。

经过一番言语盘旋，哈尔滨一方成功地将“休养”三年的设备转卖给了湖北这家橡胶厂。

思考与分析：该案例中，哈尔滨一方厂长若不了解湖北一方厂长的个性特征，能够因采用激将法而这么顺利地达成设备转让协议吗？为什么？

【实训设计】

实训一　案例表演

（一）实训目的

开发学生在商务谈判中的情绪操控能力。

（二）实训内容

将学生分成两组谈判小组，每组不超过6人，自主选定商务谈判主题，其余学生作为观众。其中一组提出报价方案，并利用扮相可怜、恐吓、威逼、红脸白脸和心理挫折等情绪战术争取谈判利益，另一组则需冷静分析对手的心理战术，运用情绪挫折应对策略，控制谈判局面。

（三）实训要求

利用肢体语言、说话方式、情绪状态、心理征兆等综合线索调控自身与他人的情绪，综合运用谈判策略，注意商务交往中的文明用语。

实训二　谈判心理测验

认真阅读下列问题，选择你认为正确的答案。

1.你租赁的房屋合同已经到期，准备续租，估计房主会提高20%的租金。那么你将（　　）。

A.要求对方降低租金　　B.寻求仲裁解决

C.列举房屋需要修缮之处　　D.主动提出提高租金20%

2.你在东京与一家日本通信厂商谈判长期合同，但谈了几天毫无头绪，不是带你游山玩水就是各种休闲娱乐。此时你应该（　　）。

A.等待对方先采取行动　　B.换个议题

C.打道回府　　D.稍作让步，推动谈判继续进行

3.你想卖掉自己的旧车，换辆新车。虽然旧车有些小毛病，你仍然相信它值5.5万元。那么你在登广告时会（　　）。

A.标明要价5.5万元　　B.标明要价5.5万元，且可议价

C.标明要价6万元　　D.标明要价6万元，且可议价

E.不标明价格

4.有人要求你就供应家庭厨房设备提出报价，你会（　　）。

A.对每一单项进行详细报价

B.对每一单项只进行粗略报价

C.只列总价，不列分项明细价

5.一家大公司的采购员看了你供应产品的报价后说："竞争很激烈呀，你最好把要价降低一些。"你会（　　）。

A.为了取得大公司的订单，答应压价

B.问问对方，你的报价比别人的高多少

C.要求看看别人的报价

D.让他先去与别人谈谈

6.你是一名房地产经纪人，有人请你代售一处位于城区的房产，叫你尽量卖个最高价，你会（　　）。

A.拒绝这项请求　　B.向他摸清价格明细

C.马上发布房源信息　　D.暂时不采取行动

7.一位顾客对你建议的价格表示坚决反对，但又不提具体要求。你是（　　）。

A.对对方的降价要求说不　　B.请对方提出具体的还价

C.问他为什么反对你的报价　　　D.另提一个建议

8.你在南方推销产品，在长沙，人们说“太贵了”，在广州，人们说你的报价“不实在”，而在厦门，人们则说“照这个价格进货，卖出去就没有钱好赚了。”此时你会（　　）。

A.为了获得订单同意打折

B.继续按原计划推销产品

C.联系总部，说营销部出的价格存在问题

D.请求总部在原价基础上给自己一定的机动权

9.如果对方拒绝你的建议，你会（　　）。

A.要求对方明确提出建议　　　B.驳斥对方提议中的不正当部分

C.等待对方提出解决方案　　　D.考虑对方提议中的正当部分，并采纳

10.“面对难以应付的对手，较好的办法是先做出微小让步。”这种说法（　　）。

A.正确　　　B.不正确　　　C.看情况

项目五　商务谈判策略

【任务目标】

通过本章的学习，认识到在谈判中运用相关策略、手段对交易达成及保证自我利益所起的作用；领悟谈判策略的实质和内涵；掌握相关的谈判策略并能在谈判实践中灵活运用，以达到既定的谈判战略目标；同时，面对谈判对手的种种策略，不论其如何变化，也能清楚地予以识别，泰然处之。

【案例导入】

出售奥运会电视转播权，一直是主办国的一项重大权益。1980年奥运会在莫斯科举行，苏联人当然不会放过这一机会。在苏联人出售莫斯科奥运会电视转播权之前，购买奥运会电视转播权的最高价格是1976年美国广播公司购买的蒙特利尔奥运会转播权，其售价是2 200万美元。那么苏联人该怎么做呢？

早在1976年蒙特利尔奥运会比赛期间，苏联人就邀请了美国3家电视台的高层人物到圣劳伦斯河上停泊的苏联游轮阿列克赛·普希金号上，参加了一场十分豪华的晚会。苏联人的做法是分别同三家电视台的高层人物接触，提出的要价是21 000万美元现金！这个要价比历史上奥运会转播权的最高售价要高出近10倍。不管别人如何想，苏联人就是这么要价的。之后，苏联人又把美国广播公司、全国广播公司和哥伦比亚广播公司的代表请到了莫斯科，请他们竞价。用美国广播公司体育部主任茹恩·阿里兹后来的话说："他们要我们像装在瓶子里的三只蝎子那样互相乱咬，咬完之后，两只死了，获胜的一只也被咬得爬不起来了。"

这一招似乎很灵，三只蝎子互相乱咬的结果是，在谈判进入最后阶段时，三家电视台的报价分别是：全国广播公司7 000万美元、哥伦比亚广播公司7 100万美元、美国广播公司7 300万美元。

这个时候，一般人都认为美国广播公司会占上风。因为在过去的十次奥运会转播中，该公司转播了八次，经验最丰富，而且这时的报价也最高。可是哥伦比亚广播公司突然从德国慕尼黑雇来一个职业经纪人鲍克。在鲍克的帮助下，1976年11月，苏联的谈判代表同哥伦比亚广播公司的主席佩里进行了会晤。会晤时双方达成一项交易，哥伦比亚广播公司同意把价格再次提高，甚至还提出了更多的让步条件。

谈判进行到这个阶段，人们都认为哥伦比亚广播公司已稳操胜券了。可是苏联人在1976年12月初又宣布了另一轮报价。哥伦比亚广播公司的经理们坐立不安了，于是又返回莫斯科准备最后摊牌。

最后摊牌的日子是12月15日，苏联人向3家电视台表明：时至今日所得的结果只不过是每家都有权参加最后一轮竞价。这使美国人极为愤怒，苏联人这种蛮横无理的做法一时把美国人气跑了。

可是苏联人还是有办法的：第一，它宣布转播权已名花有主，属于美国SATRA公司。这是家极小的公司。苏联人的话听起来就像宣称大美女已与一位两岁的婴儿订婚那么荒唐，苏联人要的就是这个，它又使众多的“追求者”看到了希望。第二，请中间人鲍克再次与三家电视台接触，鲍克能言善辩，长于周旋，是个架梯子的老手。经过这一番努力后，奄奄一息的斗士们终于又爬回了竞技场……

最后，苏联人以8 700万美元的价格把1980年莫斯科奥运会的转播权售给了美国广播公司。这个价格是上届奥运会的4倍，比苏联人最初所期待的还要高出2 000万美元。

资料来源　周红. 当代国际商务谈判［M]. 天津：天津科学技术出版社，2012.

思考：案例中的苏联人运用了什么样的谈判策略？

在商务谈判过程中，为了使谈判顺利地进行下去并取得成效，谈判人员应注意及时抓住有利时机，审时度势地制定并运用相应的谈判策略。在长期的谈判实践中，谈判人员根据谈判中遇到的问题及解决方法归纳、总结出许多谈判策略。但由于每次谈判的对手、谈判议题、谈判目标等方面的差异，谈判策略的具体运用以及是否有效，关键在于谈判人员对策略的领悟。本章试图从谈判的不同阶段、谈判双方所处的地位以及面对不同个性的谈判者等角度，阐述商务谈判常用的一些策略。

任务一　商务谈判策略的制定

一、商务谈判策略的含义

什么是商务谈判策略？目前还没有一个统一的定义。人们从不同的角度，对商务谈判中的策略做了不同的解释。

从语言学的角度讲，策略是根据形势的发展而制定的行动方针和斗争方式。

从企业经营的角度讲，策略是企业为了实现其经营目标，针对企业外部环境的变化与企业力量的消长趋势所制定的对策。

从商务谈判的角度讲，商务谈判策略是谈判者在谈判的过程中，为了达到己方某种预期目标所采取的行动方案和对策。

在商务谈判中，正确运用策略涉及许多方面。一般来讲，应满足下列条件：一是谈判策略具有主观能动性。它不同于“客观的目标条件”所具有的“标记性”，而是要为实现那些理想的条件而奋斗，更具有实践性。二是按照时序采取行动。那种一劳永逸、以不变应万变的决策不能称为策略。三是商务谈判策略具有动态性，这是由商务谈判过程的复杂性所决定的。四是随着商务谈判活动的运作，不确定性因素逐渐减少，即在谈判中能得到原来不确定的事物的信息。

二、制定商务谈判策略的程序

制定商务谈判策略的程序是指制定商务谈判策略应遵循的逻辑步骤。其主要包括以下几方面：

（一）现象分解

现象分解是制定商务谈判策略的逻辑起点。它是指把谈判中的问题、趋势、分歧、事件这个“组合”分解成不同的部分，从中找出每一部分的意义之后，再重新安排，借以找出最有利于己方的形式。

制定商务谈判策略的目的，是判断谈判进程中进退的最有利时机，寻求该采取的手段或方式，借以达成最有利的协议。现象分解除了必须具备分解能力和习惯外，还必须针对谈判中的消长趋势随机应变，而不只是“一眼看破玄机”。

（二）寻找关键问题

进行现象分解和科学分析后，就要有目的地寻找关键问题，即抓住谈判的主要矛盾。因为只有找到关键问题，才能使其他问题迎刃而解。寻找关键问题要求对谈判议题、谈判对手、谈判的发展趋势进行周密、细致的分析。

（三）确定目标

确定目标关系到谈判策略的制定，以及将来整个谈判的方向、价值和行动。确定目标，是根据现象分解和关键问题寻找得出的结论，是指根据己方的条件和谈判环境要求，对各种可能的目标进行动态分析和判断，以便取得满意的结果。

（四）形成假设性解决方案

这是制定策略的核心和关键步骤。对假设性解决方案的要求是必须能实现目标，又能解决问题。方案是否有效，要经过比较才能鉴别，所以谈判人员在提出假设性解决方案时，要解放思想，打破常规，力求有所创新，并尽力使假设性解决方案切实可行。

（五）对解决方案进行深度分析

这是指根据“可能”与“有效”的原则对各种假设性解决方案进行排列组合、优化选择。一是对少数可行性策略进行深入研究，为最终选择打下基础；二是准确地权衡利弊得失，要求谈判人员“快刀斩乱麻”，运用定性与定量相结合的分析方法。

（六）生成具体的谈判策略

在深度分析得出结论的基础上，确定评价准则，得出最后的结论。确定评价准则的科学方法是指明约束条件，进行谈判环境分析。

（七）拟订行动计划、方案

有了具体的谈判策略，还要考虑把这种策略落到实处。这就要求按照从抽象到具体的思维方式，列出各个谈判者必须做的事情，把它们在时间、空间上安排好，并进行反馈控制和追踪决策。

【小贴士5-1】

江西一家雕刻工艺小厂经过几年的努力，规模不断壮大，产值达200多万元，产品打入了日本市场，击败了其他国家在日本经营多年的同类厂家，被誉为“天下第一雕刻”。有一年，日本三家株式会社的社长同一天接踵而至，到该厂订货。其中一家资本雄厚的大商社，要求原价包销该厂的佛坛产品。这应该说是个好消息，但该厂厂长有点疑惑，这三家商社原来都是经销韩国、中国台湾地区的雕刻产品的，为什么不约而同地到本厂来订货呢？他查阅了日本市场的相关资料，得出的结论是本厂的木材质量上乘、雕刻技艺高超，这是吸引外商订货的主要原因。于是该厂厂长采用了待价而沽、欲擒故纵的谈判策略，先不理会那家大商社，而是积极抓住两家小商社求货心切的心理，把佛坛的梁、柱分别与其他国家的产品做比较。在此基础上，该厂厂长将产品当金条一样争价钱、论成色，使其价格达到理想的高度。他首先与两家小商社拍板成交，使那家大商社产生失去货源的危机感。那家大商社不但急于订货，而且想垄断货源，以至于订货数量超过该厂现有生产能力的好几倍。

本案例中，采取了保留式开局策略，即在谈判开始时，对谈判对手提出的关键性问题不做彻底的、确切的回答，而是有所保留，从而给对手造成神秘感，以吸引对手步入谈判。本案例中该厂谋略成功的关键在于其策略不是盲目的、消极的。首先，该厂产品确实好，而几家客商求货心切，在货比货后让客商折服；其次，是巧于审时布阵。先与小客商谈，并非疏远大客商，而是牵制大客商，促其产生失去货源的危机感。这样订货数量和价格才有大幅增加。

注意在采取保留式开局策略时不要违反商务谈判的道德原则，即以诚信为本，向对方传递的信息可以是模糊信息，但不能是虚假信息。否则，会将自己陷于非常难堪的局面之中。

资料来源　作者根据相关资料整理.

任务二　不同阶段的商务谈判策略

一、开局阶段的商务谈判策略

在商务谈判的开局阶段，谈判者们常常运用攻心战。其基本思想是研究对手的个体或群体的心理活动，通过影响其情感或追求欲望，软化其对抗力量，增强其亲和力，从而实现己方的谈判目标。在经济生活中，个体和群体都会受到情感、物欲的影响，这样，人的情感和物欲就成了谈判策略运用中的工具。攻心战的具体操作策略有满意感、“头碰头”、“鸿门宴”、借恻隐、奉送选择权等，这里主要介绍满意感、“头碰头”和奉送选择权三种策略。

（一）满意感

满意感是通过自己主动实施或应对方的要求被动实施针对对方需求或让对方感到愉悦的各种手法，使对方（无论是个体还是群体）在精神上感到被尊重，在认识上对己方的言行不反感，从而达到让对方因满意的心理而放弃或减弱挑剔、对立心态的目的的一种做法。

如何制造满意感？主要有三种做法：礼遇、理解、耐心等。

（1）礼遇。它是一种对精神影响较大的因素，具有人文和文化的特征。在商务谈判中，礼遇可以从以下两方面入手：

一是从接待规格上入手，即是否派车接送，是否安排住宿、宴请；领导人出场的时机、级别；工作之余的活动等，这些安排都是礼遇的具体体现。依据谈判的难易程度、双方的地位和历史状况，既可以采用“对等”的规格，即采用礼尚往来的做法，也可以高规格接待，即升格接待。具体表现在接待安排中：对方不接机，己方接机；对方出场人员的级别低，己方出场人员的级别高等。

二是从尊重习俗上入手，即尊重对方个人的民族习惯、习俗等。这些习惯、习俗无所谓正确与否，就是一种尊重的体现。它表现在多方面，如对方对颜色、饮食习惯、赠品、致礼、信仰、用语等各方面的喜好和表现形式。因此，要根据具体的谈判对手，研究其在以上方面表现出的好恶及可接纳的表现形式，采取相应的做法，以求最佳的效果。

（2）理解。它是指己方针对对方言行所表现出来的宽容态度和说出来的慰藉话语。理解不是赞同，而是一种积极领会和寻求解决办法的态度。理解的典型做法包括以下三点：

第一，当对方着急时，会报以宽慰的态度和语言："请别着急，让我们再想想办法。""急也没用，这非你我能力之范围所及。""别急出病来，或许放一放会有奇迹出现。"通常，不采用毫不宽容和体谅的做法："你别对我急，这不怪我。""早知今天这么急，你何不早做准备。""你别光着急，你倒想办法呀！"

第二，当对方失礼或失态时，可采取既不失身份又积极开导的理解做法："你冷静想一想，你的讲话是否对谁都不利，更于事无补。""我理解你此时的心情，我也不想与你再就此争辩，我们还是就事论事为好。""你这么做很丢你和贵公司的面子，好在我们是朋友也不计较了，向前看吧。"一般不采取自然的反应，虽毫不示弱但于解除误会无益的言行："贵方也太过分了，这对我方是极大的不敬，不搞清楚不能往下谈。""你别这样，没人怕你。你以为你是谁？""你不想做生意就直说，别费这么多话。"

第三，当对方有困难或对失误有所觉醒时，可采取宽容但有分寸的理解态度和言语："这个问题确实有点难为贵方，但又不能不解决，我可以给贵方一些时间做准备。""难的原因在××点上，请贵方注意××问题，若该点能解决，难题也就迎刃而解了。""这件事等于说是贵方反悔了，作为谈判规则是不允许的。鉴于贵我双方交易的诚意，我可以原谅一次，希望不再发生这类问题。""贵方要重谈Y问题，我表示同意，谁都有犯错的时候，不过请贵方记住我的让步，当我失误时也能拉我一把。"通常，不采取不客气、缺乏理解和通融的言语、态度："贵方怎么搞的，这么个事就犯难了，再谈别的问题又会怎么样？""这么小的事就犯难，贵方人员是怎么配备的，要是解决不了难题，建议尽快换人，否则我们之间的买卖没法做。""贵方怎么能反悔呢？这不是无信于人吗？我们怎么会与一个不守信誉的人谈判呢？""贵方反悔可以，等我吃亏时，我也反悔，行吗？"

（3）耐心。它是指在谈判中对于对方的各种提问，哪怕是重复的提问，都能冷静、礼貌地予以回答。耐心回答提问主要表现在态度上，而不是回答问题的具体内容上。内容可以新，也可以重复；可以直接面对问题，也可以间接回答；可求解决问题，也可把问题搁置一边。耐心的态度主要体现在不嫌对方多问、不烦对方重复问问题上。

不嫌对方多问，即容忍对方提问。有些谈判尤其是大项目的谈判，双方均会对交易进行深入思考，从而引出许多设问和发现许多问题。此时，被问及者在使用"满意感"策略时，就必须恪守耐心的原则。即便有的问题系对方没有熟悉资料而引起，或者因为谈判阶段未到而引起，也要有耐心。

常见的极具耐心的说法有："贵方××类问题，在我方提供的资料××部分中有明确答案，请贵方记一下页码，若仍看不明白，贵方再提问，我方会尽量解答。""贵方提的问题很重要，只不过该问题在我们讨论××问题时会自然解决，我建议我们双方都记下这个问题，在后面讨论××问题时我再回答，好吗？""不是我方不回答这个问题，只是现在回答不如在讨论××问题时一并回答更容易、更节省时间。"

下面的说法就缺乏耐心："贵方提的问题在我方提供的资料中明明写着，怎么贵方看也不看就提问呢？否则，我们提供的资料有什么用？""贵方也太急了，慌什么嘛！这个问题在谈到××问题时自然会讲到。"

不烦对方重复，即平静地对待对方的重复提问和"啰唆"。在商务谈判尤其是涉外谈判中，翻译、复杂的技术、思维方式等因素均会产生对同一问题反复提问的情况。而这种重复因人而异，有的是真的啰唆，而有的反映出"智慧"。对"满意感"策略的运用者而言，耐心不仅要应对啰唆的重复，也要应对"智慧"的重复，这样方能取得好的效果。

（二）"头碰头"

"头碰头"策略是通过缩小谈判参加者的范围，营造一种亲和、信任的气氛，以解决谈判中遇到的棘手难题的一种策略。

该策略旨在适时调整谈判空间与谈判人员之间的心理距离，谋求实现谈判对手的心理变化或实际感受的变化，力争使其从紧张争论的状态中放松下来、冷静下来，并设身处地站在对方立场，或至少试着站在对方的立场想一想争论中的分歧问题，或许奇迹就会出现。

该策略突出人物之间的关系，以及这种关系的重要性。它从一个众多的谈判人员的对阵中将个别的重要人员拉出来，放到一个小环境中去对话，这就使人物的作用凸显出来，使相关人物自然而然地注意自己的言行、注意问题的解决办法。

"头碰头"策略的做法，总体来讲是把大范围的谈判变成小范围的谈判。具体运用时应注意三个环节：一是前提；二是地点；三是人员。

（1）前提。该策略的使用有个前提，即谈判尚有时间，而且双方争论不休，难以达成一致。这种胶着的状态使谈判双方难以前进，争议问题让双方人员均感觉棘手，但谈判双方又都有解决的愿望。归纳起来，"头碰头"策略的使用前提包括谈判已进行、分歧严重、双方有意要解决等三个条件，缺一不可。

（2）地点。该策略的做法与地点变化有关，不过这个因素较为灵活。当谈判在会议室进行时，"头碰头"策略会使谈判地点移到会议室的外面；当谈判时间已近中午或晚上时，谈判地点可能会移到谈判者的家中或饭店、餐馆中；当谈判适逢周末或期间有某项文化艺术活动时，谈判地点可能会移到游览之地、参观之地、剧场、艺术馆等。

（3）人员。该策略对人员要求较严，只能是谈判的主要人员，即主谈人和其高级助手。在语言不通时，可带翻译。但人数绝对要少，各方不宜超过三人。因为"头碰头"策略的核心是"人与人"之间情感的发掘与作用，人多就见"近"不显"亲"了。

（三）奉送选择权

奉送选择权策略是故意摆出对方可以接受的两个或两个以上的分歧解决方案，让其任意挑选其中的某一个，而自己绝不反悔，以使对方感觉己方大度和真诚，从而放弃原来的追求条件，反过来随着己方的方案思考的一种做法。

该策略旨在争取总体上的成功、成交。其表现为以退为进，以让步为求和、求协议。这种让步有"一让到底"的感觉，具有退中求进的威力。因为一下给出两种或两种以上解决方案，每种可能都对对方有利，对方还有什么可说的呢？这无话可说的效果正可达到使策略者"进"的目的。

该策略的核心是"选择权"，要保证有多个方案供对方选择。多方案既可针对同一议题提供，也可针对不同议题提供。

(1) 同一议题。谈判人员可就双方正在谈判的某一议题，如技术服务费，提出几种不同的方案，如以价格水平为一种方案，以附加条件（吃、住、行等费用）和价格混合为另一种方案，这两种方案由对方任意选择。

(2) 不同议题。双方对谈判的多个议题均有分歧，每个议题的分歧量也许相同，也许不同。为了解决分歧，对两个或两个以上的议题分别提供不同的让步方案，同时给对方选择。不同的方案可以有进有退，也可以进为退（仅分量不同）。要求对方选择时，不能再还价。对方如同意选择，即同意达成协议。

该策略不受谈判地位的约束，在谈判的中后期运用得更多一些，但事先要准备好奉送给对方选择的备选方案。

二、磋商阶段的商务谈判策略

在商务谈判的磋商阶段，谈判者们常常用“蘑菇战”来消磨时间和对方的意志。“蘑菇战”是以耐心、韧性为武器，在谈判的相持阶段，拖垮对方的谈判意志，使对方焦躁，从而达到预期的谈判目标的一种谈判策略。“蘑菇战”具体的操作策略有：“疲劳战”“扮菩萨”“挡箭牌”“磨时间”“车轮战”等，这里主要介绍“疲劳战”“挡箭牌”“磨时间”三种。

(一)“疲劳战”

“疲劳战”策略是通过有意安排超负荷、超长时间的谈判，或故意采用单调冗长的陈述，使对手在肉体上、精神上感到疲劳，因疲劳造成漏洞，或因烦躁、疲倦而动摇立场的一种做法。

在古代的兵书中，以逸待劳被作为胜负之道而提及。谈判作为既用脑又费神的活动，劳逸问题就更显得有文章可做了。“疲劳战”策略的具体做法主要从劳力和劳心两方面入手。

(1) 劳力。它就是从谈判对手的体力上做文章，双方通过谈判来拼体力和耐力。前者是拼物质，即看谁的身体健壮；后者是拼精神，即看谁的意志顽强。这主要反映在谈判日程安排上，通常，谈判日程密且长，无节假日，一口气连续谈判；或单日议程安排超时间，除了上午、下午之外，晚上还安排谈判，甚至延续到次日凌晨，即“挑灯夜战”；或谈判内容多，即完成的议题多而复杂，让人眼花、脑涨。

(2) 劳心。它就是让谈判对手心烦意乱，不可自制，造成对方暴躁、己方平静的局面，以伺机得利。劳心主要是采取乏味的陈述和蓄意的挑逗等手段。

乏味的陈述包括烦琐的表述方式、空空如也的词句、颠三倒四的论证，还有让人啼笑皆非的形容，使人欲骂不能的一本正经的态度，极尽“烦人”之能事。

蓄意的挑逗包括明知故问，明知言之无物还信誓旦旦地向对方表诚意，明知对方怨气在蓄还礼貌地请求对方再忍一会儿，明知对方极为不满还假惺惺地表示在谈完自己的观点后愿意倾听对方的批评意见等。总之，目的是让对方气不打一处来，却又不好失礼，只觉得头嗡嗡作响。

运用“疲劳战”有两点忌讳：一忌强迫，如果要超强度安排谈判日程，必须首先征得对方的同意，以确保谈判结果的有效性。二忌粗心，采用“疲劳战”双方都累，运用者必须自己清醒，必须仔细核对每一项交易内容，而让对方疏忽、遗漏、出差错；否则，就成了“搬起石头砸了自己的脚”。

【学一学 5-1】

意大利某公司就出售某项技术与中国某公司展开了一场谈判，谈判已持续了一周，但进展仍然不快，于是意方代表罗尼先生在做了一次发问后告诉中方代表李先生：“我还有两天时间可谈判，希望中方予以配合在明日拿出新的方案来。”次日上午，中方代表李先生在认真分析的基础上拿出了一套新方案，比中方原要求改善了5%（由要求意方降价40%改为35%）。罗尼先生说：“李先生，我已降了两次价，计15%，还要再降5%，实在困难!”双方相互争论了一番后建议休会，下午2:00再谈。

下午复会后，意方先要求中方报新的条件，李先生将其定价的基础和理由向意方做了解释并再次要求意方考虑其要求。罗尼先生又重申了自己的看法，认为中方要求太高。谈判到4:00时，罗尼先生说：“我为表示诚意，向中方拿出我最后的价格，请中方考虑，最迟明天12:00以前告诉我是否接受。若不接受，我就乘下午2:30的飞机回国。”说着把机票从包里抽出来在李先生面前显示一下。中方把意方的条件理清后（意方再降5%），表示仍有困难，但可以研究，谈判即结束。

中方研究了意方的价格后认为还差15%，但能不能再压价呢？明天怎么答？李先生一方面与领导汇报，与助手、项目单位商量对策；一方面派人调查第二天下午是否有2:30飞往意大利的航班。调查结果显示：第二天下午2:30没有飞往欧洲的航班。李先生认为意方的最后还价、机票是演戏，据此判定意方可能还有余地，于是在次日10点给意方去了电话，表示：意方的努力，中方很赞赏，但双方距离仍存在，需要双方进一步努力。作为响应，中方可以在意方改善的基础上，再降5%，即从30%降到25%。”意方听到中方有改进的意见后，没有走，只是认为中方的要求仍太高。

资料来源 作者根据相关资料整理.

（二）“挡箭牌”

“挡箭牌”策略是通过寻找各种借口、托词，达到阻止对方进攻、坚守己方条件的一种做法。该策略重在“挡”，属防守型做法，而防守就存在时间长短和效果问题。一般来讲，守的时间越长，效果越好。谈判中若挡不住对方的“攻击之箭”，就必然要付出代价。

在商务谈判中，因对手的“箭”是有变化的，挡法也要有变化。以变应变，方有相克相生的可能。该策略的具体做法主要有：

（1）隐蔽手中的权力。该做法的体现是推出一个“假设的决策人”（尽管自己有决定权），以避免直接或即刻回答对方的问题，从而获得“推卸”责任、“拖延”时间的机会和效果。例如：“这件事不归我管，我必须向上级请示后才能回答。”或干脆就说：“对不起，请与××先生或部门谈。”或客气点说：“您的问题，我很理解，但需要向主管人员汇报后才能答复您。”

（2）转移矛盾。该做法是把矛盾上推、下卸。“上”，即上司、上级；“下”，即下级、具体工作人员。必要时，也可以向平级不同岗位的负责人推卸责任。上推的典型说法有：“我本人无权决定此事，必须向总经理汇报后才能做决定。”“这个问题很大，超出了我的权限，需等总经理来拍板。”为了磨对手，可以讲：“对不起，总经理出差在外，需找到他，或等他回来后才能得到批示”。下卸的说法如“此事有专门负责的同事，届时可与他讨论”等。

(3)“金蝉脱壳”。这是兵法中的一计，此处模仿“蝉脱壳”的形态组织谈判策略，即把本来由自己操纵的谈判改造成由别人操纵的谈判，自己抽身出来，伺机争取更好的谈判效果。这种抽身而出的过程形似“金蝉脱壳”。这里的“别人”，不论是第三者还是第四者，均是虚构的谈判梯队，起着阻挡对方进攻的作用。

采用“金蝉脱壳”策略时，具体的说法包括：“好了，我能做的均已做了，贵方还要谈，我可向有关方面转达”“至此，我的谈判任务结束了，再往下谈，我就变成贵方的通讯员了，仅负责传递贵方的意见，具体事情得由有关部门决定了”“我的谈判任务结束了，效果不好我很惭愧。我能力不够，贵方可以直接与有关部门或领导谈。他们与贵方能谈妥，我将十分高兴”等。

在双方主谈已彼此了解并互相信任时，这种做法具有明显效果。一般来讲，对方认同你后，不会愿意换生面孔谈，也不会随便答应你“撤出谈判”(尽管你是表面撤出)。

运用“挡箭牌”策略有两点忌讳：一忌实挡，要虚挡不要实挡，不要拿己方的真人真事来做挡箭牌；二忌生硬，拿来做挡箭牌的“盾牌”要顺理成章，而不能生硬。

(三)“磨时间”

“磨时间”策略是谈判中以善意的、重复的、慢节奏的表达方式来消耗谈判时间，造成谈判的低效率，以促使那些与时间关系重大的谈判对手尽早做出让步的一种做法。

商场上，人们常说“时间就是金钱”。谈判桌上，时间也会产生压力。运用得当，该压力会产生谈判的威力和理想的谈判效果，成为谈判人员运用的谈判手段。“磨时间”策略的具体做法主要有以下三种：

(1) 重复。谈判中重复讨论某个议题或重复论述某个观点属合理占用时间，容易使谈判“磨”起来。如某议题虽讨论过，但可轻易挑出某个点“仍不确切”“仍不完全同意”，需要理解和明示，需要协商和统一等，使谈判原地踏步。虽然讲了某个观点，但为了让对方听明白，换种方式再说，并配以“您听明白了吗”“您认为合适吗”“这么讲行吗”等，使自己的重复“纯为对方着想”，增强策略的隐蔽性。

(2) 沉默。在对手很活跃时，也可以让对手多说。沉默就是鼓动对手的一种手段。当你的话不多，对对方的论述又无明确评述时，对方会不知所措。为了摸清你的真实想法，对方一定会换个方式再重复其观点。当然，你可以完全沉默，也可以沉默为基础，配以简短的话语，如“您什么意思”“我没听懂”“请重复一遍”或“嗯”之类表示你对其论述不置可否的词。

(3) 控制谈判节奏。这是“磨时间”的重要手法，主要通过议题切换的时间和反馈意见的时间来实现。议题切换的时间是指结束一个议题的谈判时间。对切换议题的时间要做到心中有数，有数才能实现既“磨”又不会引起对方的反对。反馈意见的时间是指回答对方问题的时间。对该时间同样应心中有数，该时间与议题切换时间二者的结合，成为相互调节的时间数，灵活有效地实现“磨时间”的策略效果。

【阅读材料5-1】

蘑菇策略的运用

多年来，日本航空公司的经理们与西方大企业的高级管理人员一样，总是竭力把自己设计成超人的形象：仪容威严尊贵，挺胸昂首，高视阔步；开口满是专业术语，闭口对什么都一清二楚；保持音色深沉而带有磁性，不管是否发自肺腑对客人都低沉地说“幸会”，跟下属握手暗中使劲，以示坚定而有魄力……其实他们心里明白，如此这般，只是巧妙的化妆、装模作样的表演罢了，并不总是有效。于是大家都希望有人带头变革这种令人生厌的老套做派，创造出出奇制胜的新招。20世纪80年代初，这样的人物终于出现了。

日本航空公司决定从美国麦道公司引进10架新型波音客机，指定由常务董事领队，组成谈判小组，负责购买事宜。其中，财务经理为主谈，技术部经理为助谈。

日航代表飞抵美国，稍事休息后，麦道公司即来电约定第二天在该公司的会议室谈判。第二天，3位日本绅士仿佛还未消除旅途的疲劳，行动迟缓地走进会议室，只见麦道公司的一群谈判代表已经端坐在一边。谈判开始后，日航代表慢吞吞地啜着咖啡，好像还在缓解时差的不适。精明、狡猾而又讲究时效的麦道公司主谈把客人的疲怠视为可乘之机，在开门见山地重申了双方的购销意向之后，迅速地把谈判转入“概说”阶段。概说原是各方充分阐述自身需要及规定对方应予以配合的极好时机，麦道公司的代表毫不客气地使出强大的攻势。

从早上9点到11点30分，3架放映机相继打开，字幕、图表、数据、电脑图案、辅助资料、航行画面应有尽有。面对图文并茂的资料，人们就像置身于神奇的迪士尼乐园之中，不由自主地相信麦道的飞机性能及定价都是无可挑剔的。孰料，日航的3位谈判代表却自始至终默默地坐着，一语不发。

麦道公司的主谈拉开窗帘，充满期待地望着对方问：“你们认为如何呢？”三位不为所动的日本人礼貌地笑笑，技术部经理（助谈）答道：“我们不明白。”

麦道公司的主谈脸上顿时失去了血色，大惑不解地问：“你们不明白？这是什么意思？你们不明白什么？”

日航的领队笑了笑，回答：“这一切。”

麦道公司的主谈急切地追问：“这一切是什么意思？请具体地说明你们是从什么时候开始不明白的？”

日方的助谈歉意地说：“对不起，从拉上窗帘的那一刻开始。”日方的主谈随之咧咧嘴，用连连点头来赞许同伴。

“笨蛋！”麦道公司的主谈差一点脱口骂出声来，泄气地倚在门边，松了松领带后气馁地问道：“那么，你们希望我们再做什么呢？”

日航的领队歉意地笑笑说：“你们可以重放一遍吗？”

别无选择，只得照办。但麦道公司的谈判代表重复那两个半小时的介绍时，已经失去了最初的热忱和信心，忍不住抱怨这三个不可理喻的东方人，不时为这种莫名的挫折感而烦躁。是日本人开了美国人的玩笑吗？不是，他们只是不想在交涉之初就表明自己的理解力，不想一上来就表现出合作的态度，使对方产生日方在迎合、讨好他们的感觉。谈判风格素来以具体、干脆、明确而著称的美国人，哪里会想到日本人有这一层心思呢？更不知道自己在谈判伊始已先输了一盘。

谈判进入磋商阶段后，老谋深算的日航代表在“蘑菇”战术上又使出了新的一招：装成听觉失灵，反应迟钝，表现为很难甚至无法明了美方在说些什么，让美方觉得是在跟愚笨的人谈判，早已准备好的论点、论据和推理是没有用的，精心选择的说服策略也无用武之地。连日来，美方已被搅得筋疲力尽，实在担心日方继续纠缠不清，只想尽快结束与这种笨人打交道的灾难，于是直截了当地把球踢给对方：“我们的飞机性能是最佳的，报价也是合情合理的，你们有什么异议吗？”

此时，日航的主谈似乎由于紧张，忽然出现了语言障碍。他结结巴巴地说：“第……第……第……”“请慢慢说。”麦道公司的主谈虽然嘴上是这样劝着，心中却不由得又恨又恼。“第……第……第……”日航的主谈还是急得说不出来。“你要说的是第一点，对吗？”麦道公司的主谈问。日航的主谈点头称是。“好吧，第一点是什么呢？”麦道公司的主谈急切地问。“价……价……价……”“是价格吗？”麦道公司的主谈问。日航的主谈又点了点头。“好，这点可以商量。第二点是什么？”麦道公司的主谈焦急地问。“性……性……性……”“你是说性能吗？只要日航方面提出书面改进要求，我们一定能满足。”日航的主谈点头赞许。

至此，日航一方说了些什么呢？什么也没有说。麦道一方做了什么呢？在帮助日方跟自己交锋、讨价还价。他们先是帮日方把想说而没说出来的话解释清楚，接着为了问出对方后面要说的话，就不假思索地匆忙做出许诺，结果把谈判的主动权拱手交给了对方。

麦道一方轻率地许诺让步，日航就想得寸进尺地捞好处。这是一笔价值数亿美元的大宗贸易，还价本应按国际惯例取适当幅度，但日航的助谈故意装作全然不知，一开口就要求降价20%。麦道公司的主谈听了不禁大吃一惊，再看看对方好像是认真的，不像是开玩笑，心想既然已经许诺让价，为表示诚意就爽快地让吧，于是便说：“我们可以降价5%。”

双方的差距甚大，都竭力为自己的报价陈说大堆理由，第一轮交锋在激烈的争论中结束。经过短暂的沉默，日方第二次报价：削减18%，麦道一方的还价是降价6%。于是双方又陈说各自的理由，尽管口干舌燥，可谁也没有说服谁。麦道公司的主谈此时对成交已不抱多大的希望，开始失去耐心，提出休谈：“我们双方在价格上差距很大，有必要都为成交寻找新的办法。你们如果同意，两天后双方再谈一次。”

休谈原是谈判陷入僵局时采取的一种正常策略，但麦道公司主谈的话却有“最后通牒”的意思，即“价钱太低，宁可不卖”。日航的谈判代表这时不得不谨慎地权衡得失：价格还可以争取降低一点，但不能降得太多，否则惹怒美国人，不仅会失去主动权，而且连到手的6%的让价也得不到。倘若空着两手回日本，怎么向公司交代？他们决定适可而止。

重开谈判后，日航一下子降了6个百分点，要求麦道降价12%；麦道仅提高1个百分点，只同意降价7%。谈判又陷入了僵局。沉默，长时间的沉默，麦道公司的主谈决定终止交易，开始收拾文件。此时，“口吃”了几天的日航主谈突然没有了语言障碍，十分流利地说道："你们对新型飞机的介绍和推销使我们难以抗拒，如果你方同意降价8%，我们现在就草拟购买11架飞机的合同。"日航的主谈说完，笑吟吟地起身，把手伸给麦道公司的主谈。"同意！"麦道公司的谈判代表们也笑了，起身和3位日本绅士握手："祝贺你们，用最低的价格买到了世界上最先进的飞机。"的确，日航代表把波音飞机的价格压到了前所未有的低位。

在此案例中，日方代表首先运用了沉默策略，虽然观看了麦道公司为其播放的两个半小时的精彩录像，但整个过程始终一言不发。当麦道公司的主谈问他们感觉如何时，日方的谈判代表却说"一切都不明白"，并要求麦道公司再为其重放一遍。通过这种"磨时间"的做法，日方磨掉了麦道公司谈判代表的锐气。

此外，日方代表还运用了劳心策略，用"由于紧张而突然发生语言障碍——口吃"的做法，使麦道公司的谈判代表心烦意乱，从而使双方的讨价还价变成了麦道公司自己跟自己较劲。

任务三　双方处于不同地位的商务谈判策略

谈判者在商务谈判中所处的地位不同，采取的策略也是不一样的。谈判中的地位可分为平等地位、被动地位和主动地位，由此决定了谈判策略也分为平等地位的谈判策略、被动地位的谈判策略和主动地位的谈判策略。

一、双方处于平等地位时的商务谈判策略

谈判双方在地位平等的条件下，谈判的基本原则是平等互利、求同存异。按照这个原则，首先要营造和谐的谈判气氛，然后双方才能融洽地进行谈判。其采用的策略有：

（一）开诚布公策略

开诚布公是指谈判人员在谈判过程中以诚恳、坦率的态度向对方袒露自己的真实想法和观点，实事求是地介绍己方的情况，客观地提出己方的要求，以促使对方通力合作，使双方在诚恳、坦率的气氛中有效地完成各自的使命。运用开诚布公策略时，谈判人员应把握以下三点：

（1）开诚布公策略的运用有一定的条件，即双方都必须对谈判抱有诚意，都各自把对方当作唯一的谈判对象。

（2）开诚布公策略一般在谈判探测阶段结束或报价阶段之初运用。在此阶段，己方对对方的立场、观点、态度、风格等各方面情况已有所了解、掌握，双方处于诚恳、友好的谈判气氛之中，这时提出己方的要求、袒露己方的想法比较适宜。

（3）即使是开诚布公，也只是将己方情况的十之八九透露给对方。事实上，百分之百的开诚布公是不可能的，也是不现实的。在谈判中，不讲实情是出于某种策略的需要，讲出实情也是策略的需要。采用开诚布公策略，是以取得好的效果为前提的。

（二）避免争论策略

在商务谈判中，双方为谋求各自的利益，必然会在一些问题上产生分歧。分歧出现后，要防止冲动，比较稳妥的做法是：

（1）冷静地听取对方的不同意见。协商、谦让都是让人称道的美德，人们往往在谦逊

的人面前变得软弱无力。日本商人就是运用这种策略的典范，他们懂得如何尊重对方，能冷静、礼貌地听取对方的各种意见，即便内容枯燥、观点不同也会忍住，不要当场表现出不耐烦乃至恼怒。正是运用了这种策略，他们往往能够在谈判桌上获得更多的利益。

（2）婉转地提出不同意见和要求。当你向对方提出不同的意见或要求时，要温和而有礼貌，就像同他商量一样地提出你的目标，使他觉得你的目标就是他的目标。如可以这样开场来提出你的观点或要求："有一些资料，你可能不了解。如果你了解了，你的观点就会有所改变……或我们换一个角度谈一下，怎么样？从你的那个角度看，的确有它的道理；但从我这个角度来分析，情况就完全不是这样的了……"以上说法可以有效地避免争论局面的出现。因为争论和僵局都是于事无补的，都不利于谈判目标的实现。

（三）抛砖引玉策略

抛砖引玉策略的具体做法主要有：己方主动摆出本次谈判要解决的各种问题，但不提供解决问题的方法，让对方去解决。一方面，该策略可以达到尊重对方的目的，使对方感觉到自己是谈判的主角；另一方面，己方可以此摸清对方的底细，争得主动。但是，该策略在以下两种情况下不适用：一是在谈判出现分歧时不适用，因为对方会误以为你在给他出难题；二是在对方是一个极自私、不讲商业道德的人时不适用，因为他会利用此机会，抓住对自己有利的因素，使你陷入被动。

（四）留有余地策略

留有余地策略实际上是"留一手"的做法，即谈判人员对所谈内容要留有讨价还价的余地。因为在实际的商业谈判中，不管你是否留有余地，对方总会认为你是"留一手"的。即便你的报价一分钱都不赚，对方也会认为你赚了一大笔。所以，他会与你讨价还价，你不让步，他就不会满意。为使双方都不受损失，报价时必须留有让步的余地。同样，对方所提的要求，即便你能百分之百地满足他，也不要一口承诺，要让对方觉得你是在做了让步后才满足他的。这样，既可以给对方心理上的满足，又可以增加自己要求对方在其他方面做出让步时的筹码。

（五）避实就虚策略

避实就虚策略是指己方为达到某种目的或满足某种需要，有意识地将洽谈的议题引到无关紧要的问题上并"虚张声势"，以此转移对方的注意力，最终实现自己的谈判目标。比如，对方最关心的是价格，己方最关心的是交货时间。这时，谈判的焦点不要直接放在价格和交货时间上，可以放在价格和付款方式上。在讨价还价时，己方可以在付款方式上做出让步。作为己方让步的交换条件，要求对方在交货时间上做出让步。这样，不但对方感到满意，己方的目的也达到了。

（六）休会策略

休会是谈判人员比较熟悉并经常使用的做法，当谈判进行到某一阶段或遇到某种障碍时，谈判双方或一方提出中断会议、休息一会儿的要求，以使谈判双方人员有机会恢复体力、精力和调整对策，推动谈判的顺利进行。

从表面上看，休会是为了满足人们生理上的需要，使谈判人员从紧张、正式的谈判中脱身，放松一下，恢复体力和精力，以利于再战。但实际上，休会的作用已远远超过了这一含义。它已成为谈判人员调节、控制谈判进程，缓和谈判气氛，融洽双方关系的一种策略技巧。

谈判中出现下列情况时，采用休会策略能收到比较好的效果：

（1）在会谈的某一阶段接近尾声时。这时休会，使双方人员利用休息之便，分析讨论这一阶段的进展情况，预测下一阶段谈判的发展趋势，以制定新的对策。

（2）在谈判出现低潮时。从人的生理角度来讲，人的精力呈周期性变化，有高峰、低谷之分。如果会谈时间拖得过长，谈判人员会出现体力不支、头脑不清、注意力分散等问题，最好休息一下，再继续谈判。

（3）在会谈将要出现僵局时。在谈判中，双方观点出现分歧是常有的事，如果各抒己见，互不妥协，会谈难免会陷入僵局。这种情况下，如果继续进行谈判，双方的思想还沉浸在刚才的紧张气氛中，结果往往是徒劳无益，甚至适得其反，还有可能导致以前的成果付诸东流。此时，比较好的做法就是休会，使双方有机会冷静下来，客观地分析当前的形势，采取相应的对策。

（4）一方出现不满状态时。谈判一方可能会因对谈判内容、程序、进度等方面不满意而采取消极对抗的办法。这样，谈判就会变得毫无生气、拖拖拉拉，效率很低。这时，一方可以提出休会，进行私下磋商，以改变不利的谈判气氛。

（5）在谈判出现疑难问题时。在商务谈判中，由于是两方或两方以上的交涉，新情况、新问题会层出不穷。当出现意外情况，会谈难以继续进行时，双方可提出休会，各自讨论协商，提出处理办法。

休会一般是一方提出，另一方同意才能采用，这需要双方的配合。因此，为了避免对方的拒绝，提出休会的一方要把握好时机，看准对方态度的变化。如对方也有休会的需要，则一拍即合，立即生效。一般来说，东道主提出休会，客人出于礼貌很少拒绝。

休会是一种内容简单、容易掌握、作用明显的策略技巧，能否生效关键在于谈判者的运用时机与提出的方式。

【互动思考5-1】

均衡条件下的商务谈判就意味着双方的地位对等。你赞同这样的说法吗？

【小贴士5-2】

中方某公司向韩国某公司出口丁苯橡胶已有一年的时间，第二年，中方公司根据国际市场行情在前一年的成交价的基础上每吨下调了120美元（前一年为1200美元/吨）。韩方认为可以接受，建议中方到韩国签约。

中方一行二人到了首尔该公司总部，双方谈了不到20分钟，韩方说："贵方产品价格仍太高，请贵方看看韩国市场的价格，三天后我们再谈。"

中方人员感觉被戏弄了，很生气。但人已来到首尔，谈判必须进行下去。中方人员通过有关协会收集到了韩国丁苯橡胶的进口统计资料，发现从哥伦比亚、比利时、南非等国进口的数量较大，从中国进口的数量也不少，中方公司是占份额较大的一家。在价格方面，哥伦比亚、比利时的价格均高于南非的价格，南非的价格也高于中国的价格。在对韩国市场的调查中二人发现，丁苯橡胶的批发价和零售价均高出中方公司现报价的30%～40%。市场价虽呈降势，但中方公司的报价仍是目前世界市场最低价。

既然如此，为什么韩方人员说中国产品的价格高呢？中方人员分析后认为，对方以为中方人员既然来到了首尔，肯定急于拿合同回国，因此可以借此机会再压中方一下。那么韩方会不会不急于订货而找其他理由呢？中方人员分析后认为，若不急于订货，为什么邀请中方人员来首尔。再说韩方人员过去与中方人员打过交道，双方订过合同，且执行顺利，对中方的工作很满意，这些人会突然变得不信任中方人员吗？从态度看不像，他们来机场接中方人员且晚上一起喝了酒，气氛很好。

根据上述分析，中方人员认为，韩方意在利用中方人员的出国心理在压价。经过商量，中方人员决定在价格条件上做文章。首先，态度强硬（因为来前对方表示同意中方的报价），不怕空手而归；其次，价格条件还要涨回市场水平（即1 200美元/吨左右）；最后，不必拖延三天，仅一天半就将新的价格条件通知韩方。

在一天半后的中午，中方人员电话告知韩方人员："调查已结束，我们得出的结论是，我方来首尔前的报价低了，应涨到去年成交的价格水平，但为了老朋友的交情可以下调20美元，而不再是120美元。请贵方研究，有了结果请通知我们，若我们不在酒店，则请留言。"

韩方人员接到电话后一小时，即回电约中方人员到其公司会谈。韩方认为，中方不应把过去的价格再上调。中方认为，这是韩方给的权力，中方已按韩方的要求做了市场调查，结果应是涨价。韩方希望中方多少降些价，中方认为原报价已降到底。经过几个回合的讨论，双方同意按中方来首尔前的报价成交。

资料来源　作者根据相关资料整理，有删减.

二、己方处于被动地位时的商务谈判策略

己方处于被动地位时的商务谈判特点是：对方占据主动和优势，充满了自信甚至态度傲慢。在这种情况下，被动方应避其锋芒，设法改变谈判的力量对比，尽量保护自己，以达到满足己方利益的目的。其主要策略有：

（一）沉默策略

沉默策略的具体做法是当对方夸夸其谈时，保持沉默，给对方造成一种心理上的压力，使之失去冷静，不知所措，发言时就有可能泄露出一些己方急于知道的信息。同时，也会打乱对方的步骤，从而达到削弱对方力量的目的。在具体运用该策略时，要注意时机。如果时机不好，效果会适得其反。比如，还价时你保持沉默，对方会认为你默认了。再如，己方沉默的时间太长，对方会以为你被吓住了，反而会增强对方的气势。所以，运用该策略的前提是：头脑要清醒，情绪要平稳，忍耐力要强。

【学一学5-2】

日美双方就一项重大的技术合作进行谈判。谈判刚开始，美方代表便拿出各种技术资料，滔滔不绝地发表意见。而日方代表则一言不发，仔细倾听并埋头记录。美方代表讲了几个小时后，向日方征求意见，日方代表却抱以沉默，第一次交锋就这样结束了。

第二次交锋的时候，日方以上一次的成员不称职为由，撤换了谈判代表。一切犹如第一次谈判那样，日方代表最终又以研究为名结束了第二次谈判。几个月后，日方

又如法炮制了第三轮谈判。美方人员大为恼火，认为日方没有诚意，于是下了最后通牒：如果半年后日方仍然如此，双方的协定将被迫取消。随后美方解散了谈判团，封闭了所有的资料，以等待半年后的最后一次谈判。

谁料到，几天之后，日方即派出由前三轮谈判中的首要人物组成的庞大代表团飞抵美国。美方慌忙中将原来的谈判成员召集起来。在谈判时，日方一反常态，带来了详尽的资料，做了精心的筹划，并将协议书的初稿交给了美方。这使美方代表无从抗拒，只有签字。谈判自然以日方获胜而告终。

在日美双方的谈判中，在谈判前期与中期，日方代表故意拖延、磨时间，当对方的身心均已疲惫，失去耐心后，突然出其不意、攻其不备，使美方措手不及，无法招架，最终取得了谈判的成功。

（二）忍耐策略

在商务谈判中，占据主动地位的一方往往会以一种咄咄逼人的姿态出现。这时，被动的一方也效仿或表现出不满，就有可能使谈判破裂。比较稳妥的做法是对对方的态度不做反应，采取忍耐策略，从而起到以柔克刚、反弱为强的效果。当对方的骄横和自尊心在己方的忍耐中得到满足后，可能会同情你，变得通情达理起来，然后公平合理地与己方谈判，甚至做出某些让步。

（三）多听少讲策略

多听少讲策略是让对方多发言，使其尽可能地充分表明自己的观点，然后己方再做解释和说明。比如，面对己方的产品，不是己方夸夸其谈，而是调动起对方的兴趣和积极性，让他们先讲。然后，己方再做介绍。这样做一来可以克服对方的逆反心理和戒备心理；二来对方言多必失，从而增强己方的谈判力量。

（四）情感沟通策略

情感沟通策略是在谈判桌上不能取得想要取得的理想效果时，可在谈判桌下进行情感沟通的一种迂回策略。在谈判过程中，双方人员都有一定的时间进行休整，包括就餐、娱乐等。如果谈判人员能充分利用这些“业余时间”，有意识、有目的地与谈判对手私下接触，进行情感沟通，不仅可以增强双方的友谊，融洽彼此的关系，而且还有可能得到谈判桌上难以得到的利益。

私下接触进行情感沟通没有定式，凡是可以使双方人员高高兴兴消遣的形式都可以采用。比如，通过请对方吃饭、喝茶、游玩、打球或者馈赠小礼品等形式，和对方接近，彼此增进了解，从而促使谈判顺利进行。

【互动思考5-2】

江苏仪征化纤工程是世界上最大的化纤工程项目，该项目引进了国际上最先进的技术设备，与多家公司合作。但是，在与德国吉玛公司的合作中，中方发现从对方引进的圆盘反应器有问题，并给中方造成了重大的经济损失，由此引发了中方对德方的索赔谈判。中方提出了索赔1 100万欧元的要求，而德方只认赔300万欧元。由于双方的要求差距太大，几个回合之后，谈判搁浅了。中方首席谈判代表、仪征化纤公司总经理任传俊反复考虑后，决定以情感化、真诚相待。他提议陪德方公司总经理理扬·奈德到扬州游览。

在大明寺的鉴真和尚坐像面前，任传俊真诚地说："这里纪念的是一位为了信仰六渡扶桑，双目失明，终于达到理想境界的高僧。你不是时常奇怪日本对华投资比较容易吗？那是因为日本人理解中国人重感情、重友谊的心理。你我是打交道多年的老朋友了，除了彼此经济上的利益外，就没有一点个人之间的感情吗？"理扬·奈德深受震动。

双方从扬州回到仪征后，谈判继续。任总开门见山地说："问题既然出在贵公司身上，为索赔花太多的时间是不必要的，反正要赔偿……"理扬·奈德耸耸肩膀："我在贵公司中标的项目金额才1亿多美元，我无法赔偿过多，总不能赔本做生意。"任总紧跟一句："据我得到的消息，正是因为贵公司在世界上最大的化纤基地中标，才得以连续在全世界15次中标，这笔账又该怎么算呢？"对方一时语塞。

随后，任传俊直率地说："我们是老朋友了，打开天窗说亮话，你们究竟能赔多少？我们是重友谊的，总不能让你把"饭碗"丢了。但你也要为我想想，中国是个穷国，我总得对这里的1万多名建设者有个交代。"中方这种实事求是的态度，终于感化了德方，最终以德方赔偿800万欧元达成谈判协议。

江苏仪征与吉玛公司的赔偿谈判为什么能够取得成功，说明了什么？

三、己方处于主动地位时的商务谈判策略

己方处于商务谈判的主动地位时，可以利用自身的优势，给对方造成心理上的压力，迫使对方主动让步，以谋取自身最大的利益。该策略的具体做法主要有：

（一）最后通牒策略

最后通牒策略是当谈判双方因某些问题纠缠不休时，其中处于有利地位的一方向对方提出最后的交易条件，要么对方接受该交易条件，要么本方退出谈判，以此迫使对方让步的一种谈判策略。最后通牒策略是极为有效的策略，它在打破对方对未来的奢望、击败犹豫中的对手等方面起着决定性作用。

因最后通牒策略以极强硬的形象出现，人们往往不得已而用之。它的最后结果是：可能中断谈判，也可能促成谈判成功。因为一般来说，谈判双方都是有所求而谈的，谁都不愿意白白地浪费精力和时间空手而归。特别是在商务谈判中，任何一个商人、企业都知道，自己一旦退出谈判，马上就会有许多等在一旁的竞争者取而代之。

使用最后通牒策略也必须慎重，因为它实际上是把对方逼到了毫无选择余地的境地，容易引起对方的敌意。

一般来说，只有在以下四种情况下，才使用最后通牒策略：

（1）谈判者知道自己处于一个强有力的地位，其他竞争者都不如他的条件优越，如果对方要使谈判继续进行并达成协议的话，只有找他。

（2）谈判者已尝试过其他方法，但都未取得什么效果。这时，最后通牒策略是迫使对方改变想法的唯一手段。

（3）当己方将条件降到最低限度时。

（4）当对方经过旷日持久的谈判，已无法再担负失去这笔交易所造成的损失而非达成

协议不可时。

谈判者使用最后通牒策略，总希望能够成功，但成功必须具备以下五个条件：

第一，给对方最后通牒的方式和时间要恰当。一般是在下达最后通牒前，想方设法地让对方在你身上先做些投资。例如，先在其他次要问题上达成协议，在时间、精力等方面让对方有所消耗，等到对方的投资达到一定程度时，即可抛出最后通牒，使得对方难以抽身。

第二，给对方最后通牒的言辞要委婉，既要达到目的，又不至于锋芒毕露。言辞太激烈的最后通牒容易伤害对方的自尊心，因此多半是自讨苦吃。例如，“就是这个价，不然没什么可谈的了”“接受这个条件，否则到此为止”。而言辞委婉的最后通牒效果要好一些。例如：“贵方的道理完全正确，只可惜我们只能出这个价钱，能否再通融一下？”这种留有余地的最后通牒，给对方留有退路，易于被对方所接受。

第三，拿出一些令人信服的证据，让事实说话。如果能拿出文件或相关资料来支持己方的观点，那就是非常高明的最后通牒了。例如：“你的要求提得并不过分，我非常理解，只是我单位的财务制度不允许。”

第四，给对方的最后通牒内容应有弹性。最后通牒不要将对方“逼上梁山”，别无他路可走，应该设法让对方在己方的最后通牒中找到一条出路，至少在对方看来是“两害相权取其轻”。

第五，给对方的最后通牒，要给对方留有考虑的时间。在商务谈判中，让对方放弃原来的条件和立场，是需要时间的。因此，谈判者下达最后通牒后，还要给对方留有考虑的时间。这样，可使对方的敌意减轻，不至于弄巧成拙。

【小贴士5-3】

美国一家航空公司要在纽约建一个规模较大的航空站，想要电力公司给予优惠电价，于是双方坐下来进行谈判。这场谈判的主动权掌握在电力公司一方，因为航空公司有求于电力公司。电力公司于是推说如果给航空公司提供优惠电价，公共服务委员会不会批准，因此不肯降低电价，双方相持不下。这时，航空公司突然改变了态度，声称若不提供优惠电价，他们将在一周内撤出这次谈判，自己建厂发电。此言一出，电力公司慌了神，立即请求公共服务委员会从中说情，表示愿意给予这类新用户以优惠价格。因为若失去该航空公司这个大客户，就意味着电力公司将损失一大笔钱。电力公司急忙转变原来的傲慢态度，表示愿意以优惠价格供电。

在航空公司与电力公司的这场谈判中，最初航空公司掌握着谈判的主动权，双方相持不下。在这种情况下，航空公司果断地使用了最后通牒策略，向对方施加压力，从而增强了谈判的实力，实现了自己的谈判目标。

（二）先苦后甜策略

先苦后甜策略是指在谈判中，为了取得理想的谈判效果，先向对方提出全面苛刻的条件，造成一种困难的局面，然后再逐渐让步，求得双方的一致，以此来获得己方的最大利益。比如，买方想让卖方在价格上给予更多的让步，但又估计到己方如果不在购买数量上增加的话，卖方难以接受，于是，买方便在价格以外的其他方面，如产品包装、运输、付款方式、交货时间等方面提出苛刻的要求，作为双方洽谈的基础。

然后，在讨价还价中就这些方面逐一让步。卖方鉴于买方在多个方面的让步，也不得不在价格上做出让步。可见，先苦后甜策略在使己方获得更大利益的同时，也使对方感到公平合理。

但是，任何谈判策略的有效性都有一定的限度，先苦后甜策略的运用也是如此。先向对方提出的要求不能过于苛刻、漫无边际，要有分寸，不能与通行和惯例做法相距太远；否则，对方会觉得你缺乏诚意，以致中断谈判。此外，谈判中运用这一策略向对方提出比较苛刻的要求时，应针对对方不掌握信息与资料的某些方面，或者是双方难以用客观标准检验、证明的某些方面，以增强策略的使用效果。

任务四　面对不同对手的商务谈判策略

谈判者由于文化水平、品行修养、脾气性格以及生活环境和人生经历等因素的不同，在商务谈判中往往会表现出不同的风格和特点。这就要求谈判者根据谈判对手的不同风格和特点，采取相应的策略。

一、对付强硬型谈判者的商务谈判策略

强硬型谈判者在谈判中往往态度傲慢、自负，并且盛气凌人。对付这类谈判者的原则是：避其锋芒，以弱制强，以柔克刚。具体可以采用以下策略：

（一）以柔克刚策略

以柔克刚策略是指面对咄咄逼人的强硬型谈判者时，己方可暂不作任何反应，以静制动，以平静柔和的“持久战”来削弱对方的锐气，待其乏力时，己方趁机反击，变弱为强。

（二）争取承诺策略

强硬型谈判者往往极注重信誉，为此，他会对已经承诺的事情认真履行。所以，谈判中要利用对方极注重信誉的特点，想尽各种方法，争取对方对某项议题的承诺。有了这些承诺，可以说就等于获得了有利的谈判条件。

（三）更换方案策略

谈判之前应准备多项方案，当最初抛出的方案无法实施时，应及时更换备选方案。该策略不仅可以使己方有充足的时间去尝试富有创造性的解决问题的方法，以使谈判顺利地进行下去，还可以防止己方接受不利的条件或失去符合己方利益的条件。

（四）黑脸白脸策略

该策略是把谈判小组的成员分为两部分：一部分人扮“黑脸”，一部分人扮“白脸”。“黑脸”态度强硬，以刚克刚；“白脸”则保持沉默，观察对方的反应，思谋对策。待谈判出现紧张气氛时，“白脸”出面缓和局面，一面劝阻自己的伙伴，一面指出这种局面的出现与对方人员的言行有极大的关系，如果谈判破裂对双方都是不利的，最后建议双方都做出让步。该策略能起到软硬兼施、刚柔并济的作用。

要使用黑脸白脸策略，至少需要有两名谈判者，而且两名谈判者不可以一同出席第一回合的谈判。两人一起出席的话，若是其中一人给对方留下了不良印象，必然会影响对另一人的观感，这对第二回合的谈判来说，是十分不利的。

【学一学5-3】

传奇人物、亿万富翁休斯有一次想购买大批飞机。他计划购买34架，而其中的11架，更是非到手不可。起先，休斯亲自出马与飞机制造厂商洽谈，却怎么谈都谈不拢，最后这位富翁勃然大怒，拂袖而去。不过，休斯仍不死心，便找了一位代理人帮他出面继续谈判。休斯告诉代理人，只要能买到他最中意的那11架，他便满意了。而谈判的结果是，这位代理人居然把34架飞机全部买到手了。休斯十分佩服代理人的本事，便问他是怎么做到的。代理人回答："很简单，每次谈判一陷入僵局，我便问他们：你们到底是希望和我谈呢，还是希望再请休斯本人出面来谈？经我这么一问，对方只好乖乖地说——算了算了，一切就照你的意思办吧！"

二、对付"阴谋型"谈判者的商务谈判策略

在商务谈判中，有些谈判者为了满足自身的利益，常常会用一些诡计来诱惑对方，图谋达成不公平的协议。"车轮战""随意抬价""示假隐真"是"阴谋型"谈判者常用的手段。为了维护己方的正当权益，当碰上"阴谋型"的谈判对手时，可采取以下策略：

（一）反车轮战策略

"车轮战"是谈判的一方不断更换谈判人员，以使对方精疲力竭，从而做出让步的一种策略。反车轮战策略的做法主要有：

（1）及时揭穿其诡计，敦促其停止。

（2）制造借口拖延谈判，直到原来的对手回到谈判桌上。

（3）对更换的谈判对手拒绝重复以前的陈述，而静坐听对方的"报告"。这样，一方面可以挫其锐气，另一方面也给自己一个养精蓄锐的机会。

（4）如果新更换的谈判对手否认过去的协议，己方也可针锋相对地否认曾经许下的承诺。

（5）在消极对抗中，不要放过新更换的谈判对手的新建议，抓住有利时机及时签约。

（二）对付抬价的策略

抬价，本是商务谈判中的常事。但"阴谋型"谈判者往往使用不合理的手段来抬价。比如，谈判双方已经商定好了价款，第二天却突然提出抬价。对付这种抬价的主要做法有：①在讨价还价中，就要对方做出某种保证，以防其反悔；②尽早争取对方在协议书或合同上签字，防止对方反悔或不认账；③如果发现了对手的诡计，应及时指出，争取主动，或将计就计；④终止谈判。

（三）假痴不癫策略

假痴不癫策略是指表面装傻，暗中策划，不露声色，等待机会迫使对方让步或使对方自作自受。比如，某商品原售价50元，然而对方报价时故意将该商品的价格提高到55元，己方明知是骗局，但表示愿以52元的价格成交，并预付了少量定金。这样对方觉得赚了一笔便不再提其他要求。拖些时日后，己方再去找对方时，提出多项理由作为杀价的筹码，并明确告诉对方现在该商品的市场价最多为40元，实在无法按52元的价格成交，迫使对方降价。但要注意：在预付定金时，不要签合同，签订意向协议即可。

三、对付虚荣型谈判者的商务谈判策略

虚荣型谈判者的特点是自我意识较强，好嫉妒、爱表现，且对外界的暗示较敏感。对付这类谈判对手时，一方面可以适当地满足其虚荣心；另一方面要抓住对方的弱点打开缺口，使对方妥协。具体可采取的策略主要有：

（一）投其所好策略

根据虚荣型谈判者的特点，在谈判中多提及一些他所熟悉的话题，给他一个自我表现的机会，投其所好，使他的心理得到满足，从而削弱其对抗的力度。同时，可通过对方的"自我表现"，了解和分析对方的实际情况。当然，还要提防对方表现的虚假性。

（二）顾全面子策略

爱虚荣的人一般都爱面子，谈判中对付爱虚荣的谈判者时，千万不要伤害他的面子。你对他越尊重，他让步的可能性越大，通过给足其面子，争取你的实质性利益。

（三）强化制约策略

由于虚荣型谈判者都好大喜功，好说大话，为了防止对方对说过的话"不认账"，应对他的承诺做好记录。必要时，可用"激将法"要他本人以书面形式来表示，或对达成的每一项协议都立字为据，以防他日后否认。

四、对付固执型谈判者的商务谈判策略

固执型谈判者的特点是固执己见，不接受任何人的建议，一切按习惯办事、按规章制度办事、按领导意图办事。对付这类谈判者可以采取的策略主要有：

（一）先例旁证策略

固执型谈判者的观点不是不可改变，而是不易改变。先例旁证策略，就是针对对方所坚持的观点，用已有的先例来证明新建议、新方案的合理性，以使其转变观点。

（二）休会策略

当谈判进行到对方似乎对任何建议都无动于衷时，可提出休会。休会前，要向对方讲明目前需要解决的问题是什么、休会的时间等。休会策略一方面可以给对方一个向上级请示的机会，另一方面也为自己争取一个寻找对策、休整再战的时间。

（三）以守为攻策略

固执型谈判者总是在坚持其观点时陈述各种理由。对此，一方面必须耐心和冷静，倾听对方的陈述，注意发现其漏洞；另一方面针对对方的观点准备详细的资料，注意激发对手的兴趣，引导其需要，并利用其漏洞与弱点，组织攻势，增强谈判的力度。

总之，商务谈判中的策略很多，要求谈判者在实践中学会灵活运用。如果生搬硬套某一策略，或孤立地使用某一策略，不会有好的效果。有效的办法是在谈判中，熟练地同时运用几种策略，做到反败为胜、反弱为强。

【本章小结】

商务谈判策略是谈判者在谈判过程中，为了达到己方某种预期目标所采取的行动方案和对策。为使策略的运用有效，谈判者必须针对每次谈判的对手、谈判议题、谈判目标等来制定相应的谈判策略。制定谈判策略的步骤包括以下几个方面：①现象分解；②寻找关键问题；③确定目标；④形成假设性解决方案；⑤对解决方案进行深度分析；⑥生成具体的谈判策略；⑦拟订行动计划、方案。

在谈判的开局阶段，谈判者常常运用攻心策略。攻心策略具体操作时有满意感、“头碰头”、奉送选择权等做法。

满意感是通过自己主动实施或应对方的要求被动实施针对对方需求或让对方感到愉悦的各种手法，使对方（无论是个体还是群体）在精神上感到被尊重，在认识上对己方的言行不反感，从而达到让对方因满意的心理而放弃或减弱挑剔、对立心态的目的的一种做法。

“头碰头”策略是通过缩小谈判参加者的范围，营造一种亲和、信任的气氛，以解决谈判中遇到的棘手难题的一种策略。

奉送选择权策略是故意摆出对方可以接受的两个或两个以上的分歧解决方案，让其任意挑选其中的某一个，而自己绝不反悔，以使对方感觉己方大度和真诚，从而放弃原来的追求条件，反过来随着己方的方案思考的一种做法。

在谈判的磋商阶段，谈判者们常常用“蘑菇战”来消磨时间，消磨对方的意志。“蘑菇战策略”具体操作时有“疲劳战”“挡箭牌”“磨时间”等做法。

“疲劳战”策略是通过有意安排超负荷、超长时间的谈判，或故意采用单调冗长的陈述，使对手在肉体上、精神上感到疲劳，因疲劳造成漏洞，或因烦躁、疲倦而动摇立场的一种做法。

“挡箭牌”策略是通过寻找各种借口、托词，达到阻止对方进攻、坚守己方条件的一种做法。

“磨时间”策略是谈判中以善意的、重复的、慢节奏的表达方式来消耗谈判时间，造成谈判的低效率，以促使那些与时间关系重大的谈判对手尽早做出让步的一种做法。

谈判者在谈判中所处的地位不同，采取的谈判策略也是不一样的。

谈判双方在地位平等的条件下，谈判的基本原则是平等互利、求同存异。按照这个原则，首先要营造和谐的谈判气氛，然后双方才能融洽地进行谈判。采用的策略有开诚布公策略、避免争论策略、抛砖引玉策略、留有余地策略、避实就虚策略和休会策略等。

当谈判者处于被动地位时，由于对方占据主动和优势，充满了自信甚至态度傲慢，被动方应避其锋芒，设法改变谈判的力量对比，尽量保护自己，以达到满足己方利益的目的。可运用的具体策略有沉默策略、忍耐策略、多听少讲策略和情感沟通策略。

当谈判者处于主动地位时，可以利用自身的优势，给对方造成心理上的压力，迫使对方主动让步，以谋取自身最大的利益。可运用的具体策略有最后通牒策略、先苦后甜策略等。

谈判者由于文化水平、品行修养、脾气性格以及生活环境和人生经历等因素的不同，往往会在谈判中表现出不同的风格和特点。谈判者需根据谈判对手的不同风格和特点，采取相应的策略。

对付强硬型谈判者，可采用以柔克刚策略、争取承诺策略、更换方案策略、黑脸白脸策略等。

对付“阴谋型”谈判者，可采用反车轮战策略、对付抬价的策略、假痴不癫策略等。

对付虚荣型谈判者，可采用投其所好策略、顾全面子策略、强化制约策略等。

对付固执型谈判者，可采用先例旁证策略、休会策略、以守为攻策略等。

【思考题】

1. 制定商务谈判策略一般包括哪些步骤？

2. 如何理解攻心策略的基本思想？攻心策略在具体操作中有哪些做法？

3. 如何理解"蘑菇战"策略的基本思想？在谈判实践中该如何有效地运用这一策略？

4. 平等地位、被动地位、主动地位的谈判策略有何不同？在谈判实践中该如何把握这些策略？

5. 在商务谈判中，你认为强硬型谈判者与"阴谋型"谈判者哪个更难对付？为什么？

【案例分析】

天衣无缝演双簧
——一次精心策划的房地产交易谈判

美国有一家名为Alar的百货商店，由于市中心的地价和房租不断上涨，公司有意把本部迁出市区，在市郊寻找一块风水宝地。

经过多方勘察，Alar公司看中了市郊的某一楼宇，并调查清楚了该地区房地产现状及发展趋势、该地区的未来市政发展方向和市政计划，还对这个楼宇的产权归属、内部结构、建造年代与质量等做了大量详细的取证。最后的问题是：该房主有无出售意向和有无竞争对手。

调查结果是：该房产属于个人财产，房主是以遗产继承得来的，因为急需现金才决定卖楼，并且没有竞争对手。在掌握了这些信息之后，Alar公司进行了一次精心策划。于是过了几天之后，Alar公司和楼主开始了谈判，楼主的开价是1 550万美元，Alar公司的开价是800万美元。Alar公司的底牌是1 100万美元，争取能以1 000万美元成交。

在谈判过程中，双方都竭力说服对方自己的开价是最合理的。楼主在谈判中搬出很多理由来论证1 550万美元的价格是合理的；而Alar公司同样拿出了许多资料说这栋楼的价值只能是800万美元。Alar公司用各种表格、数据以及先例和权威的意见向楼主说明800万美元这个价格是精心计算出来的，并当着楼主的面用计算机演算了一番。Alar公司还赌咒发誓：800万美元肯定是最高的出价，绝不可能有谁再出比这更高的价格了。

楼主当然不会轻易相信这番话。过了两天，又有一家公司派人来找楼主，有意购买这处楼宇，楼主很高兴。哪知这家公司的人在对楼房进行了详细察看后，只愿出500万美元，这对楼主不啻泼了一盆冷水。但楼主对自己所开价格的信心却没有动摇，他还在坐等良机。

又过了两天，果然又有新买主上门了。楼主照样满面春风地接待了他，这位买主比前面两位看起来更细心，通过考察和查阅资料，最后十分认真地开价457万美元，并且强调说，这个价钱是精确计算得来的，所以有7万这个零头。楼主的心又一次凉了，他不明白这些买主为什么开价一个比一个低，难道那个Alar公司真是开价最高的了？至此，他对自己的开价有点茫然了。过了几天，又有一位新买主光临。楼主这个时候再不是满腔热情去接待了，因为他不再期望新买主开出多高的价格来。果不其然，第四位买主的开价是550万美元，只稍高于前两位，与自己和Alar公司的开价均相差甚远。这一回楼主的信心完全动摇了，对方不仅开价低，而且还挑了一大堆毛病，把楼主气个半死。

无奈之下，楼主拿起了电话，表示愿意在Alar公司方案的基础上重新谈判。

其实，这三位买主都是Alar公司找的，并非真正的买主，这出“双簧戏”蒙骗了楼主，从而动摇了他的谈判信心。当然，Alar公司精心策划是有一定外在条件支持的。

第一，市场上楼房价格差异特别大，一般是无法知道楼房的真正价值的。

第二，楼主是个人而非企业，一般是没有能力去做大量的市场调查的，因而也就不可能真正清楚自己的楼房到底值多少钱。

Alar公司的经理一听到楼主的电话，就知道这次策划成功了。事不宜迟，为了避免夜长梦多，Alar公司又调整了谈判的内容和方向。

之前谈判的主题只限于价格，现在Alar公司则就价格、付款方式、交接时间、交接程序以及善后处理等问题同时与楼主进行谈判。这是谈判中的高招，因为多主题谈判必有一些问题谈得拢，这样在求同存异的基础上，可以缓和谈判中的冲突气氛，以达成最终的共识。

在价格上，Alar公司不降反升，将原来800万美元的开价提高到850万美元，以显示自己的诚意，这对楼主来说也是一次冲击，因为之前的几个买主已经给楼主形成心理定式了，Alar公司这一出人意料的举动一下子就博得了楼主的好感。

为了进一步达到目的，Alar公司还派了一位性情温和的人来和楼主谈判，对楼主彬彬有礼，十分尊重。此人还设身处地地为楼主想办法，对楼主的现状表示理解和同情，并且“自作主张”将楼价提高到917万美元。

在Alar公司的软硬夹攻下，楼主终于“举手投降”，在合同上签了字

Alar公司这次成功的策划，一下子省去了500多万美元，遂了自己的心愿。虽然看起来有些不择手段，但在商场上这根本算不了什么，能够使自己获得最大利润的策划就是成功的，况且，Alar公司也没有违反任何法律。

Alar公司的成功经验同时也说明，在商场上要百战百胜，绝对要做到知己知彼。Alar公司刚开始就悄悄做了数不清的调查取证工作，并对市场和对手进行了细致精密的分析，再采用非常巧妙的战术从心理上击倒对手，最后以迅雷不及掩耳之势取得了胜利。

思考：（1）Alar公司在本次谈判中具有哪些优势？

（2）Alar公司在这次房产交易中采取了哪些手段？你认为这些手段可不可取？为什么？

（3）商务谈判中如何防御对方采用类似的手段？

【实训设计】

实训一　谈判策略的运用

（一）实训目的

理论联系实际，训练学生对商务谈判策略的准确运用。

（二）实训内容

大学生李雷决定在学校创业园开设一家超市，获得了学校的大力支持，不但店铺租金便宜，还获得了5万元的周转资金。李雷和他的创业团队经过市场调研发现，超市创业项目的成功，关键是要有好的供应商。于是，李雷决定找几家供应商进行谈判。然而，李雷的创业团队与任何谈判对手相比，实力都过于弱小，他们该怎么办？

（三）实训要求

将学生分成若干实训小组，每组人数不超过8人，根据实际商业内容分配角色。要求结合本项目的内容和谈判情境扮演不同角色，重点体验商务谈判策略的综合运用。

实训二　谈判策略、技巧演示训练

（一）实训目的

1.体验商务谈判中常用的各种策略的心理与情感。

2.掌握商务谈判“攻心策略”“蘑菇战策略”的运用技巧。

3.对谈判策略运用中的障碍进行分析。

（二）实训内容

1.“攻心策略”的情感体验训练。

2.“蘑菇战策略”的情感体验训练。

（三）实训要求

1.小组演练：在相互不知情的前提下以小组为单位互赠小礼品，体验谈判中“攻心策略”的情感与心理。

训练方式：每人准备的礼品价值5～10元，并给你的小礼品赋予相关含义。

2.以小组为单位，进行“装口吃”“磨时间”“前言不搭后语的陈述”等的演示，体验谈判中“蘑菇战策略”的情感与心理。

训练方式：每个学生进行体验演练时，一定要投入，情感逼真。

项目六 商务谈判技巧

【任务目标】

通过本章的学习，能够认识到提高商务谈判技巧的必要性，了解商务谈判技巧的主要构成；认识并掌握商务谈判中的语言运用技巧；懂得让步的含义，把握让步的原则和步骤；能正确看待商务谈判中的僵局，明白僵局产生的主要原因，学会处理谈判僵局的常用技巧和方法。

【案例导入】

我国浙江省一家玻璃厂就玻璃的生产设备的有关事项与美国诺达尔玻璃公司进行谈判。在谈判过程中，双方就全套设备是同时引进还是部分引进的问题产生了分歧，双方代表各执一词，互不相让，谈判陷入了僵局。在这种情况下，为了使谈判达到预定的目标，中方的首席谈判代表决定主动打破这个僵局。他思索了片刻，面带微笑地以一种轻松的语气，避开双方争执的尖锐问题，和对方说："你们诺达尔公司无论是技术、设备还是工程师，都是世界一流的，用你们的一流技术和设备与我们进行合作，我们就能够成为全国第一的玻璃生产厂家，利润是非常可观的。我们的玻璃厂发展了，不仅对我们有好处，你们公司也会获利丰厚，因为这意味着你们是在与中国最大的玻璃生产厂合作，难道你们不是这样认为的吗?"

对方的首席谈判代表是该公司的一位高级工程师，听到赞扬他的话，他立即表现出很高兴的样子，谈判的气氛顿时由紧张变得轻松了。中方代表趁机将话题一转，强调资金的有限是客观事实，中方无法将设备全部引进来，迫不得已才提出部分引进的想法。同时，中方还强调很多国家的玻璃厂商正与中国北方的一些厂家进行谈判和合作，如果美方仅仅因为中方不能全部引进设备这一小问题而不能投入最先进的技术和设备，那么就将很快面临着失去中国市场的不利局面。

对方代表听到这番话，终于意识到双方合作的广阔发展前景，如果因为设备引进规模的问题而不能够顺利达成协议，不仅会损失暂时的经济利益，而且还将面临失去中国市场的严峻考验。竞争如此激烈，一旦中国市场被其他公司占领，再想进入中国市场就难了。另外，如果因为对公司影响不是很大的问题而导致谈判破裂，对公司也不好交代。至此，美方代表也只有按照中方的意愿，在双方进一步讨论后，顺利达成了部分引进设备的协议。在这次谈判中，中方不仅成功地节省了大笔外汇，而且该厂在诺达尔公司的帮助下迅速发展起来，最终在市场竞争中顺利占得先机，成为同行中的佼佼者。

思考：玻璃厂是如何打破谈判僵局的?

商务谈判过程是谈判者语言交流的过程，也是双方不断协商、互相让步，最后达成一致意见的过程。在这一过程中，往往会出现双方意见分歧、互相争论的局面，有时还会使谈判陷入僵局。谈判者如何运用语言进行协商，何时该让步、怎样让步，双方出现意见分歧甚至谈判陷入僵局时该如何应对等诸如此类的问题，谈判者若能熟练运用谈判技巧，谈判就容易成功。本章主要分析谈判的语言技巧及其运用、谈判中让步原则的把握及让步方式的选择、僵局产生的原因及处理技巧。

任务一　商务谈判的语言技巧

在商务谈判中，语言表达能力十分重要，因为叙事清晰、论点明确、证据充分的语言表达，能够有力地说服对方，取得相互之间的谅解，协调双方的目标和利益，保证谈判的成功。

一、语言表达的技巧

（一）语言表达的要求

说话总要表达某种内容、观点，传达一些信息。在这个前提下，说话技巧就是关键，小则可能影响谈判者个人之间的人际关系，大则关系到谈判的气氛及谈判的成功与否。语言表达是非常灵活、非常有创造性的。因此，几乎没有特定的语言表达技巧适合所有的谈话内容。就商务谈判来讲，语言表达可以把握以下几点：

（1）准确、正确地应用语言。谈判就是协商合同条款，明确双方的责任、义务，因此，不要使用模棱两可或概念模糊的语言。当然，在某些情况下，出于某种策略的需要则另当别论。例如，卖方介绍产品质量时，要具体说明质量、性能所达到的标准，不要笼统地讲性能良好、质量过硬。此外，在产品广告宣传上也要加以注意，人们在对广告语言使用的研究中发现，使用具体、准确并有数字证明的语言，比笼统、含糊、夸大的语言更能打动消费者，更使人信服。在谈判中，运用准确的语言，还可以避免出现误会与不必要的纠纷，掌握谈判的主动权。

【小贴士 6-1】

某跨国公司总裁访问一家中国著名的制造企业，商讨合作发展事宜。中方总经理很自豪地向客人介绍说：“我公司是中国二级企业……”翻译人员在翻译这句话时很自然地用“Second-class Enterprise”来表述。该跨国公司总裁闻听此言，原本很高的兴致突然冷淡下来，敷衍了几句便起身告辞。在归途中，他抱怨说：“我怎么能同一个中国的二流企业合作呢？”在我国，企业档案工作目标管理考评将企业分为“省（部）级”“国家二级”“国家一级”三个等级。“省（部）级”是国家对企业档案工作的基本要求。“国家一级”为最高等级。可见，一个小小的沟通障碍，直接影响到了双方的合作。

（2）不伤对方的面子与自尊。在谈判中，维护面子与自尊是一个极其敏感而又重要的问题。许多谈判专家指出，在洽商中，如果一方感觉失了面子，即使是最好的交易，也会留下不良后果。当一个人的自尊受到威胁时，他就会全力防卫，对外界充满敌意，有的人反击，有的人回避，有的人则会变得十分冷淡。这时，要想与他沟通、交往就变得十分困难。

在多数情况下，丢面子、伤自尊都是因语言不慎造成的。最常见的情况是由双方对问题的分歧，发展成对对方的成见，进而出现对个人的攻击与指责。当对方提出某种观点而你方并不同意时，你可以说“根据你的假设，我们可以推知你的结论，但是你是否考虑到……”或者是“有些资料你可能还不晓得”。这要比“你们的意见是建立在片面考虑自身利益基础上的，我们不能接受”要好得多。前者既指出了对方用意的偏颇，表明了己方的态度，又避免了直接正面冲突，从而避免了招致对方不满的可能；而后者虽然维护了自己的立场，但很有可能激怒对方，使谈判陷入僵局。

（3）谈话中要随机应变。语言运用要达到说服人的效果，针对说话对象、客观环境的变化加以灵活调整是十分重要的。语言的魅力及艺术性，就在于它的创造性。只有创造性的语言，才具有鲜活的生命力，才能很好地发挥语言的作用。

（4）注意讲话方式。讲话过程中的一些细节，如停顿、强调、说话的速度等，往往容易被人们忽略，而这些方面都会在不同程度上影响讲话的效果。

一般来说，讲话者要强调谈判的某一重点时，停顿是非常重要的。试验表明，讲话时应当每隔30秒钟停顿一次，一是加深对方的印象；二是给对方机会，对提出的问题进行思考或加以评论。此外，适当的重复也可以加深对方的印象。有时，还可以通过加强语气、提高说话声音以示强调，或体现讲话者的信心和决心。这样做比使用一连串的形容词效果要好。

讲话声音的改变，特别是能恰到好处地抑扬顿挫，会使人消除枯燥无味的感觉，吸引倾听者的兴趣。

在商务洽谈中，谈判者应注意根据对方是否能理解你的讲话，以及对讲话重要性的理解程度，控制和调整讲话的速度。在向对方介绍谈判要点或阐述主要议题时，讲话的速度应当减慢，要让对方听清楚并能记下来。同时，也要密切注意对方的反应。如果对方感到厌烦，那可能是因为你过于详细地阐述了一些简单易懂的问题；如果对方的注意力不够集中，可能是你讲话的速度太快，对方的思维已跟不上你的讲话了。

（二）商务谈判中的入题技巧

谈判双方在刚进入谈判场所时，难免会感到拘谨，尤其是谈判新手，在重要的谈判中，往往会产生忐忑不安的心理。为此，必须讲求入题技巧，采用恰当的入题方法。

（1）迂回入题。为避免谈判时单刀直入、过于直露，影响谈判的融洽气氛，谈判时可采用迂回入题的方法，如先从题外话入题，介绍一下季节或天气情况，或以目前流行的社会新闻、旅游、艺术、社会名人等作为话题；可以从介绍己方的谈判人员入题，简略介绍己方谈判人员的职务、学历、经历、年龄等，既打开了话题，消除了对方的忐忑心理，又充分显示了己方强大的阵容，使对方不敢轻举妄动；也可以从“自谦”入题，如果是在己方所在地举行谈判，可谦虚地表示各方面照顾不周，或者称自己才疏学浅，希望通过谈判建立友谊等；还可以从介绍己方的生产、经营、财务状况入题，给对方提供一些必要的资料，充分显示己方雄厚的财力、良好的信誉和质优价廉的产品等，从而坚定对方谈判的信心。一句话，迂回入题要做到新颖、巧妙、不落俗套。

（2）先谈细节，后谈原则性问题。围绕谈判的主题，先从细节问题入题，条分缕析，丝丝入扣，等到各细节问题谈妥之后，便自然而然地达成原则性协议了。

（3）先谈一般原则性问题，后谈细节问题。一些大型的贸易谈判，由于需要洽谈的问题较多，双方的高级谈判人员不应该也不可能介入全部谈判，往往要将谈判议题分成若干等级，进行多次谈判，这就需要采取先谈原则性问题、再谈细节问题的方法入题。一旦双方就原则性问题达成一致，洽谈细节问题就有了依据。

（4）从具体议题入手。大型商务谈判总是由具体的一次次谈判组成的，在具体的每一次谈判中，双方可以首先确定本次谈判的议题，然后从这一具体的议题入手进行洽谈。

【小贴士6-2】

在一次关于成套设备引起的谈判中，中方的谈判小组对外方所提供的资料进行了研究，认为对方的报价是附带维修配件的，于是按此思路与外方进行了一系列的洽谈，然而在草拟合同时，发现外方所说的附带维修配件，其实是指一些附属设备的配件，而主机配件并不包括在内，需要另行订购。对此，中方指责外方出尔反尔，而外方认为中方是故意作梗。事后中方仔细核对了外方提供的资料原文，发现外方所提及的“附带维修配件”只在谈判附属设备时出现过，而中方误以为对所有设备都提供配件。其实，这个结果完全是由于中方未能正确理解外方的资料、做了错误的判断而造成的。

资料来源 作者根据相关资料整理.

二、倾听对方讲话的技巧

倾听是人们交往活动的一项重要内容，谈判就是需要更多倾听的活动之一。在商务谈判中的倾听可以分为积极倾听和消极倾听两种。

所谓积极倾听，是倾听者聚精会神，调动知识、经验储备等，使大脑处于紧张状态，并对接收的信息做出相应反应，表示理解或疑惑、支持或反对、愉快或痛苦等，即与谈话者密切呼应的倾听。积极倾听既有对语言信息的反馈，也有对非语言信息（即表情、姿势等）的反馈。听一番思想活跃、观点新颖、信息量大的谈话，倾听者甚至比谈话者还要疲劳。因为倾听者要不断调动自己的分析系统，修正自己的见解，以便与说话人保持同步思维。

所谓消极倾听，是指听者在一种比较轻松、随意的状态中接收信息，如非正式场合下的交谈等。

（一）倾听的作用

（1）倾听是了解对方需要、发现事实真相的最简捷的途径。谈判是双方交流和沟通的活动，掌握信息十分重要。一方不仅要了解对方的目的、意图、打算，还要掌握不断出现的新情况、新问题。因此，谈判双方都十分注意收集、整理并力争了解和掌握对方更多的信息，这其中没有什么方式能比倾听更直接、更简便的了。

倾听能使谈判者更真实地了解对方的立场、观点、态度以及沟通方式、内部关系，甚至是小组成员的意见分歧，从而掌握谈判的主动权。

（2）倾听是给人留下良好印象、改善双方关系的有效方式之一。专注地倾听他人讲话，表示倾听者对讲话人的看法很重视，能使对方对倾听者产生信赖和好感，使讲话者形成愉快、宽容的心理，变得不那么固执己见，更有利于达成一个双方都妥协的协议。

（3）倾听还能了解、掌握许多重要语言的习惯用法。许多重要语言的习惯用法在谈判中往往会成为人们运用谈判策略的技巧之一。例如，我们经常听到有人说“说来……”，这表示说话者故意给人一种印象是他刚想到什么，但十之八九，他所要说的是重要内容，却以随便的口吻伪装成不重要，以掩人耳目。再如，一个人在谈及正式的内容之前可能会说“坦白地说”“说实在的”，这很可能表示他根本不坦白、不实在，采用这种说话方式，也属于一种掩饰。

理解和应用上述习惯用语，不仅仅限于其语言上的意义，更要注意其心理上的意义。在许多情况下，它们都在暗示讲话者心中所想的问题。因此，谈判中要仔细倾听对方说什么、怎么说。这样，对方比较隐蔽的动机和企图一旦流露出来，你就能立即捕捉到，为你所用。

（4）倾听对方的谈话，还可以了解对方的态度变化。在商务谈判中，有时对方的态度已经有了明显的改变，但是出于某种需要，却没有用语言明确地表达出来，但我们可以根据对方“怎么说”来推导其态度的变化。例如，当谈判进行得很顺利，双方关系很融洽时，彼此都有可能在对方的称呼上加以简化，以表示关系的亲密。如李××可能简称为小李，王××可能简称为老王等；反之，如果突然间改变了称呼，一本正经地叫李××同志或者他的头衔，这可能是关系紧张的信号，预示着谈判将出现分歧或困难。

（二）影响倾听的障碍

倾听可以使己方更多地了解对方，隐蔽自己；可以使己方做出更好的决策，掌握谈判的主动权。但是，许多谈判人员只注意怎样在谈判中更好地阐述己方的立场，劝说对方，他们字斟句酌地精心策划发言提纲，常常陶醉在自我表达的良好感觉之中，却不肯用一点时间考虑一下怎样去倾听，如何从对方的谈话中获取相关信息。那么影响谈判人员更好地倾听的原因有哪些呢？

（1）许多人认为只有讲话才是表明己方立场、说服对方的唯一有效方法，若要掌握主动，便只有说。

（2）先入为主的印象妨碍了谈判者耐心地倾听对方的讲话，如对某人的看法不佳。

（3）急于反驳对方的观点，好像不尽早反对就意味着己方的妥协。

（4）在所有的证据拿出来之前，轻易地得出结论。

（5）急于记住每一件事情，结果主要的事情反而没有注意到。

（6）常常主观地认定谈话没有实际内容或没有兴趣，不注意倾听。

（7）因一些事情而分心。

（8）忽略某些重要的叙述，因为它是由己方认为不重要的人说出来的。

（9）有时想越过难以应付的话题。

（10）思维方式。有些人喜欢定式思维，不论别人讲什么，他马上用自己的经验将其套在一起，用自己的方式去理解。这种思维方式使人难以接受新的信息，不善于认真倾听别人说什么，而喜欢告诉别人。

许多人忽略了倾听，但却常常自我安慰，认为对方讲的没什么内容，重要的内容己方已经掌握了或以后会掌握的。其实，他并没有掌握，而且以后再也不会掌握了。如果这种花费最少、最直接、最方便的信息来源渠道不加以利用的话，那么，你只能付出更大的代价了。

（三）学会倾听

在谈判中，倾听是重要的，也是必需的。一个优秀的谈判者也一定是一个很好的倾听者。但要很好地倾听对方的谈话，并非像人们想象得那样简单。如何能真正学会倾听呢？

（1）心胸开阔，抛弃先入为主的观念。倾听者只有抛弃了先入为主的观念，才能正确地理解对方讲话所传递出的信息，准确地把握讲话者的重点，才能很好地与对方沟通和交流。

（2）要全神贯注地听。倾听对方的讲话，必须集中注意力；同时，还要开动脑筋，进行分析、思考。由于心理上的原因，人的注意力并不总是稳定、持久的，它会受到各种因素的干扰。在一般情况下，人们总是对感兴趣的事物才加以注意；同时，人的注意力还会受到其信念、理想、道德、需求、动机、情绪、精神状态等内在因素的影响。影响人的注意力的外界因素就更多了。如讲话者的讲话内容，人们的讲话并不总是套在一定的框架里，有时，出于某种需求，要掩饰主要内容，强调不重要的内容；有时条理不清，内容杂乱，这些都会干扰和分散听者的注意力。因此，要认真倾听对方的讲话，必须集中自己的注意力，全神贯注，克服各种干扰，始终保持自己的思维跟上讲话者的思路。

（3）学会约束、控制自己的言行。倾听对方的讲话时，不要轻易插话或打断对方，也不要自作聪明地妄加评论。通常，人们喜欢听赞扬的语言，不喜欢听批评、对立的语言。当听到反对意见时，总是忍不住马上反驳，似乎只有这样，才说明自己有理。还有一些人过于喜欢表露自己。这都会导致在与对方交流时，过多地讲话或打断对方的讲话。这不仅会影响自己倾听，也会影响对方对你的印象。

（4）采取一定的策略、方法，促使讲话者保持积极的讲话状态。要学会倾听、善于倾听，还要采取一定的策略、方法，促使讲话者保持积极的讲话状态。第一，表示鼓励。面对讲话者，尤其是没有经验、不善演讲的讲话者，需要用微笑、点头等赞许的形式呼应，显示出对讲话的兴趣，促使对方继续讲下去。第二，表示理解。在对方讲话时，可以用“对”“是”等表示肯定；在对方停顿时，也可以指出讲话者的某些观点与自己一致，或者运用自己的经历、经验，说明对讲话者的理解，有时可以适当复述。这些方式都是对讲话者的积极响应。

总之，倾听是谈话艺术的重要组成部分，要想掌握谈话的技巧，就必须学会倾听、善于倾听，这是一个优秀的谈判者需要具备的基本技能。

三、向对方询问的技巧

提问是商务谈判中经常运用的语言技巧，通过巧妙而适当的提问可以摸清对方的需要，把握对方的心理状态，并能准确表达己方的想法。提问的目的是了解情况、打开话题，以便双方更好地沟通。不同的目的，提出不同的问题；对同一问题，也可以用不同的方法，从不同的角度来发问。

（一）引导式提问

引导式提问，是指对答案具有强烈暗示性的询问。这类问题往往令对手毫无选择地按发问者所设计的答案作答。这是一种带有反义疑问的句型，在谈判中，往往是使对方对自己的观念产生赞同反应的表示。如“这样的算法，对你我都有利，是不是？”“成本不会很高吧，是不是？”“我方的报价很合理吧，是不是？”

（二）坦诚式提问

坦诚式提问，是一种推心置腹的友好性的发问。这类问题一般是对方陷入困境或有难办之事，出于友好，帮其排忧解难的发问。这种发问能营造出某种和谐的气氛。例如：“告诉我，你至少要销掉多少？”“要改变你的现状，需要花费多少钱？”

（三）封闭式提问

封闭式提问，是指足以在特定领域中带出特定答复（或“是”或“否”）的发问。这类问题可以使发问者获得特定的资料或确切的回答。例如：“你是否认为专门服务没有可能？”“贵公司第一次发现食品变质是什么时候？”“你们给H公司的折扣是多少？”“我们能否得到最优惠的价格？”这类发问有时会蕴含相当程度的威胁性，如上述的第三句便是。如果改用“是非问”的句型，语气就大不一样了，效果也会好很多，如上述第四句。

（四）证实式提问

证实式提问，是针对对方的答复重新措辞，使其证实或补充（包括要求引申或举例说明）的一种发问。这类问题不但足以确保谈判各方能在述说“同一语言”的基础上进行沟通，而且可以发掘出较充分的信息，以示发问者对对方答复的重视。例如：“您刚才说对目前所进行的这笔交易可以作取舍，这是不是说您拥有全权跟我谈判？”“您说贵方对所有的经销商都一视同仁地按定价给予30%的折扣，请说明一下，为什么不对销售量较大的经销商给予更大折扣的鼓励？”

在谈判中适当地发问，是发现需要的一种手段，一般应考虑四个要素：提出什么问题；如何表述问题；何时进行发问；对方将会产生什么样的反应。具体的注意事项如下：

（1）注意发问时机。应选择对方最适合答复问题的时候发问。

（2）按平常的语速发问。太急速的发问，容易使对方认为你是不耐烦或持审问的态度；太缓慢的发问，容易使对方感到沉闷。

（3）事先应拟定发问的腹稿，以便提高发问的效能。

（4）对初次见面的谈判对手，在谈判刚开始时，应该先征得同意后再发问，这是一种礼节。

（5）由广泛性的问题入手，再移向专门性的问题，将有助于缩短沟通的时间。这样，可以在对方回答广泛性的问题的时候，注意其提供的有关专门性问题的答案。

（6）所有的问句都必须围绕一个中心议题，并且尽量根据前一个问题的答复构造问句。

（7）提出敏感性问题时，应该说明一下发问的理由，以示对对方的尊重。

（8）杜绝使用威胁性和讽刺性的发问，也应该避免盘问式和审问式的发问。

四、巧妙回答对方提问的技巧

在商务谈判中，需要巧问，更需要巧答。谈判由一系列的问答所构成，巧妙而具体的回答与善于发问同样重要。掌握应答的基本技巧与原则，是谈判者语言运用的具体内容。

在谈判的整个问答过程中，谈判双方或多或少地都会感到一股非及时答复不可的压力。在这股压力下，谈判者应针对问题快速反应，做出有意义、有说服力的应答。应答的技巧不在于回答对方的“对”或“错”，而在于应该说什么、不应该说什么和如何说，这样才能产生最佳效应。

（一）回答问题之前，要给自己留有思考的时间

为了使回答问题的结果对自己更有利，在回答对方的问题前要做好准备，构思好问题

的答案。有人喜欢将生活中的习惯带到谈判桌上去，即对方提问的声音刚落，这边就急着回答问题。在商务谈判过程中，绝不是回答问题的速度越快越好，因为它与竞赛抢答是性质截然不同的两回事。

回答的准备工作包括三项内容：一是心理准备，即在对方提问后，要利用喝水、翻笔记本等动作来延缓时间，以稳定情绪，而不是急于回答；二是了解问题，即要弄清对方所提问题的真实含义，以免把不该回答的问题也答了出来；三是准备答案，答案应只包括那些该回答的部分。

人们通常有这样一种心理：如果对方发问与己方回答之间所空的时间较长，对方就会认为己方对此问题欠准备，或以为己方几乎被问住了；己方回答得越迅速，就显示出己方已有充分的准备，也显示了己方的实力。其实不然，谈判经验告诉我们，在对方提出问题之后，己方可以通过点支香烟或喝一口茶，或调整一下自己的坐姿或椅子，来整理一下对方的问题。这样做既显得很自然、得体，又可以让对方看得见，从而减轻甚至消除对方上述的那种心理感觉。

（二）把握对方提问的目的和动机，然后决定怎样回答

谈判者在谈判桌上提出的问题是多种多样的，动机也是非常复杂的。如果不深思熟虑、弄清对方的动机就直接回答对方的提问，效果往往不佳；如果周密思考，准确判断对方的用意，便可做出独辟蹊径的、高水准的回答。

商务谈判中的回答都应该是有问必答、准确无误的，其实是一种错误的认识。因为对有些问题来说，回答得越全面、越准确，就显得回答者越愚蠢。商务谈判中回答的要领是明确该答什么、不该答什么、该答多少和不该答多少。根据这一要求，有些问题应全部回答，有些问题则暂不回答，有些问题要拒绝回答。而这种划分的依据，一是要看对方的真正意图，二是要看己方回答的方式和范围，三是要看回答这一问题的后果。

（三）不要彻底地回答问题，要留有余地

商务谈判中并非任何问题都要回答，有些问题是并不值得回答的。在商务谈判中，有时对方提出问题只是想了解己方的观点、立场和态度，或是想确认某些事情。对此，谈判者在回答问题时要视情况而定。对于应该让对方了解或者需要表明己方态度的问题，要认真回答；对于那些可能会有损己方形象、泄露己方的秘密或一些无聊的问题，谈判者也不必为难，不予理睬是最好的回答。当然，用外交活动中的“无可奉告”一词来拒绝回答，也是一种好办法。

有时对方的提问可能是一系列问题，从而决定了不可能通过对一个问题的回答来解决全部问题；对方对商务谈判条件的要求也是有层次的，不可能满足一个条件就再没有其他条件的要求，因而在商务谈判的回答中要注意掌握尺度，留有余地。

有时对方提出的某个问题己方可能很难直接从正面回答，但又不能以拒绝回答的方式来逃避问题，这时，谈判高手往往用避正答偏的办法来回答，即回答这类问题时，注意避开问题的实质，而将话题引向“歧路”。

（四）幽默诙谐，随机应变，巧应妙答

有些问题如果采取正面回答的方式可能对己方不利，这时可以用幽默的语言来回答，因为幽默的语言可以使谈判人员在含蓄委婉的回答中渡过难关。同时，幽默的语言可以在回答问题出现错误时把责任推给第三者，在对方抓住自己的弱点时可以通过自我欣赏来解

围。另外，使用幽默的语言还可以活跃谈判气氛，取得事半功倍的效果。

商务谈判中的提问目的不同、方式各异，因而在回答对方的提问时也必须随机应变，根据对方的不同要求做出巧妙回答。谈判者要做到该明确回答的明确回答，该与其周旋的与其周旋，该拒绝回答的拒绝回答，并且在回答的方式、语言、风格上灵活选择、慎重使用，以提高回答的质量，增强商务谈判的实力。

任务二　商务谈判的让步技巧

一、让步的含义与原则

(一) 让步的含义

让步是一种为达成交易而做出的妥协或牺牲，这是谈判中的交锋阶段必然要经历的环节，也是谈判双方在交锋过程中必须考虑到的。但让步涉及双方的切身利益，切不可随意进行。让步可能会带来其他利益（如双方让步或对方让步大于你的让步），也可能带来负面效果（如己方的让步幅度大于对方，甚至助长了对方的自信心）。因此，让步是谈判双方需要共同面对的一个极微妙的“难题”。

让步不是错误，更不是投降。说到底，谈判就是讨价还价，而让步是讨价还价的组成部分。谈判者必须牢记，谈判的目的不是说服对方，而是让对方感到双方都有利可图。千万别指望对方会牺牲自己的利益，无偿地满足你的要求，这是不现实的。

商务谈判中的让步有其可能性和现实性。

(1) 谈判双方的报价存在着“虚头”或“水分”，使让步成为可能。在实际的商务谈判中，报价通常不会是谈判任何一方的真实成交条件，而是高于谈判目标推算出来的成交条件。但这个高出的部分绝不是谈判者必须要求得到的，而是谈判者为之后的谈判留有余地的策略。对于这一点，每个谈判者都非常清楚，因而才有讨价还价的产生，才有把握使对方让步，同时自己也愿意做出一定程度的让步。

(2) 让步就利益目标而言，存在着三种可能的结果：

第一种：让步，但却一无所获。原因包括两方面：自身方面，你以让步作为赢得对手好感的手段，你“善意”地理解了对手，而对手却毫不领情；或者在谈判中你在“施”的同时，却没能获得期望的“受”。更有甚者，你迫于协议的压力，而忘却了利益的核心地位。

第二种：让步，但同时有所获取。这是一种针锋相对的谈判，即所谓退一步，进一步。例如：“你想付款期限放宽一些吗？那么你就得多买！”“你想降低价格吗？那么你现在就得买！”“你想免费送货吗？那么我们星期天才能发货！”

其依据是许多谈判专家推荐的“同步法则”：你报价160元，我报价100元，则依据同步法则，你下降到150元，我也让步至110元，最可能的成交价会在130元上下。

当然，当谈判的一方降低其要求时，另一方没有必要也退让。比如，对方一次性将报价降低了20%，你怎么能知道他的报价不是在“漫天要价”呢？谈判中之所以不赞成同等回报，道理正在于此。

第三种：让步，但大有所获。这是一种近乎理想式的让步。这种让步行为的依据是，将对方希望满足的所有条件都视作让步的筹码，并提醒对方："想要这些筹码吗？那你得给我点回报，这些筹码非常重要。"如果谈判者够精明的话，就能够把差不多所有的谈判问题都变成增值的让步问题。

在实际的商务谈判中，让步有时可以获得更大的利益。谈判中的任何一方在任何时候做出的让步都不可能是无条件的，让步的目的在于诱使对方在获得满足的同时也做出一定的让步，并且，这种让步有时能获得比让步前更大的利益。

（二）让步的原则

（1）不要轻易让步。人们总是比较珍惜难以得到的东西，而不会欣赏很容易就到手的成功，这是人类的一般心理，越是不容易得到的东西就越觉得珍贵。因此，假如你真想让对方快乐地获得满足，就让他们去努力争取每一样他们希望得到的东西，并付出代价。哪怕某些让步对己方而言是无所谓甚至是没有损失的，如果这类"细微"的让步恰恰是对方所看重的，就应该慎重，不要轻易放弃，要让对方懂得己方每次做出的让步都是重大的让步。

（2）千万别将让步作为赢得对手好感的手段。这种"善意表示"常被对方视作"弱点的暴露"，是胆怯、心虚的表现，对方甚至会想到"凭什么对我这么好？肯定有什么不可告人的企图，我要加倍小心了"。

要让对方认同你，并建立起良好的人际关系，只有"搏力"，即通过据理力争和激烈的"冲突"后才能获取，这也是人际关系的基本原则。可以假设这样一个事实：在大雨中，一个年轻的女子匆匆行走，她没有伞也没有雨衣，你从她身边走过，想真心帮助她（助人为乐），于是脱下身上的雨衣（主动让步）递给她。你猜接下来会发生什么。"她会接下雨衣并表示由衷的感谢，还会满怀激情地看我一眼"——那是你一厢情愿！这也说明你很可能就是以让步作为赢得对手好感的那种谈判者；"她可能会冷冷地瞪我一眼，理也不理地走得更快了，我还隐隐地听见她骂了一句'流氓'"——这才是最有可能的结局，不过这也证明了你已具备了正确的谈判意识。

（3）毫无异议地接纳对方首次要求的条件是最不明智的让步。哪怕其首次报价完全符合你的要求，你也要再咬一口，而且也完全能够得到这一口；反之，毫无异议地接受，很可能使对手感到茫然和失落，并开始怀疑自己报价不够高，从而开始加诸各种附加条件，并变得强硬起来。

（4）让步应有明确的目标。让步的根本目的是保证和维护己方的利益，而不是为了达成某个书面协议，可以说让步和坚持己方利益的目标是统一的，不是矛盾的，不做出让步也就坚持（实现）不了己方的利益目标，而让步也应以实现利益目标为前提。无论是用让步来"放长线钓大鱼"，还是以让步来巩固和保持己方在谈判中的有利地位，都不能忘记利益目标。

（5）设法令对方在重大问题上先做出让步。己方可以在对方的强烈要求下，在非原则性、次要的、较小的问题上做出相应让步。这里要注意的是：所有这类非原则性、次要的、较小的问题，其定义是相对双方而言的，如果己方的次要问题是对方的核心问题，则不可轻易放弃。例如，要求对方降低供应价格，己方在供应时间上（在允许范围内）给对方一个稍长的期限，话可以这样说："考虑到你方的生产能力，我们同意你方延迟一个月供货，但价格至少再下降2个百分点！"

【小贴士6-3】

中国松上公司与外商洽谈购买一批钢管。在这之前，中方已向对方购买过这种商品，中方希望能扩大进口规模，并降低商品价格。但中方知道，在国际市场行情还没有发生变化的条件下，要对方降价很困难。于是在谈判开始之初，中方就拿对方上次200吨货物延期交货的事大做文章。中方说："由于贵方上次没有及时交货，使我方错失了销售良机，失去了好几个大客户，从而导致我方损失惨重。"接着，中方向对方列举了一些事实和有关数据。对方听后表示非常抱歉，并对延期交货做了解释。于是中方提出希望这次能降价10%来弥补己方上次的损失。在对方答应后，中方进一步提出订购500吨钢管的要求。

在该次谈判中，为了使对方让步，中方代表使用了吹毛求疵的策略。首先选准了"疵"，即对方的延期交货，接着在该问题上大肆渲染，使对方感觉理亏，从而不得不做出大的让步。

(6) 一方的让步幅度必须与另一方的让步幅度相对应。如果要己方让步，对方必须先做出让步，合作关系的维系是双方共同的责任。至于让步的幅度，则视己方拟让步区间的大小而定（这里不能理解为相同幅度，由于双方报价的差异，拟让步区间也不同，若同等幅度让步，则对报价较实在的一方很不利）。

(7) 不要做太多与太大的让步。一方面，让步次数过多，会影响到谈判者自身的信誉和诚意；另一方面，让步次数过多或幅度过大，必然影响到自身目标利益的保证，更为不利的是太多与太大的让步，会提升对方的谈判期望水准，让对方有信心"再咬一口"。"人心不足蛇吞象"，当己方的过多让步吊起了对方的胃口时，己方就真的是"吃亏在眼前"了。

(8) 期望要高些，别怕说"不"字。如果对谈判充满自信，就要用行动来维护自身的期望目标，对对手的种种要求，要敢说"不"字，直接否决并理直气壮。心理学家研究表明：在人们对某件事连续性给予否决后，对方会对其原有期望值进行重新评估并下调。为什么说孩子是天生的谈判高手，其中一条就是他们敢于大声地说"不行"。

有的谈判者面对老熟人、老朋友、老客户时，该说"不"的地方不好意思说，生怕伤及对方的面子。其实，该说"不"的地方不说"不"，的确是照顾到了对方的面子，但是你马上就会没有面子。因为你应该说"不"的地方，往往是你无法兑现要求或条件的地方。不说"不"，也就意味着你承诺了你无法兑现的要求和条件，这不就意味着你马上要失信于对方、马上就会没有面子了吗？

二、让步的实施步骤与方式

商务谈判中的让步应该是有计划的，即在谈判的准备阶段，让步应成为谈判方案的组成部分。让步也应该是可控的，即谈判中的让步必须为谋取或把握谈判主动权而服务。

（一）让步的实施步骤

明智的让步是一种非常有力的谈判工具。让步的基本哲理是"以小换大"，谈判人员必须将"以局部利益换取整体利益"作为让步的出发点。所以，把握让步的实施步骤是必不可少的。

第一步：确定谈判的整体利益。该步骤在谈判的准备阶段就应该完成，谈判人员可从两方面确定整体利益：一是此次谈判对谈判各方的重要程度。可以说，谈判对哪一方越重要，那么，这一方在谈判中的实力就越弱。二是己方可接受的最低条件，也就己方能做出的最大限度的让步。

第二步：确定让步的方式。不同的让步方式可传递不同的信息，产生不同的效果。在现实的商务谈判中，由于交易的性质不同，让步没有固定的模式，通常表现为多种让步方式的组合，并且这种组合还要在谈判过程中依具体情况不断进行调整。

第三步：选择让步的时机。让步的时机与谈判的顺利进行有着密切的关系，根据当时的需要，既可先于对方让步，也可后于对方让步，甚至双方同时做出让步。让步时机选择的关键在于应使己方的小让步给对方以大的满足感。

第四步：衡量让步的结果。谈判者可以通过比较己方在让步前后具体的利益得失、所取得的谈判地位以及讨价还价的力量变化来衡量让步的结果。

（二）让步前的选择

在做出让步之前，要先考虑己方的让步究竟是满足对方哪一方面的需要。

（1）时间的选择。根据谈判中对方当时的心理需求，让步的时间应当在“己方一做出让步，对方立即就能够接受，没有犹豫、猜测的余地”的时候。

（2）利益对象的选择。让步可以给予对方公司、公司中的某个部门、某个第三者或谈判者本人某些利益。最好是将利益让给最容易引起积极反应或回报的一方。

（3）成本的选择。由公司、公司中的某个部门、某个第三者或由谈判者本人负担成本的亏损。

（4）人的选择。让步的内容可以使对方获得满足或者增强对方的满足感。

（5）环境的选择。应当在对方可以感受到让步的价值的场合做出让步，如进行现场比较、媒介宣传的比较等。

让步的实质要比表面看来微妙得多，它牵涉谁是受益人、用什么方法让步、什么时候让步以及让步的来源等问题，唯有通盘考虑，才能更有效地运用。

（三）让步的方式

怎样让步才是明智的？这是一个很复杂的问题，不但与买卖的物品有关，而且还涉及市场行情、谈判当事人的性格与心理因素等。但一般来说，应该根据买卖双方的不同情况，把让步巧妙地组织成幅度大小不一的一连串行动。

现在假定有一位卖主，在讨价还价中，他决定削价60元。问题是，他如何做出这60元的让步来达到成交的目的呢？这里介绍几种可操作的方式，见表6-1。

根据表6-1，分析八种让步方式的利与弊。

（1）最后一次到位的让步方式（0/0/0/60）。这种让步方式让买主一直认为不妥协的希望极小，只有有耐心的买主才会坚持下去，而且要冒陷入僵局的危险，才迫使卖主做出最后的让步。其优点是：在谈判的初期寸利不让，坚持几次说“不”之后，一次性让出己方的全部可让利益，对方会有险胜感。故对方可能特别珍惜这种让步，会不失时机地握手言和。另外，这种让步方式也会给对方留下己方既强硬又出手大方的强烈印象。其缺点是谈判初期一再坚持寸步不让的策略，可能会失去谈判对手，具有较大的风险性；同时，也会给对方传递出己方缺乏诚意的信息，进而影响谈判的成功。这种让步方式适用于对谈判的投资小、依赖性差，因而在谈判中占优势的一方。

表6-1 **让步的方式**

让步的方式	第一次	第二次	第三次	第四次
最后一次到位的让步方式	0	0	0	60
均衡式让步方式	15	15	15	15
递增式让步方式	8	13	17	22
递减式让步方式	22	17	13	8
有限式让步方式	26	20	12	2
快速式让步方式	59	0	0	1
满足式让步方式	50	10	-1	1
一次式让步方式	60	0	0	0

（2）均衡式让步方式（15/15/15/15）。这种让步方式将会导致买主提出第五次让步的要求。其优点是：首先，由于这种让步方式平稳、持久，本着步步为营的原则，买主不会占太多的便宜；其次，对双方充分讨价还价比较有利，容易在利益均沾的情况下达成协议；最后，遇到性情急躁或没时间长谈的买主时，往往会占上风，削弱买主的议价能力。其缺点是：首先，每次让步的幅度均等，给人的感觉是平淡无奇，容易使人产生疲劳和厌倦感；其次，该种让步方式效率极低，通常要浪费大量的精力和时间，因此谈判成本较高；最后，买主每讨价还价一次，都有大块利润让出，这样会给对方传递这样一种信息，即只要耐心地等待，总会获得更大的利益。

（3）递增式让步方式（8/13/17/22）。这种让步方式会导致买主的期望越来越大，不利于卖主守住底线。其优点是：具有很大的吸引力，对买主而言是一种诱惑，会使其沿着卖主的思路往前走。其缺点是：会导致买主的期望增大，这在心理上会强化其议价能力。这种让步方式一般适用于陷入僵局或危难性的谈判。

（4）递减式让步方式（22/17/13/8）。这种让步方式体现了卖主的诚意，同时也显示了卖主的立场越来越坚定，有利于卖主守住底线。其优点是：首先，给人顺其自然、无须格外劳神之感，同时也容易让对方接受。其次，由于让利的过程采取先大后小的策略，往往有利于达成交易。再次，由于采取一次比一次更为审慎的让步策略，一般不会产生让步上的失误，同时也可以防止对方猎取超限的利益。最后，有利于谈判各方在等价交换、利益均沾的条件下达成协议。其缺点是：首先，这种让步幅度由大到小，对买主来讲，越争取利益越小，因而感觉上不是很好，故终局情绪不会太高。其次，这是谈判中的惯用让步方式，缺乏新鲜感，也比较乏味。这种让步方式一般适用于商务谈判中的提议方。

（5）有限式让步方式（26/20/12/2）。这种让步方式显示让步的幅度以等差的速度依次递减，卖主在让步中暗示了买主底线位置所在。其优点是：首先，让步的起点比较恰当、适中，能够给对方传递出可以合作并有利可图的信息。其次，让步的幅度越来越小，可以给对方造成一种接近尾声的感觉，促使对方尽快拍板，最终能够保护住己方的较大利益。其缺点是：由于让步幅度由大到小，容易让买方失望。这种让步方式一般适用于谈判高手使用。

（6）快速式让步方式（59/0/0/1）。这种让步方式是一开始就做出较大幅度的让步，接着是拒绝让步，让买主感觉到卖主的让步已经到了极限。最后一点让步是去掉零头的处理，给买主一种多得优惠的感觉。其优点是：首先，由于让步的起点较高，富有较强的诱惑力，一般的买主都会满意，因此谈判的成功率较高。其次，经过大幅度的让步以后，到最后仅让微利，给对方传递出已基本无利可让的信息，因此比较容易使对方产生优胜感而达成协议。其缺点是：首先，由于一开始让步幅度很大，容易给强硬的买主留有一种卖主软弱可欺的印象，因而容易增强对手的进攻性。其次，开头让大利与最后让小利形成鲜明的对比，容易给对方造成一种错觉，即卖主的诚心可能不足。这种让步方式一般适用于以合作为主的谈判。

（7）满足式让步方式（50/10/-1/1）。这种让步方式是在第三阶段设一个加价，以暗示前两次让步幅度已经很大，第四次为了表示诚意，去掉加价因素，也可以让买主有多得一份优惠的感觉。其优点是：换得对方回报的可能性较大，有可能打消对方进一步要求卖主让利的期望；卖主最后又让出小利，既暗示了己方的诚意，又会使通达的谈判对手难以拒绝签约，因此往往收效不错。其缺点是：首先，由于开始时表现软弱，大幅让利，在遇到贪婪的对手时，会刺激对手变本加厉，得寸进尺。其次，这种让步方式可能会因第三期拒绝让步而导致谈判僵局或败局的出现。这种让步方式一般适用于处于不利的境地，但又急于获得成功的谈判。

（8）一次式让步方式（60/0/0/0）。这是谈判一开始就拿出全部可让利益的一种让步方式。其优点是：首先，由于卖主一开始就亮出底牌，让出自己全部可让利益，比较容易打动对方采取回报行为，以达成交易；其次，率先做出大幅度让步，给对方以合作感、信任感；再次，这种大幅度让步富有强大的诱惑力，会在谈判桌前给对方留下良好的印象，有利于获取长远利益；最后，由于卖主一步让利，坦诚相见，提高了谈判效率。其缺点是：首先，这种让步方式操之过急，对买主会有极强的影响和刺激，可能会给对方传递有利可图的信息，因而导致买主期望值过高，从而继续讨价还价；其次，由于一次性大幅让利，可能失掉本来能够力争到的利益；最后，在卖主一次性让步后，如果买主强硬而又贪婪，可能会刺激其变本加厉，以争取更大的利益。这种让步方式一般适用于己方处于劣势或各方之间的关系较为友好的谈判。

分析上述不同让步方式，我们可以从中得到几点有益的启示：

启示一：千万不要做出一次性的巨大让步，也不要进行大起大落式的让步，应该把谈判过程中的让步组织成一个巧妙的于己方最有利的链条。

启示二：理想的让步方式是：假如你是买主，应当慢慢地开始报价，在长时间内缓慢地让步；假如你是卖主，先做一点大的让步，然后在长时间内有条不紊地让步，最好能上下浮动一两次，最后一次也做一点让步。

任务三 商务谈判处理僵局的技巧

在商务谈判过程中，经常会因各种各样的原因，诸如相互猜疑、意见分歧、激烈争论等，使谈判双方僵持不下、互不相让。在谈判中出现这种现象是正常的，但如果处理不当，谈判双方就无法缩短彼此之间的距离，易形成僵局，甚至导致谈判破裂。

一、僵局产生的原因

一般来说，谈判僵局是指在谈判过程中，双方因暂时不可调和的矛盾而形成的对峙。出现僵局并不等于谈判破裂，但它严重影响谈判的进程，如不能很好地解决，就会导致谈判破裂。为了有效地处理谈判僵局，首先要了解、分析谈判陷入僵局的原因。

（一）谈判双方角色定位不均等

当今社会异彩纷呈，企业规模大小不一，生产的产品也种类繁多，经营方式多种多样，因此，参与各种商务谈判的企业也并不都是实力相当、经营性质一致的，经常存在着洽谈双方一方强一方弱、一方大一方小等差别。这种情况往往容易使谈判双方的角色定位产生偏差，例如，实力强的一方通常把自己的谈判地位定得高于对方，在心理上凌驾于对方，说话的口气也颇有“大家之气”，忽视谈判双方在谈判地位、人格上的平等性，导致不能接受这种谈判形式，使谈判进入僵局。下列几种谈判僵局的类型就是这种原因导致的：

（1）谈判形成一言堂。商务谈判中除了书面形式的谈判外，双方还需要借助语言来传递信息、磋商议题，最终达成协议。然而，在谈判中，如果一方无视对方的存在，滔滔不绝地论述自己的观点，忽略对方的反应和陈述的机会，必然会使对方感到不满和反感，从而形成潜在的谈判僵局。

（2）谈判一方缄默或反应迟钝。谈判中的一方在谈判中沉默寡言，看似认真倾听，但反应非常迟钝或不置可否，极易引起对方的种种猜疑和戒备，甚至引起对方的不满，从而给对方心理上造成某种压力，形成谈判场面的难堪，造成僵局。造成这种僵局的人常常不以为然，然而这违背了信息流具有双向流动性的规律。在商务谈判中，谈判一方不仅要向对方发送信息，更重要的是想获得反馈信息，因为对谈判的控制和调节是建立在信息反馈基础上的。

（3）主观反对意见。有时僵局并不一定是由谈判内容本身造成的，有可能是因谈判对手自身的语言风格、习惯等导致的。例如：“你的产品很不错，但没有什么用。”对于这样的谈判对手，若采取热处理的方式，就会引起谈判双方的争吵，形成僵局。

（4）滥施压力和圈套。在商务谈判中，有些谈判者凭借公司的经济实力或个人争强好胜的性格，以及心理战术的研究成果向对方施展阴谋诡计、设置圈套，或用数字迷惑对方，以达到平等条件下难以实现的谈判目标。为了阻止其阴谋得逞，对方需要花费大量的精力来破解圈套，有些谈判代表可能会产生被捉弄感，一气之下拒绝再谈，造成僵局。

（5）偏见或成见。这是指对所谈议题提出有些不合逻辑或带有强烈感情色彩的意见。例如，谈判一方提出某设备的喷漆不应该用深绿色，而应该用浅绿色，并喋喋不休地谈论深绿色对人心理产生的影响等。对这类枝节问题过于苛求就会以偏概全，引起对方的强烈不满，造成僵局，甚至使谈判最终破裂。

（二）人事不分

在商务谈判中，无论对方怎么说、怎么做，都要做到就事论事，反驳、辩论都要对事不对人。然而，在实际谈判中，有人往往人事不分，使谈判工作陷入困境。类似这样的情形有以下几种：

（1）借口推托。人们常常从没有根据的推论中得出结论，并把这些作为对待他人的态度，而不去想其他的解释也有可能是正确的。当然，有时这样的推断并不是有意识的。例如，有些人刚刚坐到谈判桌前的时候，发现与他谈判的是比他小得多的年轻人或是女性等，觉得与之对阵有辱自己的身份，便起身告辞："对不起，单位里出现了某某问题要速回，谈判工作由××代替。"这可能会使对方很不高兴，容易形成潜在僵局。

（2）偏激的感情色彩。这是指谈判的一方对对方的谈判人员有偏见甚至反感。在谈判过程中，如果对此把握不好，就容易言行不慎，伤害对方的感情或有损对方的人格，这样形成的僵局很难处理。例如，"我知道你下一步一定会说……"或者"你的这种伎俩并不见得有多高明""难道你不觉得你讲话过于冗长了吗"等等。谈判专家认为，许多谈判人员维护个人的面子甚于公司的利益，如果在谈判中感觉丢了面子，他会奋起反击，挽回面子，甚至不惜退出谈判。

（3）"处我"与"现实"的模糊。在谈判中，由于双方所处的对峙地位，对对方总有一种戒备心理，所以常常从本位的立场去看问题，这样就容易把自已的感觉与现实混在一起。受隐蔽假设的影响，对他人的谈话的理解常常是歪曲其原意。于是，"误解"会强化成见，导致恶性循环的反应，理智地探求可能有的解决办法因此而变得不可能，谈判就会搁浅。

（4）总在立场上讨价还价。在实质性谈判过程中，双方总是要讨价还价的，往往是各持一种立场，争执不下。双方越是坚持自已的立场，产生的分歧就会越大。这时，双方真正的利益被这种表面的立场所掩盖，而且为了维护各自的面子，双方非但不愿意做出让步，反而会用顽强的意志来迫使对方改变立场。于是，谈判变成了一种意志力的较量，自然地陷入了僵局。

（三）信息沟通障碍

有效的商务谈判，有赖于双方有效的交流。在实际的商务谈判过程中，很多不同观点的产生乃至最后形成僵局，都是双方交流不够造成的。缺乏交流形成的障碍主要有以下几种：

（1）没有听清讲话的内容。这主要是由于陈述一方词不达意，而使双方在某一问题上产生分歧；或者是由外部环境的噪音干扰等其他物理因素造成的。

（2）没有理解对方的陈述内容。实际谈判过程中理解不到位或错误地理解，往往是因为谈判双方在谈判内容所涉及的专业知识、业务水平以及综合的受教育水平等方面不同，或者是谈判双方由于文化背景不同，针对某一问题的阐述，理解方式有所不同，如果缺少沟通，也容易产生分歧。

（3）枯燥呆板的谈判方式。某些人谈判时非常紧张，如临大敌，说起话来表情呆板，过分地讲究针对性和逻辑性。而这种对抗性强的谈判氛围，极有可能降低对方达成交易的信心，于是当谈判中有了较小的争执时，对方会认为是其起初就缺乏诚意，这不过是其推托之辞，而另一方也坚持己见不松口，以致谈判陷入僵持状态。

（4）不愿接受已理解的内容。由于这一原因形成的谈判障碍，除了是双方在利益上分歧太大以外，还有可能是双方的情感交流不够，即一方对另一方带有偏见、轻视甚至厌恶等情感。

（四）其他原因

（1）缺乏必要的策略和技巧。尽管谈判双方可能在诸如主体定位、人事关系乃至交流等方面都十分注意，但有时也会因表达、讨价还价等缺乏一些技巧而使谈判僵持不下，无法顺利进行下去。

（2）外部环境发生变化。谈判中外部环境发生变化，谈判者对做出的承诺不好食言，但又无意签约，于是采取拖延的办法，使对方忍无可忍，造成僵局。例如，在商品买卖谈判中，市场价格突然发生变化，或是一种同类型产品投入市场等，如果按原承诺交易，企业就会蒙受损失；若违背承诺，对方又不接受，从而使谈判陷入僵局。

（3）软磨硬泡式的拖延。在谈判中，如果谈判一方就议题迟迟不拿出自己的方案，或是采用死缠烂打的架势，让对方接受自己的不合理要求，都会使对方厌烦，他们可能会采用强硬的方法予以对抗。

（4）人员素质低下。某些谈判者在谈判桌前争强好胜，一切从"能压倒对方"的角度出发，说话刻薄，频频向对方发动攻势，甚至在一些细枝末节上也不甘示弱；还有一些谈判者以揭人隐私为快事，伤害到对方的尊严。遇到涵养较深的人，他会暂时忍让，让其尽情表演，到关键时刻将迫使其付出更大的代价；遇到进攻性强的人，他会恶语相向。这样，谈判自然就会陷入僵局。

二、间接处理潜在僵局的技巧

所谓间接处理技巧，就是谈判人员借助有关事项和理由委婉地否定对方的意见。其具体包括以下几种：

（一）先肯定，后否定

在回答对方提出的问题时，先对其中一部分略加承认，然后引入有关信息和理由给予否定。例如，需方谈判代表说："用这种包装材料的商品我们不能要！"经过分析，供方认为他们是为讨价还价找借口。这时供方可用先肯定、后否定的方法来处理："是啊！许多经销商都认为采用这种包装材料的商品不好卖，但是，如果真正了解这种包装的使用价值，他们也许会改变原来的看法，事实上有许多实例可以证明这一点。"再如，需方谈判代表说："我们不需要送货，只要价格优惠！"根据分析，这种意见源于需方对利润的追逐。对于这种意见，不要直接予以答复，可以这样说："你的意见有一定的道理，但是你是否算过这样一笔账，价格的优惠总额与送货的好处相比，还是送货对你更为有利。"供方先承认需方的意见，然后进行核算和比较，最后间接否定需方的反对意见。

（二）先利用，后转化

它是指谈判一方直接或间接地利用对方的意见说服对方。例如："你方所购买的商品虽然数量很大，但是要求的价格折扣幅度太大，服务项目要求也多，所以这笔生意无法做。"对此，需方可以这样说服："您说的这个问题太实际了，正如您所说的那样，我们的进货数量很大，其他企业是无法与我们相比的，所以我们要求价格折扣幅度大于其他企业是可以理解的，也是正常的。再说，今后我们还会成为您的主要合作伙伴。从长远的观点看，这种做法是互惠互利的。”再如：“你们厂方的广告费用、包装费用开支太大了，你们如能削减一些，给我们公司多一点利润，我们公司可成为你们最忠实的推销伙伴。”厂方可以这样说：“您可知道，该商品这么畅销，正是我们的广告起了很大的作用，让它家喻户晓，消费者了解了这种商品的用途，别致的包装又给该商品赋予了个性，所以赢得了消费者的青睐。”

（三）先提问，后否定

这种方法是指谈判者不直接回答问题，而是提出问题，使对方来回答自己提出的反对意见，从而达到否定对方意见的目的。例如，某运输公司为了得到一家建筑公司的订单，派一名业务员前去洽谈。托运方在考虑是否签订订单时说：“我们不需要你们公司笨重的大型卡车，××公司的中小型卡车适合我们的需要。”在这种情况下，业务员要想达成交易，必须使对方认识到他们确实需要的是大卡车。业务员可采用提问法来解决这一问题。

承运方：“请问您需要的运输工具主要用来运什么？”

托运方：“我们是建筑公司，当然是用来运输建筑材料，为施工服务了。”

承运方：“你们在确定所需车辆的型号时，看中的是以下哪些方面：质量、速度、运载量还是操作灵活性？”

托运方：“我们看中的是速度、运载量和操作灵活性。”

承运方：“喔！原来你们喜欢速度快、运载量大、操作灵活的车辆。”

托运方：“是的。”

承运方：“操作灵活是我公司××大型卡车的优点之一，其他型号的车辆在这方面是无法与它相比的。”

托运方：“是吗？我要亲眼看一看。”

承运方：“你们每天运载货物的重量是多少？运输里程是多少？”

托运方：“每天运载量大约18吨，运输里程200公里。”

承运方：“在这种情况下，大型卡车每天需跑一趟，中小型卡车每天至少需要跑两趟。”

托运方：“那是当然的。”

承运方：“您认为每天跑一趟还是跑两趟对你们单位更有利呢？”

托运方：“让我考虑一下……”

承运方：“怎么样，有什么想法？”

托运方经过比较，认为大型卡车对自己更为有利。每天跑一趟，节约下来的时间还可以为工地提供其他服务。于是，双方达成了交易。在整个谈判过程中，业务员让对方回答了他自己提出的反对意见。

这种方法的优点是可以避免与对方发生争执，是一种比较好的方法。这里需要指出的是，在使用这种方法时，首先，必须了解对方提出反对意见的真正原因和生产经营情况，然后层层深入地进行提问，这样才能取得预期的效果。其次，提问时不要以质问式的谈话方式进行，要采用委婉的方式提问。如果不注意这两点，就会激怒对方，使该方法失去作用。

【小贴士6-4】

我国曾获得一笔世界银行某国际金融组织的贷款，用以修筑一条二级公路。按理说，这对我国现有筑路工艺技术和管理水平来说是一件比较简单的事情。然而资助这个项目的该国际金融组织官员，却坚持要求我方聘请外国专家参与管理，这就意味着我方要大大增加在这个项目上的开支，我方因此表示不能同意。我方在谈判过程中向该官员详细介绍了我方的筑路水平，并提供了有关资料。这位官员虽然提不出异议，但由于缺乏对中国的了解，或是受偏见支配，他不愿意放弃原来的要求，谈判陷入了僵局。为此，我方特地请他去看了我国自行设计建造的几条高水准公路，并由有关专家做了详细的说明和介绍。正所谓百闻不如一见，心存疑虑的国际金融组织官员这才彻底信服了。

（四）先重复，后削弱

这种做法是谈判人员先用比较委婉的语气把对方的反对意见复述一遍再回答。复述的原意不能变，但语言顺序可颠倒。例如，谈判一方说："你公司的××商品又涨价了，太不合理了！"您方不妨这样说："是的，我们了解您的心情，价格同去年相比，确实高了一些，您不希望涨价……"。对方说："那是当然了。"这时洽谈的气氛就显得比较温和了，这实际上是削弱了对方的反对意见，接下来的辩护也就容易起到更好的作用了。

以上方法对解决潜在僵局是行之有效的，但是，由于它们本身具有局限性，在使用时，要结合实际谈判过程中的具体情况，权衡利弊，视需要而定，尤其是要注意研究分析对方的心理活动、接受能力等，切忌不分对象、场合、时间而千篇一律地使用。

三、直接处理潜在僵局的技巧

这是直接答复对方反对意见的一种处理技巧，一般采用的方法有以下几种：

（一）列举事实法

事实和有关的依据、资料、文献等具有客观标准性，因而在谈判过程中大量引入事实和数据资料，能使对方改变初衷或削弱对方的反对意见。在我国，各级职能部门颁布的文件在人们心目中往往具有一定的权威性，很少有人对其产生怀疑。因此，这也是一种力量。面对潜在的僵局，你不妨利用它展开有力的攻击。但切忌引入复杂的数据和冗长的资料，否则会作茧自缚。例如，在一次商务谈判中，买方指出，卖方的产品价格又上涨了。卖方赶紧解释，根据公司全球性的价格信息网反映，伦敦、东京、纽约等地的同类产品价格都有上涨，其上涨幅度超过了本公司。买方指出，根据他们的调查，卖方产品的上涨幅度已超过平均涨幅。此时，卖方抛出一个新的事实，因为公司的产品在结构上做了改进，其成本费用是每台××元。若考虑这一因素，公司产品的涨幅的确高于平均涨幅。买方无言以对。

（二）以理服人法

以理服人法，即用充分的理由和严密的逻辑推理影响或说服对方。但是在运用该方法时，要考虑对方感情和"面子"问题。例如，在广州某饭店举行的商务谈判上，我国某企业正与加拿大客商洽谈一个合作项目。当谈到双方相互考察的问题时，外方问我方怎样安排考察。我方人员回答："按照对等原则，双方各安排5人，你们负担我们什么费用，我们也负担贵方什么费用。”加拿大客商听了很不高兴地说：“这不是对等，加拿大费用高，你们中国费用低。”我方人员又一次申辩：“双方人员数量和考察时间是一样的，这就是对等，符合国际惯例。具体到接待费用的多少，各国的情况不一样，就像你们吃西餐，我们吃中餐，不好用价格来平衡，不能说对等不对等。”这时加拿大客商忽然站起来，一下抱住我方人员，并伸出大拇指，夸赞我方人员坚持对等原则不让步的劲头。协议就这样达成了。

（三）以情动人法

人人都有恻隐之心，当谈判中出现僵局时，一方可在不失国格、人格的前提下，稍施伎俩，如说可怜话：“如果做出这样的决定，回去要被革职、降薪，求求您，高抬贵手吧”；装可怜相：有的日本商人在谈判桌前会磕头、作揖等。例如，某卖方在二次降价后，坚守价格，双方对峙，形成僵局。为了打破僵局，他邀请买方去其居住的酒店洽谈，买方人员走进他们的房间，只见主谈人头上缠着毛巾，腰上围着毛毯，脸上挂着愁容，一副病态。据他讲，“头痛、胃痛、腰难受，被你们压得心里急”。心里急，不假；头痛也可能是真的。这一招很有感染力。买方认为“他可怜，话语真切”，油然而生同情之感，双方最终达成了协议。

（四）归纳概括法

归纳概括法是指谈判人员将对方提出的几种反对意见概括为一种，或者把几条反对意见放在同一时刻讨论，有针对性地加以解释和说明，从而起到削弱对方观点与意见的效果。例如，对方提出以下反对意见：“你们提供的产品质价不相称；你们的产品不受消费者欢迎；对于这种产品应提供更多的服务……”对此，你不妨把反对意见概括为产品质量的意见，进而以产品质量问题为主加以说明和解释。

（五）反问劝导法

在商务谈判中，常常会出现莫名其妙的压抑气氛，这是谈判陷入僵局的苗头。这时，谈判人员适当地运用反问法，以对方的意见来反问对方，可以防止谈判陷入僵局，而且能有效地劝导对方。

（六）以静制动法

在对方要价很高而又态度坚决的情况下，可以请其等待己方的答复，或者以各种借口来拖延会谈时间。其表面是“静”，实质是“动”，为的是主动进攻。拖延一段时间后，对方可能会缺乏耐心，而己方可趁机与对方讨价还价，达到目的。如深圳某公司与某港商就引进机械设备的事宜进行谈判时，对方开价很高。深方谈判代表在谈判桌前与对方展开了激烈的辩论，但由于港商态度坚决，谈判没有取得任何进展。深方深知如果没有这种设备，扩大再生产的计划就无法实现；而如果答应港商的条件，深方就要被重重地宰上一刀，这是深方所不情愿的。这时深方的谈判代表突然宣布谈判暂停，表示对于港商的条件需要请示董事会，请港商等待己方的答复。一拖就过去了半个月。港商急了，再三请求恢复谈判。深方均以董事会成员一时难以召集，无法达到法定人数，因此无法召开董事会讨论这一问题为由拒绝再谈。又过了一个星期，港商又来催，深方仍是如此答复。这下港商慌了手脚，急忙派人打探消息，结果令其大吃一惊。原来深方已经与日本的一家公司商洽同类设备的进口问题，双方达成这笔交易的可能性很大。时间就是金钱，港商眼看着可能要失去一个十分重要的市场，马上转变了态度，表示愿意以新的价格条件同深方继续商谈，深方看目的已经达到，就同意了港商的要求。谈判双方最终达成协议，深方节省了一大笔外汇支出。

（七）幽默法

在商务谈判中，本来轻松、和谐的气氛可能会因双方在实质问题上的争执而突然变得紧张甚至剑拔弩张，一步就跨到谈判破裂的边缘。这时双方面临的最紧迫问题并不是继续争个“鱼死网破”，而是尽快使谈判气氛缓和下来。在这种情况下，幽默是最好的调节剂。运用幽默的语言，委婉地对对方进行批评，可以避免谈判气氛的激化。运用幽默的语言可以把说话者的本意隐含起来，话中有话，意在言外。

（八）站在对方立场上说服对方的方法

这种方法是指在谈判中，站在对方的立场上讲清道理，使对方确实感觉他原来所坚持的意见必须改变才行，从而打破谈判的僵局。

（九）适当馈赠法

在谈判中，当对方就某一问题与我方争执不下时，我方可避其锋芒，从侧面了解其个人的喜好情况，投其所好地馈赠小礼品，让对方从细微处体会我方对此次谈判工作的真心实意，从而在双方之间营造一种良好的气氛。

（十）场外沟通法

正规的谈判场所，容易给谈判者带来心理上的压力。所以当谈判双方在会场内因某些问题剑拔弩张而不得解时，可尝试着换个轻松的环境，在场外的娱乐中消除彼此间的隔阂，增进友谊，就僵持的问题重新交换意见，以实现谈判的成功。

四、打破现实僵局的技巧

潜在的谈判僵局如不能及时打破，就会发展成现实僵局。这时就应该面对现实，采取有效的办法打破僵局，使谈判继续进行下去。具体可采取以下几种技巧：

（一）推延答复的技巧

在商务谈判中，当双方就某一问题僵持不下时，可以把它暂时搁置起来先讨论别的问题，等条件成熟后再回头解决这个问题。

以下情况应用这一技巧比较合适：①如果你不能马上给对方一个满意的答复，应先搁置一边；②反驳对方的反对意见缺乏足够的例证时，应先暂时搁下；③立即回答会使己方陷入矛盾之中，最好不要马上回答；④对方的反对意见会随着谈判的深入而逐渐减少或削弱，己方可以不用立即回答或解释；⑤对方提出的反对意见离题甚远，己方可以不用马上回答；⑥对于谈判人员由于心情不佳而提出的一些借口或反对意见，最好不予答复。

（二）推心置腹的技巧

面对谈判双方“你死我活”的争论，人们一般认为只有法庭才能解决。其实有些僵局不必麻烦第三者，双方只要推心置腹地交换一下意见，就可以化解一场“冲突”。例如，双方都死守自己的立场不让步，这时谈判一方不妨这样说：“你瞧，我们这种态度怎么能解决问题呢？我们各有不同的利益和目的，为什么不相互交换一下彼此的感受和需要呢?”在现实的谈判中，有许多僵局是可以用这种方法化解的。本来谈判双方是对立的，而有了交换意见的态度后，双方就会转为合作的对手了，最终双方会找出解决的方法，从而使双方的需要都获得满足。

（三）利用休息缓冲的技巧

当谈判双方筋疲力尽、针对某一问题的谈判毫无进展时，可暂时休息，以便缓和一下气氛；同时，双方可借此机会养精蓄锐，准备以良好的心情继续谈判。

一般情况下，休息的建议是会得到对方积极响应的，休息不仅有利于己方，对对方、对共同合作也十分有益。在僵局形成之前，建议休息是一种明智的选择。如果在谈判中某个问题成为绊脚石，使谈判无法顺利进行下去，此时，聪明的办法就是在双方形成对立之前马上休息；否则，双方为了捍卫自己的原则不得不互相对抗。只要彼此的目标都是“谋求一致”，那么休息就是为了寻找解决双方在洽谈中碰到的问题的方法。

利用休息缓冲在商务谈判中对双方都是大有裨益的。双方辅助谈判的技术人员、财务人员等可自由组合闲聊，谋求取得某些积极成果的共同目的。在休息期间，己方要考虑的问题应该是明确的：研究怎样进行下一阶段的洽谈，归纳一下正在讨论的问题，检查己方谈判小组的工作情况或者对下面可能出现的僵局提出新的处理设想；同时，要考虑如何重新开谈以及下一步的洽谈方案等。

（四）权威影响的技巧

当谈判陷入僵局时，可请出地位较高的领导者出席，表明对处理僵局问题的关心和重视；或是运用明星效应，向对方介绍社会知名人士使用本产品后有利于己方的言论。对方有可能“不看僧面看佛面”，放弃原先较高的要求。

（五）改变谈判环境的技巧

正规的谈判场所，容易带给人一种严肃的气氛。当谈判双方话不投机时，这样的环境就更容易使人产生压抑、沉闷的感觉。遇到这种情形时，作为东道主的一方，可以首先提出把争论问题放一放，组织双方人员开展一些松弛的活动，如游览观光、出席宴会、运动娱乐等。在轻松愉快的环境中，双方可以不拘形式地对某些僵持的问题继续交换意见，寓严肃的讨论和谈判于轻松活泼的气氛之中。

（六）变换谈判组成员的技巧

在现代生活中，人们更加重视自己的面子和尊严。所以谈判一旦出现僵局，谁都不愿意先做出让步。及时变换谈判组成员是一个很体面的缓和式让步技巧。需要指出的是，变换谈判组成员的技巧应在迫不得已的条件下使用，而且要取得对方的同意。例如，美国一家公司和日本一家公司展开一场比较重要的贸易谈判，美方派出了自认为最精明的谈判小组，大都是30岁左右的年轻人，还有一名女性。但到日本后却受到了冷遇，日方总公司经理不肯出面，就连分部的负责人也不出面接待。在日本人看来，年轻人尤其是女性，不适宜主持如此重要的会谈。美方迫不得已撤换了这几个谈判人员，日方才肯出面洽谈。

（七）改变交易形式或营销组合的技巧

改变交易形式是指将对方不愿接受的交易形式改为双方都能接受的交易形式。例如，把竞争的形式改为协作的形式；或者扩大谈判人员的范围，把双方的领导、高工和技术人员、管理人员都吸收进来，共同想办法解决问题。改变营销组合是指改变谈判双方有关产品、价格、渠道、促销四个方面的组合内容。

（八）转移话题的技巧

在商务谈判中，当双方固执己见，并且彼此的观点相差甚远，特别是对方连续提出反对意见、态度十分强硬等不良情况出现时，常常需要用转移话题法，即转移对方对某一问题的注意力或控制对方的某种不良情绪，而有意将谈话的议题转向其他方面。

在商务谈判中，最忌讳话题“钻牛角尖”，以致进退维谷，不能自拔。出现这种情况多半是因为对方受偏见影响。遇到这样的谈判对手时，应当机立断，转移话题，改变对方先入为主的偏见，使其解除心理防卫，促使谈判成功。

采用这种技巧时，只有选用对方感兴趣的话题，才能使风向转变。例如，在工业界用户中，与客户休戚相关的因素有质量差异、价格、售后服务等，谈判者应该根据客户的不同情况，选择不同的话题，转移谈判的方向。在谈判中，当对方反对意见强烈，不愿意继续谈下去时，己方此时最明智的做法就是装聋作哑，不直接反驳对方，努力使谈判继续进行下去，用其他的话题淡化对方的心理防卫反应。

（九）变换议题的技巧

在谈判过程中，因某个议题引起争执，一时又无法解决时，谈判各方为了寻求和解，不妨变换一下议题，把僵持不下的议题暂且搁置一旁，等其他议题都解决完之后，再在友好的气氛中重新讨论僵持的议题。如谈判一方提议：“好啦！我们暂且不谈A问题，让我们先谈B问题吧，如贵方愿意，先谈C问题也行。”

（十）寻求第三方案的技巧

谈判双方都坚持自己的谈判方案，彼此互不相让时，谈判就会陷入僵局。这时破解僵局的最好办法是各自都放弃自己的谈判方案，共同寻求一种可以兼顾双方利益的第三方案。例如，某大型企业开发出一种新产品，某小型企业的产品是与之配套的一种零件，两个企业就这种产品的配套问题进行谈判。大型企业出价每个零件7元，小型企业要价每个零件8元。大型企业的理由是若每个零件超过7元，就很难迅速占领市场；小型企业的理由是每个零件若低于8元，企业将会亏损。双方互不相让，谈判陷入了僵局。表面上看，双方都要维护自己的利益，实际上买卖做不成，双方都谈不上获益。做成买卖是双方的共同愿望，在这一前提下，双方交换了意见，最后以每个零件7.3元的价格达成协议。这样，大型企业解决了占领市场的难题，而小型企业虽然是微利供货，也同样有所收获，与这一大客户建立了长期的合作关系，该种新产品一旦占领市场，可以提高本厂配套产品的知名度，还会有长期可观的经济效益。

【本章小结】

语言表达在商务谈判中十分重要，是说服对方、协调双方利益、保证谈判成功的基础。谈判中的语言表达要准确、正确，不伤及对方的面子和自尊。此外，还要注意讲话的方式，做到随机应变。

商务谈判中的语言表达技巧包括谈判入题技巧，倾听对方讲话的技巧，向对方提问的技巧及巧妙回答对方提问的技巧等。

让步是谈判者在磋商阶段经常做的事。磋商就是讨价还价，而让步是讨价还价的组成部分，是为达成交易而做出的一种妥协。

谈判中如何让步？一是要把握好让步的原则，二是要选择合适的让步方式。

在商务谈判过程中，因各种各样的原因，谈判双方会僵持不下、互不相让，使谈判陷入僵局。破解谈判僵局，一是要了解造成僵局的原因，二是要掌握必要的破解僵局的技巧。

谈判出现僵局的原因有：谈判双方角色定位不均等、争论中人事不分、双方信息沟通出现障碍、缺乏必要的策略和技巧等。

处理谈判僵局的技巧包括间接处理潜在僵局的技巧、直接处理潜在僵局的技巧和打破现实僵局的技巧。

间接处理潜在僵局的技巧主要有：先肯定，后否定；先利用，后转化；先提问，后否定；先重复，后削弱等。

直接处理潜在僵局的技巧主要有：列举事实法、以理服人法、以情动人法、归纳概括法、反问劝导法、以静制动法、幽默法、站在对方的立场上说服对方的方法、适当馈赠法、场外沟通法等。

打破现实僵局的技巧主要有：拖延答复的技巧；推心置腹的技巧；利用休息缓冲的技巧；权威影响的技巧；改变谈判环境的技巧；变换谈判组成员的技巧；改变交易形式或营销组合的技巧；转移话题的技巧；变换议题的技巧和寻求第三方案的技巧等。

【思考题】

1.商务谈判中应如何运用语言表达技巧？
2.商务谈判中该如何让步才能实现己方的谈判目标？
3.谈判出现僵局的原因有哪些？
4.间接和直接处理潜在僵局的技巧有什么不同？
5.当谈判进入僵局状态后该如何进行有效破解？

【案例分析】

谈判过程像谈恋爱——可口可乐落户温州的幕后故事

“铃铃铃”……2003年10月的一个上午，温州经济技术开发区招商局办公室里的电话响了。“喂……”正在工作的陈女士像往常一样客气地接起了电话，那时，陈女士并没想到自己接的这个电话后来竟然成为促成温州首次引进世界500强工业企业的重要开始。

电话是可口可乐驻温州办事处的一位工作人员打来的。他在电话里称，可口可乐公司有意在经济技术开发区投资建立生产基地，想先了解一下开发区的总体环境和投资政策。

“可口可乐！想在温州建立生产基地！”这个电话让陈女士一阵兴奋。虽然，温州经济技术开发区是浙江南部唯一的国家级开发区，目前已初步形成了以服装、皮鞋、眼镜、制笔为主导的温州传统产业和机电一体化、生物医药等高新技术产业配套的格局，而且招商成绩在国家级开发区中名列前茅。但一直以来经济技术开发区招商局都在有意识地搜罗世界500强企业中的制造业大客户的资料，希望能吸引一些国际制造业大户在经济技术开发区落户，促成几段高质量的“跨国姻缘”。然而，要让国际知名企业在温州落户谈何容易。现在，国际上大名鼎鼎的可口可乐公司的下属机构居然自动找上门来。不过，陈女士兴奋之余又产生了一丝疑问：这个消息到底可不可靠？因为，所有做招商工作的人员每天都有可能接到许多这样的电话，这些电话有的故意夸大其词，希望能得到最优惠的政策待遇；

有的纯粹是子虚乌有，属于行骗性质；有的则只是试探性的咨询，并不诚心实意。所以对人员十分有限的开发区招商局来说，每一条信息他们都要去伪存真，尽量不要卷入一些没有意义的线索跟踪，浪费有限的精力、财力和物力。

为了证实“可口可乐要在温州建立生产基地”线索的可靠性，招商局的工作人员马上行动起来：上网搜索可口可乐的背景资料、在中国的投资概况。另外，还通过各种途径了解到可口可乐在温州确实有一个办事处。各种资料和线索迅速集中到开发区招商局的有关领导手中。他们对掌握到的信息线索做了初步判断：这极有可能是一个潜在的大客商，并下了“命令”：千万不能把它漏掉！

事不宜迟，当天下午招商局的工作人员就带着相关资料送“货”上门。不过，那天可口可乐温州办事处的人不在，于是招商局局长决定第二天亲自登门拜访。

苛刻的国际标准化操作

第二天，局长一行总算没有白来，终于碰到了可口可乐温州办事处的负责人，并向他介绍了温州经济技术开发区的有关情况。

一个月以后，可口可乐方技术部的人员来了，目的是了解开发区的投资环境。对招商局来说，这是他们碰到过的一次前所未有的来访，来访的技术部人员先是对招商局工作人员提出了一个要求——你们所说的每句话都必须提供相应的书面材料！不仅如此，这些技术部人员所问事无巨细，有的还让人瞠目结舌。“你们说温州经济技术开发区在国家级技术开发区中综合排名第16位，有证书吗?”“滨海园区属于经济技术开发区吗？有文件证明吗?”有个问题甚至提到：“经济技术开发区管委会是否享有对滨海园区的管辖权?”招商局的有关人员告诉记者，这10年来招商局从没有遇到过这么苛刻的客商，竟然对管委会的管辖权都提出了质疑，真是匪夷所思！

不过对于可口可乐方提出的每个问题，招商局人员都尽量在当场就给出答案，没办法立即解决的则在事后通过传真、电子邮件等方式处理。就在大家刚刚松了一口气的时候，可口可乐方工程部人员又来了，之后，又派来了财务部、法务处、律师、财务总监……应接不暇的专业人士从投资环境、配套设施、政策法规、成本测算等各个方面对滨海园区进行了综合评估，而且每位来访者都是这么“苛刻”和面面俱到。虽然烦琐，但是负责招商的人员一点都不敢马虎，每个问题都回答得十分仔细，同时提供详细的书面资料。

谈判过程像谈了一场恋爱

不过，这些苛刻的交涉只不过是前奏而已。对这场长达一年多的招商谈判而言，真正的较量还在后头。

由于当时美国可口可乐公司直接在国内投资的生产基地仅上海一家，在中国其他区域的市场由与其签约、被授权享有其商标使用权的太古、嘉利和三粮三大公司“三分天下”，协议规定3家公司的生产原料都从上海可口可乐购进。其中，太古可口可乐饮料有限公司在中国设有11个生产基地；杭州中萃食品有限公司是由太古控股、在浙江地区负责可口可乐各项业务的一家企业。最后出马与温州经济技术开发区招商局谈判的便是可口可乐在浙江投资方的总经理。

从2004年5月这位可口可乐的谈判代表来温州到最后在香港达成协议，他与开发区管委会及招商局之间的谈判大大小小足有20余场。谈判大多围绕地价、税收、过路费等敏感问题展开。由于问题敏感，所以每次谈判都十分激烈，谈到接近双方底线的时候就变成了将声音提高八度、语速加快一倍的大声“争吵”。有关人员回忆说，整个谈判过程双方就像恋爱中的男女一样，吵吵闹闹，分分合合。有时谈到“痛”处，管委会和招商局方就大喊：“这么苛刻的条件，我们不干了！”有时可口可乐方也会因为管委会不降低门槛而“翻脸”。但一旦有一方强硬起来，另一方就会“软”下来，好言相劝，降低价码，以维系双方之间的关系。“整个过程既像谈了一场恋爱，又像孕育了一个孩子，既痛苦又快乐！”有人这么告诉记者。

就像恋爱中的男女，不是走向婚姻，就是走向分手，温州经济技术开发区招商局与可口可乐投资方的谈判也是如此，不过最后它们在彼此的妥协和谅解中走向了“联姻”的殿堂。

思考：(1) 双方在谈判过程中的地位如何？

(2) 出现僵局后，双方是怎样处理的？

【实训设计】

实训一　僵局突破技巧

(一) 实训目的

了解谈判中僵局出现的原因、处理僵局的手段及打破僵局的策略。

(二) 实训内容

瑞典深海渔产公司的冻鱼产品质量优良，味道鲜美，深受各国消费者的喜爱，但是从未进入我国市场。该公司希望能在中国找到合作伙伴，并展开冻鱼销售业务。经过长期寻找，我国东方罐头制品公司同意与该公司派来的代表进行磋商。东方罐头制品公司在我国拥有成熟的销售网络，愿意与瑞典深海渔产公司合作。在谈判开局阶段，双方洽谈的气氛十分和谐，然而在谈到价格问题时，双方产生了较大分歧。中方谈判代表表示，瑞典公司报价过高，难以适应我国消费者的消费水平和习惯，估计难以大范围地打开市场。而瑞典公司则表示，对中国市场的报价已经低于国际市场报价的5%，无法继续降价。谈判陷入了僵局。如果你是东方罐头制品公司的代表，你将采取什么方法打破僵局，并如何为己方争取更大的利益？

(三) 实训要求

以小组为单位，进行列举事实法、以理服人法、以情动人法、归纳概括法、反问劝导法等的演示。

训练方式：在谈判中熟练运用打破僵局的方法。

实训二　商务谈判的让步策略

(一) 实训目的

了解谈判中让步的必要性、让步的空间、基本的让步策略等。

(二) 实训内容

Oasis饮料包装公司的A材料报价为12 000元/吨，理想成交价为11 400元/吨左右，保留价格为11 000元/吨。

现有买家新天地饮料公司报价11000元/吨，理想价格为11 400元/吨，保留价格为11 800元/吨。

目前A材料的市场均价为12 000元/吨，平均毛利率为10%，平均成本为10 800元/

吨。Oasis公司采用先进技术，产品质量高于市场平均水平，成本也高于市场平均成本，为11 400元/吨，毛利率只有5%，低于市场平均毛利率。

你作为Oasis公司的谈判代表，如何在双方报价差距较大的情况下，运用适当的让步策略，达成交易？

（三）实训要求

以小组为单位，进行最后一次到位的让步、均衡式让步、递增式让步、递减式让步、有限式让步、快速式让步等的演示。

训练方式：掌握让步策略的一般过程和方法，学会在不同情况下采取不同的让步策略和迫使对方让步的策略。

项目七 商务谈判协议的履行与风险规避

【任务目标】

通过本章的学习，了解商务谈判协议签订的程序；掌握商务谈判中涉及的相关法律常识，培养涉外谈判中的风险意识并懂得风险的规避方法。

【案例导入】

第二次世界大战以后，松下电器公司的迅猛发展已成为日本战后经济发展中的一个奇迹。作为当今世界上最大的电器公司之一，日本松下电器公司能有今天的辉煌，其背后是公司创始人松下幸之助当年艰辛的创业。

1952年，日本松下电器公司为了引进荷兰飞利浦公司的先进技术，同飞利浦公司进行谈判。当时谈判双方的实力很悬殊，飞利浦公司作为世界驰名的大公司，凭借其雄厚的财力与技术优势，在谈判中态度强硬，气势逼人。虽然松下幸之助经过艰辛的努力，把飞利浦公司所要求的按销售额6%计算的技术援助费压低到4.5%，但飞利浦公司将专利转让费定为55万美元，并且必须一次付清；而且所草拟的合同几乎完全偏向荷兰一方，如规定日方若违反合同，或在执行合同时出现纰漏的话，要接受某种处罚，甚至被没收机器等。而对飞利浦公司的违约责任则含糊不清。因此，合同的条件对松下电器公司来说是相当苛刻的。

当时，松下电器公司的资本总额不过5亿日元，而55万美元的专利转让费几乎占松下电器公司全部家底的一半。松下幸之助陷入了一种两难选择的境地：如果答应对方的谈判条件签订合同的话，那么将使松下电器公司承受极大的风险，一旦出现意外，就有可能使松下电器公司元气大伤，一蹶不振；但如果不答应对方的谈判条件，使谈判破裂的话，那么公司将失去这次良好的合作机会，以后的发展就更加举步维艰了。

松下幸之助不愧为“经营之神”，经过深思熟虑，他终于下定了决心，决定冒险。飞利浦公司的研究机构力量十分雄厚，拥有3 000名研究人员和先进的设备，一旦双方签订合同，松下电器公司就可以充分利用这一技术资源，而这一技术资源则是55万美元绝对买不到的，一时的妥协与退让，可以换来自己长期的需要与利益，虽然风险巨大，但冒险也是值得的。因此，松下幸之助决定同飞利浦公司签约。就这样，以55万美元和巨大的风险为代价，奠定了松下电器公司日后迅猛发展的基础。

资料来源　佚名. 商务谈判教学案例 [EB/OL]. (2012-06-15). http: //www.docin.com/p-424504148.html.

思考：松下幸之助在同飞利浦的这场谈判中采用了什么策略来应对风险？

任务一 要约与承诺

合同成立的过程，就是当事人就合同内容进行反复磋商，并取得统一意见的过程。从法律上讲，合同磋商要经过要约和承诺两个步骤。

一、要约

（一）要约的概念和条件

要约也称定约提议，是指合同当事人一方以缔结合同为目的，向对方提出订立合同的建议和要求。提出要约的一方称为要约人。按照各国法律的规定，要约应当具备下列条件：

（1）当事人必须有订立合同的明确的意思表示。要约人发出要约的目的，在于同对方订立合同，如果对方接受了要约，合同一般就视为成立。因此，要约人发出的要约必须具备订立合同的明确的意思表示。如果要约人在其提出的要约中加注“仅供参考”等字样，或明确表示不受要约约束，或者没有明确的意思表示，均视为要约邀请。发出要约邀请的目的虽然也是为了订立合同，但只是邀请对方向自己提出要约，本身并非一项要约。例如，在外贸业务中，有些公司经常向对方寄送报价单、商品价目表或商品目录等，其目的是吸引对方向自己发出订货单。对方提出的订货单才是要约。

（2）要约的内容必须明确具体。要约人发出要约后，一旦承诺人表示承诺，合同即宣告成立，对要约人和承诺人都有约束力。因此，要约的内容必须明确具体，反映出要约人明确的意思表示，绝不能模棱两可，缺少主要内容。

（3）必须向特定的人提出。要约必须向一个或一个以上的特定的人提出。特定的人是指要约人拟与其订立合同的人，而并非泛指任何公众。凡不是向特定的人发出的订约建议，均不被认为是要约。

（4）要约必须到达承诺方才能生效。要约只有到达承诺方，且其知悉要约内容后才能做出是否承诺的意思表示。因此，要约必须到达承诺方才能生效。如果要约方通过电报或信件向承诺方发出要约，但由于邮局的失误致使信函遗失，则该要约无效。

（二）要约的法律后果

要约的法律后果是指要约发出后，对要约人和承诺人的约束力。这里只谈对要约人的约束力。

（1）要约人在有效期限内，不得变更和撤销要约。要约是一种法律行为，要约人做出的要约一旦被送达承诺人就产生法律效力。所以，要约在有效期限内一般不得变更或撤销。但是，要约在到达承诺人之前的这段时间里，可以变更或撤回，其条件是变更或撤回的通知必须先于要约或同时与要约到达。如果要约已送达承诺人，在承诺人做出承诺之前，要约人是否受其要约的约束呢？

下列情况下要约人不得撤销其要约：①要约中已经写明承诺期限，或以其他方式表示要约是不可撤销的；②承诺人有理由信赖该要约是不可撤销的，并已本着对该要约的信赖行事。

由于要约对要约人的约束力有所不同，所以在国际货物买卖实践中，把要约（发盘）

分为有约束力的要约和无约束力的要约。前者是指有效期限内要约人（发盘人）不得随意撤销或变更其内容的要约（实盘），由于这种要约经承诺人承诺后即可成立合同，所以内容必须完整、明确，具有明确的交易条件和期限；后者是指具有一定保留条件、可以撤销的要约（虚盘），这种要约附有保留条件，如“以我方确认为准”“以我方货未售出为准”等。

（2）要约人有与承诺人订立合同的义务。如果要约人在要约中表达了签订合同的愿望和要求，明确提出了合同的基本内容，承诺人接到要约后，一旦做出承诺，要约人则有与承诺人签订合同的义务。

（三）要约的消灭

要约的消灭是指要约失去了法律效力。要约一般因下列原因而失效：①要约因期限的届满而失效；②要约因要约人的撤回而失效；③要约因承诺人拒绝接受而失效。

二、承诺

（一）承诺的概念和条件

承诺也称接受订约提议，在我国外贸业务实践中称为受盘。它是指承诺人按照要约的内容，对要约人提出的要约表示完全同意的意思表示。接受要约的一方叫受要约人或承诺人。构成有效承诺的条件是：

（1）承诺必须由特定的承诺人做出。只有特定的承诺人才能对要约人发出的要约做出承诺。除此之外，任何第三者即使知道要约的内容并对其做出同意的意思表示，也不能据此成立合同。

（2）承诺必须与要约的内容相一致。承诺是承诺人按照要约的内容与要约人订立合同的意思表示。因此，承诺人做出的承诺，不得附带任何条件，只能是对要约表示毫无保留地完全接受。如果承诺人变更了要约的内容，附有添加、限制或其他更改的承诺，即为拒绝该要约而构成反要约。

在国际经济贸易中，为了利于双方当事人达成有利的交易，按照各国的实际做法，并不因承诺人对要约内容做微小变动而视为拒绝原要约。如果承诺人对要约表示接受，只是对要约做了一些非实质性的变动，在要约人未提出异议的情况下，仍可视为承诺。

（3）承诺必须在要约的有效期限内做出。要约一般都规定了承诺期限，承诺人必须在合理期限内做出承诺。如果承诺没有在规定期限内做出，则其是无效的。

（4）承诺的传递必须符合要约的要求。

（二）承诺生效的时间

一般认为承诺生效后合同即宣告成立，合同的当事人就要受到约束。因此，承诺生效的时间显得特别重要。

承诺从什么时间起生效，英美法系和大陆法系的规定有所不同，英美法系采用发信主义原则，也叫投邮生效原则。就是在采用书信、电报、电传承诺时，这些承诺的通知一经投邮即生效，即使载有内容的信件或电报在传递过程中发生延误或损失，也不影响合同的成立。大陆法系则采用受信主义原则，即到达生效原则。就是在采用书信、电报承诺时，承诺的通知到达要约人的支配范围即生效，合同就成立。但法国有些例外，《法国民法典》对承诺何时生效没有做出规定，实际中往往推定适用发信主义原则。

（三）承诺的撤回

承诺的撤回是承诺人阻止承诺发生法律效力的一种意思表示。承诺人欲撤回承诺时，必须在其生效之前撤回。一旦承诺生效，合同即视为成立，承诺人便不得撤回其承诺。由于各国法律对承诺生效时间的规定不同，因此，在承诺人能否撤回承诺的问题上，英美法系和大陆法系的观点也不一样。英美法系从投邮生效原则出发，主张承诺人一旦发出承诺通知，就不能撤回承诺；大陆法系从到达生效原则出发，认为承诺人可以撤回其发出的承诺，但撤回承诺的通知必须先于承诺或与承诺同时到达方为有效。

任务二　协议的签订

一、商务协议签订的原则

企业从事任何商务活动、订立任何商务协议（合同），都应遵守主权原则、平等互利协商一致原则和国际惯例原则。

（一）主权原则

主权是指一个国家独立自主地处理国内事务而不受外来因素干涉或限制的最高权力。其主要包括：①国土权。在签订涉外合同时，任何企业或经济组织都无权允诺向外方出售、出租、开发国土。②司法管辖权。它是指商务合同必须严格遵守我国的有关法律法令和政策，不得违反。③涉外税收权。我国政府有权根据我国税法的规定，对涉外商务活动中双方当事人的有关收入征税，任何企业或个人无权对外减免税收。④外汇管理权。⑤签订的涉外商务合同不得违反我国的公共道德和侵害公众利益。

（二）平等互利协商一致原则

所谓平等互利协商一致原则，就是签约双方在法律地位上是平等的，在经济上彼此有利，并在平等、自愿、合意的基础上，通过协商达成双方当事人意见一致的协议。

只有平等，才能互利。也就是说，互惠互利是以平等为前提的。但是，平等互利并不意味着双方在利益上的收获是均等的，而是承认其在合理基础上的区别。

（三）国际惯例原则

国际惯例是指在长期的国际商务活动中，人们对某些事物的一致看法和认识。它常常表现为一些约定俗成的成文或不成文的规则。

国际惯例不是各国的共同立法，也不是一国的法律，因而不具有法律约束力。但是，如果在涉外商务合同中双方当事人确认了以某个国际惯例为原则，那么它就具有了法律效力。此外，当双方在某个问题上产生争议时，如果法律没有明确规定，可以国际惯例为准判断是非，解决纠纷或争议。

二、商务协议应具备的条款

《合同法》第十二条对合同一般包括的条款做出了规定。这些条款包括如下几个方面：

（一）当事人的名称或者姓名和住所

这一条款也可以称为当事人条款，为合同的履行提供方便，同时住所也是判断当事人履行合同情况的依据。在发生纠纷之后，当事人的住所还可作为确定受诉法院的依据。

（二）标的

标的即合同权利和义务指向的对象。标的可以是物，包括有形物和无形物。前者可以是实物或者货币。合同的标的必须准确无误，标的的名称、型号、规格、品种、等级、花色等都应当规定清楚，避免发生错误。

（三）数量

数量是对标的在量的方面的具体化，是衡量合同当事人权利和义务的尺度。在数量条款中，应当根据标的的种类，规定计量标的的单位和方法。此外，还应当考虑可能出现的误差幅度和自然损耗度等问题。

（四）质量

质量是对标的在质的方面的规定，是对标的在标准和技术方面的要求。关于质量的标准，国家有许多当事人应当予以明确的不同要求。当然，当事人也可以根据合同的目的约定特别的质量标准。在质量条款中，除应当规定检验质量的标准之外，还应当载明对产品质量负责的期限和条件、产品质量检验的时间和方法等内容。

（五）价款或者报酬

价款就是指受领标的物的当事人为取得标的物而应当向对方当事人支付的货币。报酬则是指应当向提供劳务或者完成特定工作的当事人支付的货币。在这一条款中，应当明确约定价格、支付金额、支付方式、计价单位等内容。此外，由于价款和报酬并不等同于运费、保险费、装卸费、保管费等费用，因此应当在合同中约定这些费用由哪一方当事人负担。

（六）履行期限、地点和方式

履行期限是指债务人履行合同义务和债权人接受履行行为的时间界限，是确定当事人是否延迟履行的依据。期限有期日和期间之分。履行期限一定要明确具体。履行地点是债务人履行合同义务和债权人接受履行行为的地方。履行地点是确定验收地点、合同标的是否交付、标的所有权是否转移、标的物意外灭失风险由哪一方承担的依据。在特殊情况下，履行地点还可能成为确定价款或者报酬的依据。《合同法》第六十二条规定，价款或者报酬不明确的，按照订立合同时履行地的市场价格确定。此外，履行地点还有可能成为确定解决合同争议的法院的依据。履行方式是指债务人履行合同义务和债权人接受履行行为的方式，包括收货方式、验收方式、付款方式、结算方式等。

（七）违约责任

违约责任是指当事人不履行合同义务或者履行合同义务不符合约定而应当承担的民事责任。违约责任的承担形式多种多样，主要有继续履行、采取补救措施、赔偿损失、违约金责任等。

（八）解决争议的方法

解决争议方法的条款，主要指在当事人不愿和解、调解或者和解、调解不成的情况下，是通过诉讼还是仲裁的方式来解决双方的争议。由于仲裁和诉讼管辖在性质上是相互排斥的，当事人或者选择诉讼方式解决争议，或者选择仲裁方式解决争议。当事人可以根据仲裁协议向仲裁机构申请仲裁。涉外合同的当事人可以根据仲裁协议向中国仲裁机构或者其他仲裁机构申请仲裁。当事人没有订立仲裁协议或者仲裁协议无效的，可以向人民法院起诉。对于发生法律效力的判决、仲裁裁决、调解书，当事人应当自觉履行；拒不履行的，对方可以请求人民法院执行。

当事人采用格式条款订立合同的，提供格式条款的一方应当遵循公平原则确定当事人之间的权利和义务，并采取合理的方式提请对方注意免除或者限制其责任的条款，按照对方的要求，对该条款予以说明。格式条款具有《合同法》第五十二条和第五十三条规定情形的，或者提供格式条款一方免除其责任、加重对方责任、排除对方主要权利的，该条款无效。对格式条款的理解发生争议的，应当按照通常理解予以解释。对格式条款有两种以上解释的，应当做出不利于提供格式条款一方的解释。格式条款和非格式条款不一致的，应当采用非格式条款。所谓格式条款，是指当事人为了重复使用而预先拟定的，并在订立合同时未与对方协商的条款。

三、签约过程中应注意的问题

合同应当视需要约定当事人对履行标的承担风险的界限；必要时应当约定标的的保险范围。对于需要较长期间连续履行的合同，当事人应当约定合同的有效期限，并可以约定延长合同期限和提前终止合同的条件。当事人可以在合同中约定担保。担保人在约定的担保范围内承担责任。

订立横向技术合同首先应当在平等、自愿的基础上，由双方协商确定合同内容。技术合同一般包括以下主要条款：

（一）合同名称

技术合同的名称应当运用简明、准确的语言给出合同的技术特征和法律特征，如“YZ-4号白乳胶生产工艺技术转让合同”等。

（二）标的内容、范围和要求

标的内容不能简单地重复项目名称，应根据不同标的的要求，明确该标的的技术范围和技术指标要求。合同标的表述不清或过于笼统，易埋下纠纷的隐患。签约前，首先要分清合同的类型。根据《合同法》的规定，技术合同有四大类：

（1）技术开发合同：包括委托开发和合作开发。技术开发合同是当事人之间就新技术、新产品、新工艺、新材料、新品种及其系统的研究开发所订立的合同。如小试、中试技术成果的产业化开发项目；技术改造项目；引进技术和设备消化、吸收基础上的创新开发项目；信息技术的研究开发项目；自然资源的开发利用项目；治理污染和生态项目等。

一般设备维修、改装、常规的设计变更及其已有技术直接应用于产品生产的，不属于技术开发项目。

（2）技术转让合同：包括专利申请权转让合同、专利权转让合同、专利实施许可合同、技术秘密转让合同。

技术转让合同以转让特定和现有的专利权、专利申请权、专利实施权、技术秘密使用权和转让权为内容，不包括尚待研究开发的技术成果或传授不涉及专利或技术秘密的合同。专利实施许可合同转让的是专利使用权，受让人在支付约定的使用费后，有权在约定的范围内使用该专利。

技术秘密是指不为公众所知悉的技术，即专利技术以外的技术，包括未申请专利的技术、未授予专利权的技术以及不受专利法保护的技术。

（3）技术咨询合同。它是一方当事人就特定技术项目提供可行性论证、技术预测、专题技术调查、分析评价与另一方当事人所订立的合同。如科学发展战略和规划的研究；技术政策和技术路线选择的研究；技术产品、服务、工艺分析、技术方案的比较与选择；科技评估和技术查新项目等。

(4) 技术服务合同：包括技术中介合同和技术培训合同。技术服务合同是一方当事人以技术知识为另一方当事人解决特定技术问题所订立的合同，不包括建设工程合同和承揽合同。如产品设计服务；工艺服务；测试分析服务；计算机运用服务；为特定产品制定技术标准；对重大事故进行定性、定量技术分析；特定技术项目的信息加工、分析和检索等。

(三) 履行的计划、进度、期限和地点、地域或方式

(1) 履行的计划、进度、期限。其指双方在各阶段应当完成的工作，明确各个阶段的目标，以便在实施阶段做到衔接有序。

(2) 地点、地域或方式。履行地点指合同的履行地。履行地域指履行技术合同所涉及的区域范围，如利用受让的技术生产商品并销售的范围。履行方式指当事人采用什么样的方式和手段履行合同规定的义务。履行合同的方式可根据合同的内容不同而有所不同。

(四) 技术情报和资料的保密

在合同中应当列出技术情报、资料、样品和其他秘密事项的清单，保密期限以及违反保密义务的责任。

对保密要求较高的项目，应制定一系列的保密措施。项目负责人应当与课题组成员签订保密协议。

(五) 风险责任的承担

在履行合同过程中，确因现有技术水平和条件难以克服的技术困难，导致研究开发内容可能得不到完全实现，甚至完全不能实现的，就是风险。一般来说，技术开发风险大于技术转让风险，而技术服务和技术咨询的风险较小。因风险导致研究开发失败或部分失败不属于违反合同，即不承担违约的责任。

在合同中应当载明合同的风险责任由谁负担，约定由双方承担的，应载明各方负担的份额或比例。

(六) 技术成果的归属和分享

技术成果的归属不能简单地写成“共享”，要写明共享的具体权益。有时技术开发产生的成果可能出乎意料地又形成新的知识产权，有些技术成果在履行、转化的过程中，经过“熟化”或后续开发可能创造出一项或几项技术成果，所以应当在合同中约定其所有权、使用权的归属、分享以及由此产生的利益分配方法。

(1) 技术开发合同成果归属应注意的问题。在技术开发合同中经常有这样的约定：“该成果的技术转让权双方共享，任何一方不经对方同意，均不得转让”。针对这样的条款，建议在签订此类合同时，要限定转让权共享的期限、地域。期限越短、地域越小对技术的推广越有利。

对那些技术含量高、推广运用价值较好的技术，还要限制对方在项目完成后，几年内不实施产业化（或不实施该项技术），我方可以转让给第三方。这样的约定，有利于技术的推广，不至于使其禁锢在一家手上。当然具体合同还要做具体的分析。

(2) 技术转让在实施中应注意的问题。技术转让合同的内容比较复杂，涉及转让技术的范围、转让的对象、受让人使用转让技术的方式和范围、技术的保密、使用费的支付以

及使用技术产生的新的技术成果的归属等；技术转让合同涉及专利的，要明确专利申请日、申请号、专利号和专利权的有效期限。

特别需要注意的是专利实施许可合同，应尽量避开“独占”许可。独占意味着不仅不再享有向第三人发放实施许可该项专利技术的权利，就连自己也不再享有在一定范围、期限内实施专利技术的权利。最好采用普通许可的方式。

（3）技术咨询、服务合同中的成果问题。一般来说，技术咨询、服务合同，不涉及成果的归属与分享问题。

（七）验收标准和方法

合同中应载明技术合同的检验项目、技术经济指标、验收时所采取的评价、鉴定和考核办法以及验收的时间。

（八）价款、报酬或者使用费的支付方式

价款、报酬或者使用费的支付方式由当事人协商议定，可以一次性支付、分期支付，也可以采取入门费或提成的方式支付等。

分期支付的第一笔款最好是总价款的50%，尾款越少越好。在可能的情况下，采用追加经费比采用提成的方式好。

（九）违约金或者损失赔偿的计算方法

技术合同的当事人应当在合同中约定违约金、违反合同方给另一方造成损失进行赔偿的计算方法以及违约金与损失赔偿的关系。

建议违约金或损失赔偿的计算方法要体现双方对等原则，约定违约金或赔偿额的比例或额度，明确最高赔偿额，其不要超过合同金额。

（十）解决争议的方法

解决争议的方法指合同发生争议时的解决途径，可以采取协商或由第三人进行协调的方式解决。协商、协调不能解决的，可以采取仲裁解决的方式，也可以采取诉讼解决的方式，但只能选择两者中的一种。

建议采取仲裁解决的方式。仲裁机构是依照法律规定成立的专门裁决合同争议的机构，不是司法机关，其裁决程序简单，处理争议的速度较快。仲裁机构做出的裁决具有法律约束力。

（十一）名词解释和术语解释

技术合同的内容具有很强的专业性，在合同文本中要使用一些专业名词术语和简化符号，为防止因理解不同而产生争议，对关键性名词术语和简化符号，需经双方协商，做出明确无疑义的解释。

（十二）补充协议

任何合同都不可能包罗万象，有的合同在实施初期或实施期间会发现漏洞，可以在合同中进行补充完善。当通过当面协商或电话联系达成一系列的口头协议时，应当以书面的形式记录下来，形成补充条款。

此外，合同的生效日期、合同的份数都应当在合同中明确写明。

上述各项为技术合同应当具备的主要条款，需明确约定。同时，与履行合同有关的技术背景资料、可行性论证和技术评价报告、项目任务书和计划书、技术标准、技术规范、原始设计和工艺文件以及其他技术资料，均可以成为技术合同的组成部分。

任务三 协议的履行

商务协议的履行是指合同当事人双方实现或完成合同中所规定的权利和义务关系的法律行为。

一、协议的全面履行

(一) 全面履行原则的含义

我国新《合同法》第六十条第一款规定："当事人应当按照约定全面履行自己的义务。"此即《合同法》上的全面履行原则。其具体含义是，合同当事人按照合同规定的标的及其质量、数量，由适当的主体在适当的履行期限、履行地点，以适当的履行方式，全面完成合同义务的履行原则。全面履行原则包括双重含义：一为全面；二为适当。

(二) 全面履行原则的内容

全面履行原则的内容，可简单归纳如下（见表7-1）：

表7-1 全面履行原则的内容

全面履行原则	典型情况	特殊情况	约定不明
履行主体正确	必须由合同约定的主体履行，如技术合同、演出合同、出版合同等	由第三人履行的合同，或者允许第三人履行的合同需同时满足以下条件：①代为履行不违法；②不影响履行的其他要求；③对方当事人同意	合同当事人
履行标的正确	必须为合同约定的标的，如标的为特定物	部分履行不损害债权人利益时，债权人不能拒绝	《合同法》第六十二条第一款
履行时间正确	必须为合同约定的时间，如结婚筵席等	提前履行对当事人有利的应当允许	《合同法》第六十二条第四款
履行地点正确		因战争、自然灾害以及其他非义务人的原因，可以在距约定最近的地点履行，并及时通知	《合同法》第六十二条第三款
履行方式正确	必须为合同约定的方式，如运输方式、分期付款等		《合同法》第六十二条第五款

(三) 全面履行原则在《合同法》中的地位

从整个《合同法》的视角看，合同法的主要原则如下：①观念性——契约自由原则；②指导性——诚实信用原则、法律原则；③约束性——全面履行原则；④伦理性——公序良俗原则；⑤道德性——禁止权利滥用原则；⑥艺术性——情事变更原则。

(1) 全面履行原则发端于契约自由原则。既然一项义务或责任是当事人自愿同意为自己设定和创制的，那么无论发生任何意外事故，当事人都要受到自己订立的契约的约束而必须全面正确履行。

(2) 全面履行原则与诚实信用、情事变更原则一起构成对违约的阻却。关于合同履行，除全面履行原则外，还有诚实信用、情事变更等基本原则，即当事人在履行合同义务的过程中，如果遵循了上述原则，就是履行了合同，而排除了违约。在合同履行方面，诚实信用和情事变更等原则调和了全面履行原则的僵化性，有力地保护了合同当事人的利益。

（3）全面履行原则受限于禁止权利滥用和公序良俗原则。全面履行原则虽然是合同履行过程中的基本原则，但仍受到禁止权利滥用和公序良俗等原则的限制，即违反禁止权利滥用和公序良俗原则的履行仍不能视为全面履行。

二、协议的适当履行和中止履行

（一）协议的适当履行

协议的适当履行又称全面履行原则，是指经济合同双方当事人必须严格按照合同中约定的标的、数量、结算等各项条款全面正确地履行义务。全面履行原则是实际履行原则的具体化。具体来讲，它包含以下内容：

（1）履行的主体。一般情况下，经济合同必须由合同双方当事人亲自履行；除特殊情况外，依据法律规定，合同义务也可以由第三方完成，如保证合同。

（2）履行的标的。经济合同规定的标的是什么，义务人就必须交付什么，不能用金钱代替（特殊情况除外）。

（3）履行的数量和质量。经济合同规定的标的数量是多少，就必须履行多少；合同规定什么质量就按什么质量交付。

（4）履行的价款。要求经济合同当事人按照合同规定履行，任何一方不得擅自变更，否则应视为违约，并承担相应的法律责任。

（二）协议的中止履行

当事人一方有另一方不能履行合同的确切证据时，可以暂时中止履行合同，但是应当立即通知另一方；当另一方为履行合同提供了充分的保证时，应当履行合同。当事人一方没有另一方不能履行合同的确切证据，中止履行合同的，应当负违反合同的责任。

三、协议的转让、变更和解除

（一）合同的转让

合同的转让指合同的当事人将其合同的权利和义务全部或者部分转让给第三人。合同的转让分为以下三种情形：

1.权利转让

权利转让是指不改变合同的内容，权利人将其合同的权利全部或部分转让给第三人。但有下列情形之一的除外：

（1）根据合同性质不得转让。基于当事人身份关系而订立的合同，合同权利转让给第三人，会使合同的内容发生变化，违反订立合同的目的。如当事人基于信任关系而订立的赠与合同、委托合同、雇佣合同等都属于合同权利不得转让的合同。

（2）按照当事人的约定不得转让。合同当事人在订立合同时，对权利的转让做出了特别的约定，只要意思表示真实并且不违反法律规定，那么禁止合同权利转让的特别约定就具有法律约束力。

（3）依照法律规定不得转让。某些合同的债权涉及国家及社会的公共利益，因而法律禁止该合同的债权转让或债权转让需经国家有关部门批准。

必须指出的是，债权人转让权利的，无须债务人同意，但应当通知债务人。未经通知，该转让对债务人不发生效力。债权人转让权利不得损害债务人的利益，不应影响债务人的权利。债务人对债权人享有的抵销权，不受债权转让的影响。

2.义务转移

义务转移是指不改变合同的内容，债务人将其合同的义务全部或部分转移给第三人。义务转移分为两种情况：①合同义务的全部转移，新债务人取代了合同原债务人的地位，原债务人脱离合同的债务关系。②合同义务的部分转移，即第三人加入债务关系与原债务人共同负担合同债务，原债务人并未脱离合同的债务关系。

我国《合同法》规定：债务人将合同的义务全部或者部分转移给第三人的，应当经债权人同意。债务人转移义务的，新债务人可以主张原债务人对债权人的抗辩。新债务人应当承担与主债务有关的从债务，但该从债务专属于原债务人自身的除外。

3.权利、义务一并转让

权利、义务一并转让是指当事人与第三人协议，将其合同的权利和义务一并转让给第三人。除了取得第三人同意以外，还应该遵守以下法律规定：不得转让依照法律规定禁止转让的权利；转让合同权利和义务时，从权力和从义务一并转让，但该从权力或从义务专属于当事人自身的除外；法律、行政法规规定转让权利或者转移义务应当办理批准、登记等手续的，应依照其规定办理相应手续。当事人订立合同后合并的，由合并后的法人或者其他组织行使合同权利，履行合同义务。当事人订立合同后分立的，除债权人和债务人另有约定的以外，由分立的法人或者其他组织对合同的权利和义务享有连带债权，承担连带债务。

（二）合同的变更

合同的变更是指生效的合同在履行完毕之前，由于主、客观情况的变化而使合同的内容发生变化。合同变更的方式主要有三种：

（1）当事人协议变更。合同是由当事人协商一致而订立的，经当事人协商一致，可以变更合同。但法律、行政法规规定变更合同应当办理批准、登记等手续的，依照其规定办理批准、登记等手续后方可变更。为防止发生纠纷，当事人对合同变更的内容应作明确的约定，变更内容约定不明确的，《合同法》规定，推定为合同未变更。

（2）法院或仲裁机关裁决变更。如因重大误解或显失公平而订立的合同，当事人一方可以向人民法院或仲裁机关申请裁决变更或撤销合同。

（3）法定事由出现而变更。如遭遇不可抗力导致债务人不能按期履行债务时，债务人可以减少债务数额或延期履行债务。

合同变更后，当事人应当按照变更后的合同履行。原合同未变更部分仍然有效，合同变更的部分仅对未履行的部分发生法律效力；因合同的变更而使一方当事人受到经济损失的，受损一方可向另一方当事人要求损失赔偿。

（三）合同的解除

合同的解除，是指合同成立生效后，因发生了法定、约定情况或当事人协商一致，而使合同关系消灭的行为。合同的解除分为约定解除和法定解除两种情况。

（1）约定解除。它是指当事人通过行使约定或者当事人协商一致而解除合同。在订立合同时，可以约定当事人一方或双方拥有合同解除权。约定合同解除权必须符合合同生效的条件，即不得违反法律。

（2）法定解除。它是指合同成立生效后，当事人根据法律规定解除合同。我国《合同法》规定，有下列情形之一的，当事人可以解除合同：①因不可抗力致使不能实现合同目的；②履行期限届满之前，当事人一方明确表示或者以自己的行为表明不履行主要债务；③当事人一方延迟履行主要债务，经催告后在合理期限内仍未履行；④当事人一方延迟履行债务或者有其他违约行为致使不能实现合同目的；⑤法律规定的其他情形。

此外，《合同法》还规定：当事人一方主张解除合同的，应当通知对方。合同自通知到达对方时解除。对方有异议的，可以请求人民法院或者仲裁机构确认解除合同的效力。当事人解除合同，法律、行政法规规定应当办理批准、登记等手续的，应依照其规定办理。合同解除后，尚未履行的，终止履行；已经履行的，根据履行情况和合同性质，当事人可以要求恢复原状、采取其他补救措施，并有权要求赔偿损失。合同的权利、义务终止，不影响合同中结算和清理条款的效力。

四、合同纠纷的处理

合同是社会商品交换的一种表现形式，是经济生活中最活跃的因素。在我国新旧经济体制转变的过程中，合同关系也日趋多样化、复杂化，由此而产生的纠纷日益增多，直接影响着社会主义市场经济的正常发育和新企业机制的建立和完善。因此，研究合同纠纷的处理，对于减少合同纠纷带来的损失、保证商品交易的完全有序、维护市场经济的繁荣和稳定、促进社会主义经济秩序的健康发展都有着十分重要的意义。

处理合同纠纷的方式和程序为：

（1）当事人可以通过协商或调解解决合同争议。当事人不愿协商、调解或协商、调解不成的，可以根据仲裁协议向仲裁机构或者其他仲裁组织申请仲裁。当事人没有订立仲裁协议或者仲裁协议无效的，可以向人民法院起诉。

涉外合同的当事人可以选择处理合同争议所适用的法律，但法律另有规定的除外，涉外合同的当事人没有选择的，适用与合同有最密切联系的国家的法律。在中华人民共和国境内履行的中外合资经营企业合同、中外合作经营企业合同、中外合作勘探开发自然资源合同，适用中华人民共和国法律。

（2）涉外货物买卖合同提起诉讼或者申请仲裁的期限为四年；技术合同提起诉讼或者申请仲裁的期限为一年，自当事人知道或者应当知道其权利受到侵害之日起计算。

（3）尊重当事人的意志与利益、兼顾国家利益和社会公共利益，主动地运用好解决合同纠纷的方式和程序。

任务四 涉外谈判中常见的风险及其规避

一、涉外谈判中常见的风险

环境因素，如区域战争、贸易摩擦、不可抗力等，是谈判人员无法控制的风险因素。它们既难以预测，也难以应付，使谈判人员只能做出被动的滞后反应，这种情况被人们称为谈判桌上的非人员风险。相对应的，就有所谓的谈判桌上的人员风险。人员风险就是指在挑选对手不慎、对专业问题的无知、不合理的合作条件等问题上，往往可以由谈判人员预先了解并予以控制，因此，完全可以将风险消除在萌芽状态。

（一）商务活动中的非人员风险

具体来说，非人员风险包括政治性风险和市场性风险两种。

（1）政治性风险。经济作为社会生活的基础，它决定着政治格局，而政治反过来又推动或抑制着经济的发展，在国际商务谈判中，政治性风险一方面是指由于政治局势的变化或国际冲突给有关商务活动的参与者带来可能的危害和损失；另一方面也包括由于商务合作上的不当或误会给国家间的政治关系蒙上阴影。提高预见和防范政治性风险的能力是开展国际商务合作需要注意的重要问题，必须予以高度重视。

（2）市场性风险。国际市场上各种因素的交互变化，不可避免地给市场参与者带来各种损益的可能性。其风险主要有以下几个方面：

第一，汇率风险。它是指在较长的付款期限内，由于汇率变动而造成结汇损失的风险。

第二，利率风险。利率是金融市场的杠杆。利率的变动制约着资金的供给与需求的方向和数量。所谓利率风险是指国际金融市场上，由于各种商业贷款利率的变动而可能给当事人带来损失的风险。

第三，价格风险。这里所指的价格风险是从狭义的角度来理解的。它撇开了作为外汇价格的汇率和作为资金价格的利率的风险问题，而且，它主要是对投资规模较大、延续时间较长的项目而言的。由于大型项目所需要的某些设备往往要在项目建设后期才能提供，而在项目建设初期，甚至在合同谈判阶段就要把主要设备的价格确定下来，并予以固定，因此是具有风险的，因为市场行情是不断变化的，甚至是难以预测的。

（二）商务活动中的人员风险

在商务活动中，人员风险主要有素质性风险和技术性风险两种。

1.素质性风险

在国际商务活动中，参与人员的素质欠佳往往会给谈判造成不必要的损失。人们把造成这种损失的可能性称为素质性风险。其实，除了由于环境因素决定的非人员风险外，从根本意义上讲，各种状况的风险均可视为由于人员素质欠佳造成的。这主要是由于谈判人员经验不足，管理水平、谈判水平有待提高造成的。另外，项目实施与管理过程中表现出来的人员内在素质缺陷，在很多情况下也构成了对商务合作潜在利益的威胁。具体地讲，人员素质性风险主要表现为以下几个方面：

（1）有些谈判人员在谈判过程中表现出急躁情绪。比如急于求成，好表现自己，或者拖泥带水、迟缓犹豫、怕承担责任等，因此不能真正地把握时机，争取到最佳的收益。事实上，造成这种风险的原因固然有谈判人员先天性格的问题，但更多的往往是谈判作风方面的问题。

（2）有些谈判人员不敢承担责任。一旦遇到来自对方的压力或来自自己上司的压力，就感到无所适从，不能自主。具体表现为：有时在未与对方充分交涉、商洽的情况下，就匆忙做出承诺，未利用经过努力争取可能获取更大利益的有利形势局面；有时则犹豫不决，不从工作出发，而是沉湎于谈判结果对于个人进退得失影响的考虑之中，不能争取更有吸引力的合作前景。

（3）有些谈判人员刚愎自用，自我表现欲望过强。在谈判过程中坚持一切都要以他的建议为合作条件，寸步不让，从而使有些合作伙伴不得不知难而退。

（4）有些谈判人员缺乏必需的知识，又没有充分地调查与研究，也没有虚心地向专家请教，因此也会带来风险。

实际上，在国际商务合作中，对客观环境不够了解、对专业问题不够熟悉是很正常的事，关键是谈判人员如何去正确地正视自己的这种不足。那些应该掌握的情况、可以预知的知识缺陷，是可以通过一定的途径、方式来加以了解和弥补的，否则，就有可能蒙受不必要的经济损失。

如果我们所面临的未知因素是事先无法预知和控制的，即主要是由外界环境的意外变化引起或决定的，那么我们自然也只能被动地应付。但是，如果是由于我们专业知识方面存在不足所反映出的一些情况，则需要我们事先能够充分地进行调查研究和分析，认真全面地做好可行性研究，特别是聘请一些专家顾问，比如，工程技术人员、律师、会计师等参与可行性研究，那么就可能对这些客观因素的影响做出"预先"估计，并可相应地采取措施。

可见，在国际商务活动中，我们要不断地保持风险意识，积累实践经验，细心观察，虚心求教，从而降低风险的发生概率，这是我们每位谈判人员都应该做到的。

2.技术性风险

商务谈判中技术性风险所反映的内容有很多，比如技术项目本身的风险、过分奢求引起的风险、合作伙伴选择不当引起的风险等。总之，技术性风险主要就是技术项目本身和谈判过程中操作不当而可能带来的风险。

（1）技术上过分奢求引起的风险。在涉及引进技术、引进设备等项目的谈判中，引进方在进行项目技术谈判时，常常有不适当地提出过高技术指标的情况，这种情况对于发展中国家的谈判者来讲比较普遍，特别是那些参与谈判的工程技术人员总是希望对方提供的技术越先进、越完善、功能越全越好，这样做实际上也为项目成本的大幅度增长埋下了伏笔。我们要清楚这一点，即一分钱一分货的道理。在项目合作中，我们在向外方提出任何要求时，都要有承受相应费用的准备，而且需要明白的是费用的上升幅度有时会大大超过功能、精度的增加幅度，事实上我们会发现这些要求的相当一部分在实际运用中是不必要的。然而这样做却反而为外商提供了转嫁风险的条件，实践中这类例子不胜枚举。

这份奢求无疑会带来风险。所以，我们的工程技术人员、谈判人员在提出有关要求时，应考虑这些要求既要符合我方的要求，又要能够符合对方的技术规范，这样不仅在技术上可行，而且在经济上也可以达到合理的目标，并且有助于商务谈判的顺利进行。

（2）由于合作伙伴选择不当引起的风险。在发展中国家开展国际经济合作活动时，常常以引进资金、技术、设备及管理为主要内容，但能否如愿以偿地从发达国家的合作伙伴中得到这些东西，却往往是难以确定的。因为不能仅仅简单地认为对方是发达国家的企业，拥有先进技术，就一定能够保证合作的成功。因此，在国际商务合作项目中，除了要考虑合作伙伴的技术状况外，还要考察其自身条件、管理经验等方面的情况。

实践证明，只有选择了合适的伙伴，才有可能保证项目合作达到预定目的。特别是对于那些重要的、敏感的工程，我们更要寻找信誉良好、有实力的合作伙伴，而且为此承担稍高的合同价格也是完全值得的。相反，合作伙伴选择不当，不但会使项目在合作进程中出现一些难以预料甚至是难以逆转的困难，造成不可挽回的损失，而且在项目尚未确定之时，就有可能使我们蒙受机会成本的损失。由此可见，国际商务活动中，合作伙伴的选择是隐含着相当大的风险的，为此，必须十分慎重。

二、涉外谈判风险的规避

在国际商务谈判活动中，通常用来回避商务风险的策略与技巧如下：

（一）提高商务谈判人员的素质

在商务合作过程中，风险是无处不在、无时不有的。事实上，谈判主题一经明确，谈判人员一经确定，风险也就已经形成了。所以，对于谈判人员的选择应当依照一定的素质要求从严把握。虽然谈判人员的素质是在经常的谈判实践磨炼中不断提高和发展的结果，但是由于涉外商务谈判的责任重大，因此就不得不对谈判人员，特别是首席谈判代表提出严格的要求，最终被选定的谈判人员应该以事业为重，有较强的自我控制能力，不图虚荣，敢于负责。只有这样才能避免由于人员的素质所带来的风险。为了切实提高商务谈判人员的素质，应该从以下几个方面入手：

（1）谈判人员应该努力拓宽自己的知识面，在谦虚好学的同时要注意求教他人，这样就可能回避某些风险。

（2）谈判人员应该深入细致，洞察力强，信息渠道广，善于营造竞争局面，多方择优。这样可以克服伙伴选择方面的风险隐患。

（3）谈判人员要懂得一分钱一分货的商业道理，在谈判中既能坚持合理的要求，又不会提出过分的条件。这样即可回避奢求所带来的风险。

（4）谈判人员应该对政治与经济的辩证关系有较为深刻而清醒的认识。特别是从事国际商务活动者，应不断努力提高对国际政治形势的分析预测能力，这样即可提高对政治风险的控制能力。

总之，国际商务谈判人员要试图避免或减少由其素质条件引发的各种谈判风险，只有通过不断地提高自身的素质，才能真正地做到回避风险。

（二）审时度势、当机立断

在国际商务谈判中，有些具体方面必须相当谨慎细致地反复推敲权衡，但在总体上，不能过于计较细节。一旦条件基本成熟，就应当机立断。对于大项目谈判尤为如此。

谈判人员能否做到审时度势，当机立断，很大程度上要归结于心理素质的优劣，以及对谈判的准备是否充分。如果能够做到审时度势，当机立断，即可回避一些风险。然而实际情况往往是纷繁复杂的，要进行反复比较，最终做出最佳选择往往是非常困难的。决策理论及实践告诉我们，生活中很少存在对某一事物进行处置的绝对最佳方案，或者说，即使人们花了大量的时间、精力、钱财，经过反复的研究、演算、论证找到了这样一个理想的方案，似乎据此便可以做出最优决策，但事实上极可能由于决策成本过高，或者由于贻误时机，使这种决策最终丧失了其优越性，甚至变得一文不值。因此，必须做到审时度势，当机立断。

的确，对商务谈判而言，既不可急于求成，也不可当断不断。有些外商利用我们有求于他们的心理，在谈判中往往提出苛刻的合作条件，这时，如果我们急于求成，就必然要承受价格不合理的风险。相反，在谈判中如果表现出过于犹豫，想把方方面面的情况都考虑周到、全面之后再做决策，那就得承受失去合作机会的风险，实可谓当断不断，必留后患。

（三）巧用保险市场和信贷担保工具

在国际商务活动中，向保险公司投保已成为一种相当普遍的转移风险的方式。与价格浮动、汇率风险这种投机风险不同，保险一般仅适用于纯风险。然而不管怎样，面对是否要就项目中存在的纯风险投保、向哪家保险公司投保、承保事项如何确定、选择什么档次的保险费、如何与合作方分担保险费等问题，谈判人员还需虚心求教，获得保险专家的指导。

另外，信贷担保不仅是一种支付方式，而且在某种意义上讲，也有回避风险的作用。在大型工程项目中，为了预防承包商出现差错，延误工程进度，业主为了保护自己的利益，可以要求承包商或供应商在签订合同时提供银行担保。这类担保目前有投标证书、履约保证书和预付款担保三种形式，通常由银行做出此类担保。

（四）公平负担市场的不测风险

在商务活动中，特别是有些项目的合作过程中，风险的承担往往并不是非此即彼的简单归属，它常常是需要合作双方共同面对和承担的。因此，如何分担这些风险，常常成了谈判的一个重要内容。

对于不测风险，如何处理共同的风险损失，需要双方进行进一步的磋商方可定论。但是谈判经验告诉我们，在这样的谈判过程中，坚持公平负担的原则是能够带来合理结局的唯一出路。

（五）主动向专家咨询和请教

有时，为了避免谈判专业方面问题的缺漏，或理解和把握的不准确，请教专家或聘请专家做顾问常常是国际商务谈判取得成功的必要条件。

这里所指的专家，既包括国内有关专业的外贸公司、同行业企业，也包括项目所涉及的有关国家的政府部门、行业机构，甚至还包括国内银行等金融机构、外国驻我国使领馆和我国驻外使领馆等，应该特别强调的是，以往我们不太重视从银行渠道获得开展国际商务活动所需要的信息，实际上，金融机构之间频繁的业务往来，往往使银行成为各种商务信息的天然集散地，不充分利用实在可惜。

谈判经验告诉人们，专家不仅可以帮助谈判人员了解客观环境，而且还可在选择谈判对手等方面提供参考意见。特别是对于政治风险、自然灾害风险等纯风险来讲，它们确实难以被预测，而且一旦造成损失，后果又会非常严重。对此，我们就可请教有关方面的专家，可能会得到有价值的信息与启示。比如，到海外投资，就要请国际政治问题专家考证当地政治环境是否稳定，以及该国家或地区与周边国家或地区的关系和状况等。

总之，专家虽然不能保证完全帮助我们消除某种风险，但总要比外行人更了解这种风险，我们商务谈判人员将受益匪浅。

（六）运用技术手段回避风险

商务活动中的市场风险，包括汇率风险、利率风险和价格风险等，是可以通过一定的财务手段来予以调节和转移的。

由于受国际政治、经济等因素的影响，未来市场的供求关系将不断发生变化，由此而引起的价格波动，必将对买卖双方产生不利的影响。为了减少这种风险，交易者完全可以通过期货期权这种商品交换的高级形式，在期货期权市场上公开竞争，以其认为最适当的价格随时转售或补进商品，与现货交易相对冲，从而将价格波动的风险转移给第三者，达到保值的目的。因此，期货交易价格反映了市场参与者对未来一段时间里供求关系、价格走势的综合判断。

随着世界期货期权交易的蓬勃发展，交易商品的种类也日趋多样化。目前已发展为三大类，即商品期货交易、黄金期货交易、金融工具期货交易。尽管诸如远期买卖、期货买卖、期权买卖等调节和改变市场风险的手段本身就隐含着风险，但是如果能够有专家提供建议与指导，就会使这种风险大为降低。因为汇率、利率、价格的波动总是相互联系的，其波动的频率范围有多大，连锁波动的次序与时滞效应如何，今后变化趋势是怎样的等问题，请财务或证券、金融方面的专家作指导，是比较明智的选择。

如今，国际金融界已有越来越多的专业人士把期货期权市场看作最理想的避免风险的场所。为此，我们不应落后，在发展商务合作方面，不仅要在确定利率形式、价格形式、借贷选择或结算币种等问题上求教于专家，而且还应在专家的指导下，大胆地进行尝试。

【本章小结】

要约也称定约提议，它是指合同当事人一方以缔结合同为目的，向对方提出订立合同的建议和要求。提出要约的一方称为要约人。按照各国法律的规定，要约应当具备四个条件：一是当事人必须声明订立合同的旨意；二是要约的内容必须明确具体；三是必须由特定人提出；四是要约必须传达到承诺人才能生效。

要约的法律后果是指要约发出后，对要约人和承诺人的约束力。其约束力主要表现在：一是要约人在有效期限内，不得变更或撤销要约；二是要约人有与承诺人订立合同的义务。

要约的消灭是指要约失去了法律效力。要约一般因下列原因而失效：①要约因期限的届满而失效；②要约因要约人的撤回而失效；③要约因承诺人拒绝接受而失效。

承诺也称接受订约提议，在我国外贸业务实践中称为受盘。它是指承诺方按照要约的内容，对要约人提出的要约完全同意的意思表示。构成有效承诺的条件是：承诺必须由特定的承诺人做出；承诺必须与要约的内容相一致；承诺必须在要约的有效期限内做出；承诺的传递必须符合要约的要求。

商务协议的签订必须遵守主权原则、平等互利协商一致原则和遵守国际惯例原则。

商务协议（合同）应具备下列条款：当事人的名称或者姓名和住所；标的；数量；质量；价款或者报酬；履行期限、地点和方式；违约责任；解决争议的方法。

商务协议的履行是指合同当事人双方实现或完成合同中所规定的权利和义务关系的法律行为。它一般分为合同的全面履行、适当履行和中止履行三种情况。

协议的转让指合同的当事人一方将合同的权利和义务全部或者部分转让给第三人，其只是合同主体的变更，不涉及合同规定的权利、义务。协议的转让分为权利转让、义务转移及权利、义务一并转让三种情形。

协议的变更是指生效的合同在履行完毕之前，由于主、客观情况的变化而使合同的内容发生变化。变更的方式有当事人协议变更、法院或仲裁机关裁决变更和法定事由出现而变更三种。

协议的解除，是指合同成立生效后，因发生了法定、约定情况或当事人协商一致，而使合同关系消灭的行为。合同的解除分为约定解除和法定解除两种情况。

涉外谈判中的风险一般有非人员风险和人员风险两类。非人员风险主要有政治性风险和市场性风险；人员风险主要有素质性风险和技术性风险。

规避涉外谈判中的风险，可采取提高谈判人员的素质，审时度势、当机立断，巧用保险市场和信贷担保工具，公平负担市场的不测风险，主动向专家咨询和请教，运用技术手段回避风险等策略技巧。

【思考题】

1.要约的成立应具备哪些条件?

2.有效承诺应具备哪些条件?

3.一份完整的商务协议应具备哪些条款?

4.协议的转让可分为哪几种?

5.商务活动中的非人员风险主要有哪些?

6.如何正确认识商务活动中的人员风险?

7.回避商务风险的策略和技巧有哪些?

【案例分析】

一次有风险的谈判

A国某进出口公司与B国某技术公司就某项技术交易以及相关设备的交易达成了协议，签订了合同，但在B国的审批过程中遇到了阻力，使合同不能履行。于是A国公司与A国有关政府官员以及技术人员组成谈判组赴B国进行交涉与谈判。

A国的谈判组长为政府高级官员，组员有公司领导、商务主谈、技术主谈、翻译人员等8人。

B国的谈判组长为政府高级官员，组员有工艺技术主管、外交部官员、商务主谈、技术主谈、翻译人员等9人。

谈判地点在B国外交部大楼的会议室。双方人员坐定之后，就合同审批问题进行谈判。B国代表对延迟审批的原因做了解释，大意是政府是支持的，但需要与盟国成员商量，因为该项交易有违同盟国之间的某些规定。通过第一轮谈判，双方知道了使合同生效的重要性，及影响生效的客观原因。该怎么解决面临的问题呢？双方又进入第二轮的谈判。

围绕如何解决上述问题，双方进行了认真严肃的谈判。B国提出了三个方案：方案一，B国外交部将派使者与盟国协商，争取获得支持，但需要时间且不能保证结果。方案二，请A国变通合同方案，B国保证目标仍不变。方案三，请A国考虑降低技术等级，避免第三方的限制。对此，A国代表认为：方案一是B国政府的事，A国公司并未与第三方签约。B国需与谁商量，A国公司不反对，但合同的生效时间应有保证，否则A国公司的损失太大。方案二虽没有降低合同涵盖的技术水平，但变成了“拼凑”的技术工艺生产级，这会存在技术可靠性、稳定性和设备水平屈从第三方要求的问题，这是以A国的利益去满足B国政府对其盟国的承诺，明显不公平，也算B国单方违约。方案三要求降低技术等级，将会改变整个合同的条款，非常复杂，不易商定。在第二轮的谈判过程中，双方观点基本对立。

第三轮谈判时，双方就放弃方案三达成了一致，即不能降低合同技术和设备的水平。于是方案一和方案二就成为讨论的焦点。

方案一，A国谈判代表同意B国政府与盟国协商，但必须有时限。B国谈判代表认为时限不能明确，因为对协商结果没把握。对于方案一，双方陷入对峙之中。为了减少不愉快，双方把议题又转向方案二。

方案二，A国代表认为，以不降低技术和设备水平为前提，拼凑这条生产线也有问题：谁去拼线？谁去采购设备？技术许可证怎么办？未知数太多。B国谈判代表提出，可由他们负责拼线。双方配合，采取一定措施，有可能获取技术许可证。获取设备许可证基本没问题，尤其是B国生产的设备。不过，少数几种设备由第三方生产，其中有盟国的产品，获取该部分的许可证需要时间。A国谈判代表认为B国负责拼线，双方配合，获取许可证没问题，但获取少数第三方生产的设备的许可证不能没把握。因为，当土建、绝大部分设备、人员等均到位后，仅因几台设备使技术不能贯通全线，生产不能进行，造成的损失更大，该方案也存在极大风险。B国必须给出解决全部问题的时间表。B国谈判代表无法回答，显得十分尴尬。怎么办呢？B国谈判代表建议暂时休会，请A国谈判组组长与B国谈判组组长单独交换意见。

休会期间，A国谈判组组长带着翻译与B国谈判组组长离开会议室，在走廊尽头的沙发处，几人坐下促膝而谈。

B国谈判组组长："贵方的意见，我明白，我想了解一下贵方最终的立场。"

A国谈判组组长："原合同内容对我方很重要，必须全面履约。唯一可以通融的是，允许贵国政府走应有的程序，但结论应是肯定的。"

B国谈判组组长面有难色。

A国谈判组组长："贵国政府到底能不能保证获得盟国许可？"

B国谈判组组长："外交部已派人与有关盟国协商，暂无结果。在完成该程序前，我们不会批准合同生效。"

A国谈判组组长："若我理解得没错的话，贵方近期不可能获得盟国的赞同。"

B国谈判组组长："是的。"

A国谈判组组长："那贵国政府可否独自行使政府的权力批准呢？"

B国谈判组组长："不能。这么做会引起外交事件。"

A国谈判组组长："这么说，双方所签合同近期不会被批准？"

B国谈判组组长："我会尽力而为。"

A国谈判组组长："我方认为这么做不符合贵国政府的一贯政策，也有损两国之间的合作。"

B国谈判组组长："我方已了解贵方的看法，我会将此看法向我国政府转达。"

双方直截了当地交换了"底牌"，均知谈判不会有结果。

B国谈判组组长："刚才所言，建议双方均不对外讲，权当没说，忘掉它。"

A国谈判组组长："可以，我希望贵国政府能坚持自主原则，尽快批准合同。"

回到会议室，双方组长让专家继续交换了一会儿技术性意见后，即宣布散会。会后，A国谈判组成员问组长："谈了什么，谈得怎样？"A国谈判组组长回答："准备探讨别的可能。”再往下问，A国谈判组组长只说：“他们同意再努力。”

思考：该案例中存在哪些风险？谈判无法继续进行的原因是什么？在开展高风险的国际商务谈判时，应该注意什么问题？

【实训设计】

实训　商务谈判的结束

（一）实训目的

1. 通过训练，了解商务谈判收尾阶段的主要工作。

2. 掌握结束谈判的技术和技巧。

（二）实训内容

我校与大光明公司在电脑设备的规格和价格上达成了协议，假期马上就要结束了，学校要求在开学前必须完成一切准备工作，且在开学一周内，所有机房电脑必须安装调试到位。然而时间紧迫，大光明公司对此表示难以实现。协议的签署又受到了严重阻碍。

（三）实训要求

1. 把全班同学分成若干小组，分别扮演学校和大光明公司的谈判代表进行模拟谈判。

2. 双方必须想办法在时间问题上达成一致意见，并尽快签署协议。

项目八 涉外商务谈判的特点与国外商人的谈判风格

【任务目标】

通过本章的学习，了解涉外商务谈判与国内商务谈判的差异，认识不同国家商人的生活习性；了解主要国家商人在谈判中的谈判风格，懂得在与不同国家谈判者谈判时，应采取不同的谈判对策。

【案例导入】

日本的钢铁和煤炭资源短缺，而在澳大利亚，这两种资源都很丰富。日本渴望购买澳大利亚的煤和铁，澳大利亚却不愁找不到买方，显然澳大利亚在谈判中处于主动的地位。日本人清楚澳大利亚人过惯了富裕和舒适的生活，鉴于此，日方邀请澳方来日本进行谈判。结果澳大利亚商人到日本后，不适应日本的生活环境，逐渐表现出拘谨和急躁的情绪，没过几天就急于回到故乡的别墅、海滨和妻儿的身旁。日本代表则沉着应战，不慌不忙地讨价还价，故意消磨时间，拖延谈判进程。由于澳方代表急于回国，双方在谈判桌上的主动地位明显发生了变化，日方完全掌握了谈判的主动权，最后取得了按常规难以取得的利益。

在同澳方的商务谈判中，日方之所以能取得极大的成功，就在于他们在充分了解对方的基础上，巧妙地利用了谈判主场环境，通过时间战术，使澳方人心思归，从而掌握了谈判的主动权，使谈判沿着自己的意愿发展。

资料来源 佚名．案例6［EB/OL］．（2012-09-12）．http://wenku.baidu.com/view/a0fb790bba1aa8114431d933.html.

涉外商务谈判不仅在国际商务活动中占据相当大的比重，而且具有相当重要的地位。涉外商务谈判与国内谈判相比较，既有共性，又有差异。谈判的成功与否，直接关系到整个商务活动的效果，关系到企业能否在某个海外市场建立必要的销售网络、获得理想的合作伙伴、获得进入市场的良好途径等。而不同国家、不同民族、不同地域的人，其价值观、消费习俗、生活方式、文化背景等差异极大，从而形成了各具特点的谈判风格，这些都是我们进行涉外商务谈判时应当了解和掌握的。在国际交往中，熟悉和了解交往对象的习俗礼仪是非常有必要的，并且能让你在交往中得心应手。

任务一 涉外商务谈判的概念及特点

涉外商务谈判，即跨越国界的分属于不同国家的商务活动主体为实现各自的目的而在相互之间进行的磋商。国内商务谈判和涉外商务谈判都是商务活动的必要组成部分，它们是企业发展国内市场与国际市场业务的重要手段。国际商务活动是国内商务活动的延伸，涉外商务谈判则可以视为国内商务谈判的延伸与发展。国内商务谈判和涉外商务谈判之间既存在着十分明显的区别，也存在着十分密切的联系以及许多共性。

一、涉外商务谈判与国内商务谈判的共性

（一）为特定目的与特定对手进行的磋商

国内商务谈判和涉外商务谈判同样都是商务活动主体为实现其特定的目的而与特定对手之间进行的磋商。作为谈判，其过程都是一种双方或多方之间进行的信息交流，"取"与"予"是兼而有之的过程，谈判过程中所适用的多数技巧并没有质的差异。

（二）谈判的基本模式是一致的

与国内商务谈判相比，涉外商务谈判中必须考虑到各种各样的差异，但谈判的基本模式仍是一致的。事实上，由于文化背景、政治经济制度等多方面的差异，在谈判过程中信息沟通的方式、需要讨论的问题等都会有很大的不同，但与国内商务谈判一样，涉外商务谈判也同样遵循从寻找谈判对象开始，到建立相应关系、提出交易条件、讨价还价、达成协议，直至履行完协议这一基本模式。

（三）国内、国际市场经营活动的协调

国内商务谈判和涉外商务谈判是经济活动主体从事或参与国际经营活动的两个不可分割的组成部分。尽管国内谈判与涉外谈判可能是由不同的人员负责的，但由于企业必须保持其国内商务活动和涉外商务活动的衔接，因此国内商务谈判与涉外商务谈判之间存在着密不可分的联系。在了解国际商务谈判时，必须考虑到相关的国内商务谈判的结果或可能出现的状况；反之亦然。

二、涉外商务谈判与国内商务谈判的区别

在把握涉外商务谈判与国内商务谈判的共性的同时，还要认识到这两种谈判之间的区别，进而针对区别采取有关措施，方能取得涉外商务谈判的成功。

涉外商务谈判是跨越国界的谈判，其与国内商务谈判的根本区别源于谈判者成长和生活的环境及谈判活动与谈判协议履行的环境的差异。国内商务谈判双方通常拥有共同的文化背景，生活于共同的政治、法律、经济、文化和社会环境之中。在谈判过程中，谈判者应主要考虑的是双方公司及谈判者个人之间的某些差异。而在涉外商务谈判中，谈判双方来自不同的国家，拥有不同的文化背景，生活于不同的政治、法律、经济、文化和社会环境之中，这种差异不仅形成了人们在谈判过程中的谈判行为的差异，而且会对未来谈判协议的履行产生十分重大的影响。比较而言，由于上述差异，在涉外商务谈判中，谈判者面临着若干在国内商务谈判中极少出现的问题。

（一）语言差异

在国内商务谈判中，谈判双方通常不存在语言差异（谈判者通常都认同并能使用共同的官方语言），从而也就不存在由于使用不同语言可能导致的信息相互沟通上的障碍。但在涉外商务谈判中，语言差异及由此而出现的其他问题始终值得引起谈判者的注意。即便是在使用同样语言的国家，如使用英语的美国、英国，在某些表达上仍存在着一定的差异。语言差异，特别是当两种语言中都有类似的表达但含义却有很大差别时，以及某种表达只有在一种语言中存在时，极易引起沟通上的混淆。如在中国，政府管理企业的方法之

一是根据企业经营管理状况及企业规模等评定企业的等级，如“国家级企业”“国家二级企业”等，在美国则没有这种概念。简单地将“一级企业”和“二级企业”解释为“first class enterprise”和“second class enterprise”，很难让对方理解这种表达的含义，起不到在国内商务谈判中同样表达所能起到的效果，并且有可能使对方产生误解，如将“二级企业”理解为“二流企业”。在拟定谈判协议时，语言差异问题更值得予以深入的分析和研究。

（二）沟通方式差异

不同文化的人群有其所偏好和习惯的沟通方式。涉外商务谈判中的双方经常属于不同的文化圈，有各自习惯的沟通方式。习惯于不同沟通方式的双方之间要进行较为深入的沟通，往往就会产生各种各样的问题。在高内涵文化国家，如中国、日本等，人们的表达通常较为委婉、间接；在低内涵文化国家，直截了当地表达则较为常见。高内涵文化的谈判者比较注重发现和理解对方没有通过口头表达出的意思；低内涵文化的谈判者则偏爱较多地运用口头表达，直接发出或接受明确的信息。来自这两种不同文化的谈判者在进行谈判时，一方可能认为对方过于鲁莽，另一方则可能认为对方缺乏谈判的诚意，或将对方的沉默误解为对其所提条件的认可。沟通的差异不仅表现为表达方式的直接或间接，还表现为不同国家或地区人们在表达过程中动作语言（肢体语言）运用上的巨大差异。有些国家或地区的人们在进行口头表达的同时，伴随着大量的动作语言；另一些国家或地区的人们则不习惯在较为正式的场合运用幅度较大的动作语言。值得注意的是，与口头语言和书面语言一样，动作语言同样也表现出一定的地域性，同样的动作在不同的国家或地区的含义可能完全不同，甚至会有截然相反的含义。对动作语言认识和运用的差异，同样会给谈判中的沟通带来许多问题。

（三）时间和空间概念上的差异

大量研究表明，在不同国家或地区，人们的时间概念有着明显的差异。就谈判而言，有些国家或地区的谈判者时间概念很强，将严格遵守时间约定视为“一种起码的行为准则，是尊重他人的表现”。如在美国，人们将遵守时间约定看成是商业活动及日常生活中的基本准则之一，比预定时间提早到达经常被视为急于成交的表示，迟到则会被看成不尊重对方，至少也是不急于成交的表示。但在拉丁美洲或阿拉伯国家，如果这样去理解对方在谈判桌上的行为，则可能很难达成任何交易，这些地区或国家的谈判者有着完全不同的时间概念。

空间概念是与时间概念完全不同的问题。在不同的文化环境中，人们形成了不同的心理安全距离。在与一般人的交往中，如果对方突破这种距离，就会使自己产生心理不适。有关研究表明，在某些国家，如法国，在正常情况下人们相互之间的心理安全距离较短，而一般美国人的心理安全距离则较法国人长。如果谈判者对这一点缺乏足够的认识，就可能使双方都感到不适。

【小贴士 8-1】

世界各国文化下人们的时间观念和对守时所持的态度大不相同，具体举例如下：

——极为看重：所有北欧国家，日本等部分亚洲国家，德国等。

——赞赏期待：英国、法国、美国、澳大利亚和加拿大。

——较为缓和：欧洲南部和大部分地中海国家。

——宽松态度：绝大多数拉美国家和一些非洲国家。

资料来源 杨丹妮，何浩然，杨眉. 行礼如仪：国际贸易中的非正式游戏规则［M］. 北京：人民教育出版社，2005.

（四）决策结构差异

谈判的重要准则之一是要同拥有相应决策权限的人谈判，至少是与能够积极影响有关决策的人员谈判。这就需要谈判者了解对方企业的决策结构，了解能够对对方决策产生影响的各种因素。由于不同国家的政治经济体制和法律制度等存在着很大的差异，企业的所有制形式存在着很大的不同，商务活动中的决策结构也有着很大的不同。以在国内商务活动中一贯的眼光去评判对手，可能会犯各种各样的错误。如在有些国家，企业本身对有关事务拥有最终决策权，而在有些国家，最终决策权则可能属于政府有关主管部门，对方企业的认可并不意味着合同一定能合法履行。同样是在企业拥有决策权的情况下，企业内部的决策权在不同的国家或地区也会有很大的差异。

在注意到不同国家企业决策结构差异的同时，尤其值得注意的是政府介入国际商务活动的程度和方式。政府对国际商务活动的干预包括通过制定一定的政策，或通过政府部门的直接参与，来鼓励或限制某些商务活动的开展。在通常情况下，社会主义国家政府对国际和国内商务活动的介入程度较高，但这并不等于说资本主义国家的政府不介入企业的国际和国内商务活动。在工业化程度较高的意大利、西班牙及法国，某些重要的经济部门就是为政府所有的。当商务活动涉及国家的政治利益时，政府介入的程度就可能更高。20世纪80年代初，跨越西伯利亚的输油管道的建设问题就充分说明了这一点。当时某一美国公司的欧洲附属公司与苏联签订了设备供应合同，但美国公司及其欧洲附属公司在美国和欧洲国家的政府分别介入的情况下，处于十分被动的局面。美国政府要求美国公司的附属公司不提供建设输油管道的设备与技术，而欧洲国家的政府则要求公司尊重并履行供应合约，争议最终通过外交途径才得以解决。由于涉外商务活动中可能面临决策结构差异和不同程度的政府介入，因而涉外商务谈判可行性研究中的对手分析远比国内商务谈判中的有关分析复杂。在某些情况下，谈判者不仅要有与对方企业谈判的安排，而且要有与对方政府谈判的打算。

（五）法律制度差异

基于不同的社会哲学有不同的社会发展轨迹的差异，不同国家的法律制度往往存在着很大区别。要保证谈判活动的正常进行，保证谈判协议能够得以顺利实施，正确认识法律制度的差异是不可忽视的。与此同时，一个值得注意的现象是，不仅不同国家的法律制度存在着明显的不同，不同国家的法律制度得以遵照执行的程度也有很大不同。在涉外商务谈判中，谈判者需要遵守那些自己并不熟悉的法律制度，同时，还必须充分理解有关的法律制度，了解其执行情况，否则就很难使自身的利益得到切实的保护。

（六）谈判认识差异

在不同文化中，人们对参与谈判的目的及所达成的合同的认识也有很大差异。如在美国，人们通常认为，谈判的首要目的，也是最重要的目的，是与对方达成协议，人们将双方达成协议视为一项交易的结束，至少是有关这一交易的磋商的结束。而在东方文化中，如在日本，人们则将与对方达成协议和签署合同视为正式开始了双方之间的合作关系。对达成协议的这种理解上的差异直接关系到人们对待未来合同履行过程中所出现的各种变化的态度。根据完成一项交易的解释，双方通常就不应修改合同条件，而若将签署协议视为开始合作关系，则随着条件的变化，对双方合作关系做某些调整是十分合理的。

（七）经营风险差异

在国内商务活动中，企业面临的风险主要是因国内政治、经济、社会、技术等因素变化而可能导致的国内市场条件的变化。在涉外商务活动中，企业在继续面临这种风险的同时，还要面对远比这些风险复杂得多的国际经营风险，包括国际政治风险，如战争、国家之间的政治矛盾与外交纠纷、有关国家政局及政策的不稳定等；国际市场变化风险，如原材料市场和产成品市场供求状况的急剧变化；汇率风险，如一国货币的升值或贬值等。国际商务活动中的这些风险一旦成为现实，就会对合作双方的实际利益产生巨大的影响，会对合同的顺利履行构成威胁。因此，谈判者在磋商有关的合同条件时，应对可能存在的风险有足够的认识，并在订立合同条款时，考虑采取某些预防性措施，如订立不可抗力条款、订立应对汇率调整和国际市场价格急剧变化风险的条款等。

（八）谈判地域差异

在面对面的国际商务谈判中，至少有一方必须在自己相对不熟悉的环境中进行谈判。由此必然会带来一系列的问题，如长途旅行所产生的疲劳、较高的费用、难以便捷地获得自己所需要的资料等。这种差异往往要求谈判者在参与国际谈判时，投入更多的时间和进行更充分的准备工作。

三、涉外商务谈判成功的基本要求

以上我们分析了涉外商务谈判与国内商务谈判的异同。从分析中，我们很容易得出这样的结论，即涉外商务谈判与国内商务谈判并不存在质的区别。但是，如果谈判者以与对待国内谈判对手、对待国内商务活动同样的逻辑和思维去对待涉外商务谈判对手，去处理国际商务谈判中的问题，则显然难以取得国际商务谈判的圆满成功。在国际商务谈判中，除了要把握在前面几章中所阐述的谈判一般原理和方法外，谈判者还应注意以下几个方面：

（一）要有更充分的准备

涉外商务谈判的复杂性要求谈判者在谈判之前要做更为充分的准备。一是充分地分析和了解潜在的谈判对手，明确对方企业和可能的谈判者的个人状况，分析政府介入（有时是双方政府介入）的可能性，及其介入可能带来的问题。二是研究商务活动的环境，包括国际政治、经济、法律和社会环境等，评估各种潜在的风险及其可能产生的影响，拟定各种防范风险的措施。三是合理安排谈判计划，解决好谈判中可能出现的体力疲劳、难以获得必要的信息等问题。

（二）正确对待文化差异

谈判者对文化差异必须要有足够的敏感性，要尊重对方的文化习惯和风俗。西方社会有一句俗语："在罗马，就要做罗马人（In Rome，Be Romans）。"其意思也就是中国的"入乡随俗"。在涉外商务谈判中，"把自己的脚放在别人的鞋子里"是不够的，谈判者不仅要善于从对方的角度看问题，而且要善于理解对方看问题的思维方式和逻辑。任何一个国际商务活动中的谈判人员都必须认识到，文化是没有优劣的。必须尽量改变模式化地看待另一种文化的思维习惯。

【案例8-1】

一位美国商人在接待中东的客人前，了解到他们都是虔诚的穆斯林教徒，在赠送礼品时特意准备了纯银指南针。这位美国商人经过了解得知，穆斯林每天都要祈祷五次，并且需要面朝圣城麦加。将指南针作为礼物，能够帮助来客指明方向。

（三）具备良好的外语技能

谈判者能够熟练运用对方的语言，至少双方能够使用一种共同语言来进行磋商交流，对提高谈判过程中双方交流的效率，避免沟通中的障碍和误解，有着特别重要的意义。

【小贴士8-2】

去异域开展商务活动，切勿携带太多的“文化行李”。身处异乡，难免会遇到许多不同文化的产物，但请不要将其他文化与自己的文化进行比较，更不要以自己的标准评判谁好谁坏。在文化的价值上，无法用好坏来评判。不同文化群体的价值观相当于硬币的正反两面，而两面都是硬币的一部分。

资料来源　杨丹妮. 商人在WTO背景下的行礼如仪［J］. 重庆工商大学学报，2002.

任务二　欧美商人的谈判风格

一、美国商人的谈判风格

美国商人的谈判风格很有特点，从我国对外贸易的角度讲，美国是我国的主要贸易伙伴，在合资、合作的项目中，从美国引进的资金与技术也占较大的比重。因此，研究并掌握美国商人的谈判风格是十分必要的。

（一）性格外向、爽直干脆

美国是超级经济大国，在国际贸易中有着举足轻重的影响，相应地，美国人的谈判方式在世界上恐怕是最有影响的。从《独立宣言》发表之日算起，美国是仅有200多年历史的年轻国家。在美国历史上，大批拓荒者曾经冒着极大的风险，从欧洲大陆来到北美洲，早年的开拓精神使美国人具有强烈的进取精神。美国是个移民国家，人口流动性大、开放程度高、现代意识强。由于移民们的社会等级变化不定，东方的君主制和西方的世袭制贵族无法生存。因此，在这块土地上生存的人不受权威与传统观念的支配。这种社会文化历史背景，培养了美国人强烈的创新意识、竞争意识。同时，由于受到犹太民族追求商业利益秉性的深刻影响，他们重实际、重功利、守信用、重视效率等。

（二）自信心强

美国人总会十分自信地步入谈判会场，不断地发表自己的见解和权益要求。他们外露直率，能直接地向对方表露出真挚、热忱的情绪。他们充满了自信，随时能与别人进行滔滔不绝的长谈。他们总把物质利益上的成功作为获胜的标志。

（三）追求实利

美国人办事比较干净利落，他们总是兴致勃勃地开始谈判，乐意以积极的态度来谋求自己的利益。他们精力充沛，能迅速地把洽谈引向实质性主题。他们注重利益，善于使用策略，使用各种方法，同时希望对方也具有这种能力。

他们非常赞赏那些精于讨价还价，为取得经济利益而实施各种方法的人，尤其是“棋逢对手”时，更易于洽谈。在商务谈判中，美国人认为自己的商品好、质量高，就要出高价；但他们也不是等待顾客上门，而是积极地采用各种方式进行宣传，使谈判对手知道其商品好在什么地方，并且心甘情愿地出高价买下来。

（四）注重效率

美国人的时间观念很强，在美国有句谚语：“不可盗窃时间。”在美国人的观念中，时间也是商品，时间就是金钱。如果你占用了他的时间，就等于你偷了他的美金。美国人常用“分”来计算时间，例如周薪为1万美元，每分钟值10美元等，他们在洽谈中连一分钟也舍不得去做无聊的会话和毫无意义的谈话。美国人遵守时间，珍惜时间，因此，保证了洽谈的高效率。

（五）尊重合同，重视法律

美国人的法律意识根深蒂固，生活中的一切方面都可以诉诸法律。美国是“装在轮子上的国家”，人口不断流动，无法建立稳固和持久的社会关系。因此，人们只能用不以人际关系为转移的法律作为保障生存和利益的有效手段。在美国自行车说明书上经常看到这样一句话：“骑车水平不高或天气不好可能摔倒。”看似多余并且可笑，但遇到起诉时却能保护制造商。

美国地域宽广，而且种族繁多，人口颇多。因此有必要把美国分成不同的地域，分别研究美国人的处世方式、商业习惯，这样才能在谈判中得心应手，取得成功。美国的中西部地区，包括俄亥俄、明尼苏达、密苏里等12个州，那里的人相对比较保守，同时他们比较朴素，喜欢交往，和蔼可亲。所以，在准备与他们做生意之前，可以经常邀请他们去高尔夫球场等娱乐场所，以朋友的身份款待他们。如此一来，以后再与他们进行商务谈判，他们就会如同欢迎多年的老朋友。中西部地区有个商业习惯，每年9—11月，一次性采购一年所需的货物。所以，如果同他们做生意，就要盯住这段“黄金时间”，错过了这段时间，会给商务谈判增加许多困难。

美国的西部地区，即太平洋沿岸，最突出的特点就是年轻。这里商业习惯还未完全定型，传统的束缚比较少，缺乏商业经验。在这些地区内，要想洽谈成功，就必须亲自访问，亲自洽谈，认真和对手谈判，才能有良好的结果。西部人看重信用，近乎苛求。如果有违背信誉的行为被他们发现，他们在心中就把不守信用的人判了“死刑”。

美国南部地区，包括得克萨斯以东的北卡罗来纳、田纳西、阿肯色、俄克拉荷马等州及以南的各州，共12个州。南部人常常以自己身为南部的后裔而自豪，他们同样和蔼可亲，待人很殷勤。他们比较直爽，但有的稍微性急些。如果你想和他们洽谈生意，千万要忍受这一点。如果你某一天在谈判桌上被他们气势汹汹地责问，言辞激烈，怨声不断，你千万别生气，应耐心地向他们解释，当你解释完，他们会很容易地给你笑脸。南部人比较随和，也比较保守，一般需要长久的时间才能建立商业关系。

美国的东部地区以纽约、华盛顿为中心，一直在美国的政治、经济、金融和贸易中处于领导地位。东部人做生意非常苛刻。假设你和一个东部人订立了大批货物的买卖合同，在临近交货之际，如果他们发现国际市场行情发生变化，该种货物的价格急剧下降或出现了更为优秀的代用品，那么他们就会在合同中千方百计地寻找理由毁约，全不顾及你的难处。因此，同他们签合同时，要绝对地注意用词的严谨，不让他们有机可乘，站稳自己的立场。东部人不仅精明，而且很难与其讨价还价。

【案例8-2】

美国的电子机械制造商华格纳公司向台湾的中小企业三友公司提议双方共同研究半导体。虽然三友公司规模不大，仅有两百名员工，但是它在这一专业领域中却开发出了世界上最先进的技术。华格纳公司极欲得到这项技术，便以典型的美式做法向三友公司提出技术合作的要求。

华格纳公司的高级主管用三寸不烂之舌，向三友公司董事长游说这项研究的发展前景。三友公司董事长犹豫不决：一来担心技术合作会消减自己技术开发的独立精神，而造成依赖华格纳公司的局面；二来忧虑将来若是进入生产阶段，势必得由资金雄厚的华格纳公司来发号施令。

除此以外，三友公司董事长也慎重考虑到是否有技术合作的必要性。双方谈判了将近十个月，彼此互访了对方的总公司，但是三友公司董事长仍然在犹豫。而华格纳公司恰好在此时犯下了致命性的错误。

该公司的副总裁是毕业于哥伦比亚大学的优秀人才，对于谈判迟迟未获进展感到焦躁不满。“事实上，本公司拥有足够买下三友公司的雄厚财力。”他在会议上说出了这句带威胁性质的话。因为三友公司是由其董事长一手创建的，其发明了数百种产品，不但深深地引以为傲，更具有一份浓厚的感情，他听到这句话之后便不再迟疑：“很遗憾，我决定不与贵公司技术合作。”

以金钱利诱不遂，便采取威胁手段压迫对方，得到了恰恰相反的效果。三友公司董事长认为美国人行为处事蛮横鲁莽，不能成为长期技术合作的伙伴。

资料来源　佚名. 哈佛经理谈判分析［EB/OL］.（2012-07-27）. http：//www.docin.com/p-450557734.html.

二、德国商人的谈判风格

德国是世界上经济实力最强的国家之一，工业发达，生产效率高，产品质量堪称世界一流。企业的技术标准十分精确具体，德国人也一直以此为荣，从而形成了德国人在谈判中的自信、审慎、严谨的谈判风格。

（一）思维缜密，考虑问题周到，谈判有计划性

德国谈判人员喜欢直接表示其希望达成的交易，准确地确定交易的形式，详细地规定洽谈的议题，全面地拟定一份涉及所有议题的报价表。在商务谈判中，他们的陈述和报价都非常清楚、明确、坚决和果断。如果洽谈对手的思维混乱，往往会引起他们的反感和不满。

德国人的思维具有系统性和逻辑性，因此在谈判前往往准备得很充分、很周到、很具体。他们不仅要调查和研究对方要购买或销售的产品，而且还要仔细研究对方的公司。看对方是否可以作为一个潜在的商业伙伴。德国人在资金上非常保守，不愿意冒风险，因此，在准备阶段，他们特别重视谈判对手公司的资信状况，对手的建议是否反映了这种资信。所以，同德国人做生意，一定要在谈判前做好充分准备，以便回答关于公司和所提出

建议的详细问题。

德国人不太热衷于采取让步的方式。因为德国人考虑问题周到、系统，准备充分，但又缺乏灵活性和妥协性，他们这样做就不足为怪了。这种方式的威力是很强大的，其在报价阶段表现得尤为明显。一旦德国人提出了报价，这个报价就显得不可更改，而且讨价还价的余地也会大大缩小。如果你想同德国人做贸易，你应在德国人报价之前就进行摸底，并且陈述自己的立场、观点。但所有这些，要做得迅速，因为德国人会非常快地把谈判引入磋商阶段。同时，德国人经常在签订合同之前的最后时刻试图让你降低价格，这时你必须有所提防，或者拒绝，或者做出最后的让步。

（二）十分讲究谈判效率

德国人还具有名副其实的讲究效率的声誉。德国企业的技术标准极其精确，对于出售或购买的产品他们都要求最高的质量。如果你要同德国人做生意，你一定要让他们相信你公司的产品可以满足交易规定的各方面的一贯高标准，德国人认为“研究研究”“考虑考虑”“过段时间再说”等拖拖拉拉的说法和行为，对于一个谈判者和生意人来说简直是耻辱。他们的座右铭是“马上解决”。在优秀的德国人的办公桌上，看不到搁了很久的悬而未决的文件。他们认为判断一个决策者是否有能力的方法很简单，只要看看他办公桌上的文件是否被快速有效地处理就行了。如果文件积了一堆，大多是“待调查”“待讨论”“待研究”而拖了又拖的事，那就可以断定此人至少不是一个诚挚的谈判人员。

（三）谈判人员十分自信

德国人非常自信，他们对本国的产品极有信心，在商务谈判中，他们常常会用本国的产品作为衡量的标准。他们在商务谈判中，坚持己见，权利与义务划分得清清楚楚。不但在商业活动中是这样，就是在日常生活中，权利与义务的意识也很强。

（四）重合同、守信用

德国人有“契约之民”的雅称。他们崇敬合同，严守合同信用，因此，他们对合同条文研究得比较仔细，要求谈判协议上的每个字、每句话都十分准确。一般来说，签订合同之后，他们就绝对会履行，发生任何问题也决不毁约。例如，尽管有时他们未在发票上签字，但到了付款日期，也一定会汇款过来。因此在他们之中很难找到一个背信弃约的人，如果有的话，那是要追究其责任、承担损失赔偿的。

德国人有很强的时间观念，如果你在谈判时迟到，那么德国人对你不信任的反感心理就会溢于言表。在签订合同之后，应严格遵守交货日期或付款日期，任何宽延或变更的要求都是不会被理睬的。

（五）对待个人关系十分严谨

日本人喜欢在晚上洽谈生意，德国人恰好相反。在德国，一般人都认为晚上是家人团聚的时间，而且他们认为你也具有相同的想法，因此他们不会在晚上约你。同样，如果你冒昧地请德国人在晚上进行商务谈判，那是不受欢迎的。

【案例8-3】

经营一家户外运动服饰外贸公司的牛经理，曾经接待了一位来自德国的批发商及其夫人。为了给客户留下良好的第一印象，牛经理特意在这对夫妇下榻的酒店房间里摆放了一束18支红玫瑰组成的花束。然而，牛经理并不知道，在德国人看来，送一束双数花朵的花束是不吉利的。更糟糕的是，送一束玫瑰花给德国女士富有浓厚的浪漫暗示，牛经理的这一做法，竟有向对方夫人献媚之嫌。在德国、澳大利亚和瑞士，红玫瑰只送给情人，代表着“我爱你”的意思。

三、俄罗斯商人的谈判风格

我国与俄罗斯有较长的边境线，双方边贸历史悠久，近几年贸易额急剧增加，双方合资合作范围也在不断扩大。因此，研究俄罗斯商人的谈判风格，具有较大的现实意义。

（一）谈判时缺乏灵活性

俄罗斯人不容易改变自己的看法。在洽谈价格时，无论对方的价格有多低，他们总是不会接受你的第一次报价。所以在第一次洽谈过程中，你要具有一定的灵活性。你可以事先特地为俄罗斯人印好一份标准价格表，这份表上的所有的价格实际上都有适当的溢价。这就能给后面的洽谈留下余地。

（二）善于在价格上讨价还价

俄罗斯人虽有拖拖拉拉的作风，但在谈判桌上绝对精明，他们常常是经过充分准备的，他们深深地懂得如何在交易中以少换多。为了讨价还价，他们一般采取以下方法：

(1) 欲擒故纵。他们常常这样对洽谈对手说：“我们实在无法同你洽谈生意，你的价格同你的竞争者相比实在太高了，如果我们同他们谈判，现在就已经达成协议了。”你不能被这些话糊弄住，如果他们真能从你的竞争者那里得到低价，就不会费那么大的劲儿与你洽谈了。

(2) 降价求名。在谈判中他们会如此告诉你：“如果我们第一次向你订货，你的开价较低，那么你就会源源不断地接到新的订单。”你可别相信这样的话。一旦他们得到了低价，他们就会要求价格永远保持在低水平上。

(3) 虚张声势。在谈判中，他们会大声喊叫，连说：“太不公平了。”或者是梆梆地敲桌子，以示自己的不满和抗议，甚至还会拂袖而去。你最好是不为所动。假如你真的降低了价格，你会为自己的做法后悔不迭的。

（三）重视谈判项目中的技术内容和索赔条款

俄罗斯人办事拖拉，做事断断续续，效率特别低。首先，表现在他们常常把许多专家带到洽谈中，诸如技术专家、经济专家或法律专家，这样不可避免地扩大了谈判队伍，由于每个专家都要在谈判中维护和争得各自的地位，这就拖长了谈判时间。其次，表现为行动迟缓，据说，在俄罗斯的语言中没有一个字确切地表示紧急的意思。他们绝不可能让自己的工作节奏适应你的时间表。在谈判期间，如果你向他们发信或打电报，征求他们的意见，他们根本不回答，即使回应了，也是在你认为没必要的时候了。因此，在同俄罗斯人做生意时，切勿急功近利，要耐心等待。

（四）喜欢采用易货贸易形式

在俄罗斯，由于缺乏外汇，他们喜欢在外贸交易中采用易货贸易的形式。俄罗斯的易货贸易发展得十分迅速，但近两年来，俄罗斯开始限制生产资料等自然资源的外流，使易货贸易的发展势头有所减缓。易货贸易的形式比较多，如转手贸易安排、补偿贸易、清算账户贸易等。这样就使贸易谈判活动变得十分复杂。在对外贸易中，俄罗斯人采用的易货贸易形式也比较巧妙。他们一开始并不一定提出货款要以他们的产品来支付，因为这样一来，对需要硬通货的公司缺乏吸引力，也会使自己处于劣势地位。他们在与外国商人洽商时，先拼命压低对方的报价，然后再提出用他们的产品来支付对方的全部或部分货款。由于他国商人已与俄罗斯人进行了广泛的接触，谈判的主要条款都已商议妥当，所以他们使出这一招时，往往使对手感到很为难，也容易妥协让步。

需要指出的是，如果俄罗斯人提出用他们的产品来支付全部或部分货款，或者以帮助他们把某些商品销售给支付硬通货的第三方所得的价款来支付全部或部分货款，那么，你一定要认真考虑其所涉及的时间、风险和费用。易货是一种好的交易形式，但当交易的商品没有市场时，那么，还不如没有这种交易的好。

任务三　亚洲商人的谈判风格

一、日本商人的谈判风格

各国的谈判专家都公认日本人是最成功的谈判者之一。日本人在谈判者中最具个性和魅力，也是最会运用各种策略和技巧的谈判者。

（一）具有强烈的群体意识，采用集体决策方式

研究日本企业的专家认为，日本企业取得成功的原因之一就是团体主义精神。单个日本人与世界上其他国家的人相比，在思维、能力、创新精神或心理素质等方面并不是出类拔萃的。但日本人一旦组成一个团体，这个团体的力量就变得很强大。在日本企业中，决策不是由最高领导层做出的，而是实行自下而上的集体决策。当企业对某项事务需要进行决策时，企业内部的有关人员都有发言权。企业最高层通常指派一个年轻人，负责将要决策的事务情况写成书面材料，然后征询企业有关人员的意见，集中各方面的意见，然后做出决策。这种决策在制定阶段所费时间较长，付诸实施却极为迅速。因此在谈判过程中，经常出现这样的情况：当遇到一些日本人事先没有准备过或内部协商过的问题时，日本人很少当场明确表态，拍板定论。同样，在与日本企业打交道时，要建立和培养与其中层领导干部人员以及其他有权参加决定的社员之间的良好关系，常常有助于交易的开展。

日本人注重集体观念，不喜欢个人主义和以自我为中心的人。因此，在谈判中，应该率团参加，至少应等同于对方的人数，否则，日本人就会怀疑你的能力、代表性以及在公司中的人际关系；同时，他们也认为你不把对方放在眼里，是极大的失礼。

【案例8-4】

一般人们都以为日本人很擅于接待客人。其实不然，对外国人而言，日本人有三大缺点：接待过度、缺乏幽默感以及送礼不当。

一位英国人到日本采购机器，以下是他的独白：

吃完个人式火锅之后，原以为疲惫的一天终于可以告一段落，没想到又被邀往银座的俱乐部，日本人和他们熟识的女侍嬉笑作乐，我们却只能坐在一旁干瞪眼。

日本人似乎对我们的感受浑然不知，接下来又拼命地邀请我们去卡拉OK，当时我太太还在旅馆等着我。虽然很想回去休息，但若是拒绝，恐怕会影响到明天的谈判，在身不由己的情况下，只好强颜欢笑地随他们前往卡拉OK。

天哪！这种震耳欲聋的噪音！但是俗话说："入乡随俗"。尽管心里很不愉快，我表面

上仍跟着打拍子。不过这下子问题又来了，日本人以为我也玩得很高兴，请我上台露一手。虽然一再地婉拒，日本人却无视我的意愿，还强邀不停。可是再怎么不悦，心里终究惦记着明天的谈判，只好勉为其难地表演一曲。

经过三天的谈判，双方总算是谈妥条件。在拍摄纪念照片的时候，日本的总经理送了一份包装精美的东西，说是给太太的礼物，打开一看，是一件名牌雨衣，颜色还不错，至少不是太太讨厌的颜色，可是尺码太小了，日本人的M尺寸相当于西方人的S尺寸，太太根本穿不下。

怎么办呢？坦白告诉对方，要求换一件吗？这种话在日本大概是很失礼的吧？正在犹豫时，总经理开口了："这件外套是日本最高级的品牌，质料非常好，一定很适合你太太。"

他根本不认识我太太，怎么可以说出这种凭空瞎猜的话呢？心里虽然不高兴，脸上还是得装出笑容："非常谢谢你送给我这么好的礼物。"

总经理听了显得很得意，他大概做梦也没有想到这份礼物非但没有让我高兴，反而造成了反效果。

资料来源 佚名. 哈佛经理谈判分析［EB/OL］.［2017-09-22］. http://www.eywedu.com/harvard/mydoc046.htm.

（二）讲究礼仪，爱面子

日本是礼仪之国，待人接物非常讲究礼仪。日本人在迎接客人时一般要提前到场，他们非常注意地位的等同，如果不是特殊的客人，他们很少把迎接工作搞得过大，因为他们会觉得，这会使客人不自在。

日本人在贸易活动中常有送礼的习惯。他们认为礼不在贵，但选择时要讲究特色，有一定的纪念意义。如果礼物能体现对本人，或对公司的尊重的话，那肯定是件上好的礼物。日本人等级观念非常强。对象不同，礼物的档次应有所区别，如果您送给日本总裁的礼物跟送副总裁的礼物没有差别，那么前者就会觉得受辱，而后者也会觉得难堪。日本商界女性较少，但也要准备好送给女性的礼物，应注意的是，送给日本女性客人的礼物，应由女性来给。日本人有一习惯，主人应向初次见面的客人送一份礼物，但并不要求初次来访的客人非要带上礼物不可。与欧美国家不同的是，日本人一般不当着送礼人的面打开礼物，否则送礼人会感到不自在。

日本大多数成年人都有名片。名片实际上是一种介绍信，把自己的有关情况介绍给对方。日本人在交换名片时要行鞠躬礼，而且根据对象的不同，会有15度、30度、45度等不同的鞠躬度，对男女鞠躬的要求又存在不同。日本人在交换名片时，要求双手递上，同样，对方递交来的名片也要双手去接。接过名片后，认真地看，同时微笑点头，并两眼平视对方，说上一句"见到你很高兴"之类的客套话。否则，如果把收到的名片随手装入口袋，就意味着没有把对方放在眼里，就是故意使对方丢脸。

日本人非常讲究面子，他们对任何事都不愿说"不"。在洽谈过程中，日本人即使对对方的某方面的提议有保留意见或不同意的看法，在一般情况下也很少直接地予以拒绝或反驳，因为他们认为直接拒绝对方会惹怒对方或使对方难堪，是极其粗鲁无理的。他们一般通过迂回的方式来陈述自己的观点，或支支吾吾，以示为难，因此，在洽谈中，你必须善于察言观色，仔细体会“是”是表示同意，还是不同意，还是有待考虑。只有懂得日本的语言的或非语言的暗示、信号，才能准确把握日本人的实际态度，掌握谈判的进展。

（三）准备充分，考虑周全，谈判时很有耐心

日本人的文化深受中国文化的影响，特别是儒家文化，已深深地植根于日本人的内心深处。同时，日本人又在中国文化的基础上创造出独特的东西。他们有很强的事业心、进取精神，工作勤奋刻苦，态度认真且一丝不苟，事前的准备工作充分。

日本人比较交易的长远影响，并着眼于建立长期的交易关系，并不十分讲究眼前利益。因此，在谈判中，往往善于“蘑菇战”。当然，这是有其特定背景的。日本人在实施拖延战术的过程中，会想方设法了解你的意图，而你却很难搞清他们的意图。如果你急于求成，他们会拼命杀价，经常把你折磨得筋疲力尽，有时能拖到临上飞机前才接受你的价格和条件。

（四）注重在谈判中建立和谐的人际关系

在日本人的观念中，个人之间的关系占据了统治地位。日本人在同外国厂商进行初次的商务交往时，喜欢先进行个人之间的直接的面谈接触，而不喜欢通过书信来进行交往。与找上门的客商相比，日本人更乐于接受经过熟人关系介绍来的客商。因此，当你初次访问日本厂商时，你应该事先托朋友、本国使馆人员或其他熟悉的人介绍。

在商务谈判中，如果你的日语掌握得不够娴熟，就不要用日语进行商谈，因为日语的隐含意思比较多，弄不好就会引起对方的误解。你最好找一名翻译，这名翻译最好既为你所信任，又为日本人所信任。如果你能找到这样的翻译，那么便可解决许多问题。他不仅可以帮你了解日本人的想法、要求，而且还可以避免双方因意见不一致而出现尴尬的局面，保住了日本人的面子。

日本人很注重和谐的人际关系，因此在谈判中，日本人有相当多时间和精力是花在人际关系上的。在洽谈开始时，如果直接进入业务谈判，那么对方会认为你不值得交往，你以后会处处碰壁，因此在洽谈之初，都少不了一番“寒暄”。如果你与日本人有过交往，那么就应尽力地回忆一下过去双方的交往与友谊。如果你与日本人初次见面，你可以谈谈日本人的各个方面，可以通过迂回的形式称赞对方；你可以谈谈中国的历史、哲学，特别是儒家文化，日本人对这些方面很感兴趣，有的还达到了专家水平。如果你在这方面有所研究，日本人就会对你肃然起敬，有助于下面的谈判。

日本人参加谈判是不带律师的。他们觉得带律师参加谈判，就是在蓄意制造以后的法律纠纷，是一种不友好的行为。同样，日本人从不把合同放在眼里，他们喜欢相信人而不是相信契约，在他们看来，合同无关紧要，至关重要的是相互间的信任和诚实。如果你仅以合同相约，他们就认为你对他们缺乏信任，怀疑他们没有诚意。当然如果情况发生变化，对他们不利，日本人照样可以撕毁合同。

【案例8–5】

日本高级官员每次访问美国，对于美、日之间所存在的问题，日本高级官员总是满口答应“一定更加努力”或“尽力加以改善”。开出来的支票必须兑现，这是世界共通的常识，口头承诺等于契约，日后美国人理所当然地会提出具体的要求，希望日本能够遵守承诺。然而，这类要求往往令日本人感到愕然，因为日本人从一开始就无意

兑现那张“空头支票”。如在卡特执政时，日本方面曾“保证”增加9.5%的国防预算，但实际上仅仅增加了7.6%，此事激怒了卡特政府。诸如此类的事件层出不穷，日本人不懂得何谓“一言九鼎”。

日本式谈判的最大缺点是言行不一致，日本人习惯于相当随便地做出口头承诺，尽管口中答应，却并不认为它代表某种承诺。

资料来源　佚名．哈佛经理谈判分析［EB/OL］．［2017-09-22］．http：//www.eywedu.com/harvard/mydoc046.htm.

二、韩国商人的谈判风格

韩国人同日本人一样，也受到儒家文化的影响，但同时受美国文化的影响也比较大，所以韩国人有点西方文化味道。在与韩国人打交道时，应注意两种文化的融合。

（一）注重谈判前的咨询

韩国商人十分重视商务谈判的准备工作，谈判前，通常要通过海内外的有关咨询机构了解对方的情况，如经营项目、规模、资金、经营作风以及有关商品行情等。如果对谈判对手没有一定的了解，他们是不会坐在谈判桌前的。而一旦坐在谈判桌前，那么可以充分肯定，韩国商人一定已经对这场谈判进行了周密准备，从而胸有成竹了。

（二）注重谈判礼仪和营造良好的气氛

韩国商人十分注意选择谈判地点，一般喜欢选择有名气的酒店、饭店会晤。会晤地点如果是韩国方面选择的，他们一定会准时到达。如果是对方选择的，韩国商人则不会提前到达，往往会推迟一会儿到达。在进入谈判地点时，一般是地位高的人或主谈人走在最前面，因为他也是谈判的拍板者。

韩国人讲究礼貌，待客热情。见面时，一般用咖啡、不含酒精的饮料或大麦茶招待客人，有时候还加上适量的糖和淡奶。

韩国商人十分重视会谈初始阶段的气氛，一见面便会全力营造友好的谈判气氛，热情地与对方打招呼，介绍自己的姓名、职务等。落座后，再寒暄几句与谈判无关的话题，如天气、旅游等，以此营造一个和谐的气氛，然后才正式开始谈判。

韩国商人逻辑性强，做事喜欢条理化，谈判也不例外。所以，在谈判开始后，他们就与对方商谈谈判的主要议题。而谈判的主要议题虽然每次各有不同，但一般需包括五个方面的内容：阐明各自意图、叫价、讨价还价、协商、签订合同。尤其是较大型的谈判，韩国人往往直奔主题，开门见山。在谈判过程中，韩国人远比日本人爽快，但善于讨价还价。有些韩国商人直到最后一刻，仍会提出“价格再降一点”的要求。他们也有让步的时候，但其目的是在不利形势下，以退为进来战胜对手。

（三）注重谈判技巧

韩国人通用的谈判方法主要有：

（1）横向协议法，即在进入实质性谈判时，先把需要讨论的条款统统罗列出来，然后逐条磋商，从头到尾商议一遍后，再从第一条条款开始检查有无分歧或需要补充的内容，直至最后一条条款。在此基础上，就分歧或补充内容进行磋商，寻找共同点。

（2）纵向协商法，即对合同提出的条款，逐项进行磋商，在出现的问题或争议得到解决后，转入下一条款的磋商。

此外，有的韩国商人在谈判中将“横向协商法”和“纵向协商法”结合使用，即在磋商前后两部分条款时分别采用横向、纵向两种协商方法。这主要视条款内容而定，以选择有利于自己的谈判方法为前提。

韩国人常用的谈判技巧主要有：

(1) 声东击西，即在谈判中利用对自己不太重要的问题吸引和分散对方的注意力。假如在谈判中韩国商人最关注运输问题，而对方把注意力放在价格上，韩国人就会提出付款问题，把对方的注意力引到这一问题上来，以图迷惑对方，并相应地给对方一点好处，以诱迫对方在关键条款上做出让步。同时，也为协商最重要条款争取准备时间，并缓解争议，以变换手法，采取新的对策等。

(2) 先“苦”后乐，即在谈判中以率先忍让的假象，换取对方最终的让步。如韩国商人打算要求对方降低价格，但已探明不增加购货量对方很难接受，而自己又不愿增加购货量，这时，他们会先在产品质量、运输条件、交货期限、付款条件等问题上向对方提出严格的要求，然后在磋商上述条款时，极力让对方感到他们是在冒受损失的风险做出让步，这时提出降价问题，对方大多会给予考虑。

此外，韩国商人针对不同的谈判对象，还经常使用“疲劳战术”“限期战术”等。

【本章小结】

涉外商务谈判是指跨越国界的分属于不同国家的商务活动主体为实现各自的目的相互之间所进行的磋商。

国内商务谈判和涉外商务谈判都是商务活动的必要组成部分，它们之间既存在着十分明显的区别，也存在着许多共性。其共性主要表现在：都是为特定目的与特定对手的磋商；谈判的基本模式是一致的；国内、国际市场经营活动的协调。其区别表现在语言差异、沟通方式差异、时间和空间概念上的差异、决策结构差异、法律制度差异、谈判认识差异、经营风险差异、谈判地域差异等方面。

在国际交往和涉外商务谈判中，除了了解涉外商务谈判与国内商务谈判的差异外，还应了解和掌握不同国家商人的谈判风格，才能因势利导，取得谈判的成功。

美国商人的谈判风格主要是：性格外向、爽直干脆；自信心强；追求实利；注重效率；尊重合同，重视法律。

德国商人的谈判风格主要是：思维缜密，考虑问题周到，谈判有计划性；十分讲究谈判效率；谈判人员十分自信；重合同、守信用；对待个人关系十分严谨。

俄罗斯商人的谈判风格主要是：谈判时缺乏灵活性；善于在价格上讨价还价；重视谈判项目中的技术内容和索赔条款；喜欢采用易货贸易形式。

日本商人是世界公认的最会运用谈判策略的谈判者，其谈判风格主要是：具有强烈的群体意识，采用集体决策方式；讲究礼仪，爱面子；准备充分，考虑周全，谈判时很有耐心；注重在谈判中建立和谐的人际关系。

韩国商人的谈判风格主要是：注重谈判前的咨询；注重谈判礼仪和营造良好的气氛；注重谈判技巧。

【思考题】

1.涉外商务谈判与国内商务谈判的差异主要表现在哪些方面?

2.美国商人的谈判风格如何?

3.与德国商人谈判时应注意些什么?

4.日本商人的谈判风格如何?与日本商人谈判时应注意些什么?

5.该如何与俄罗斯商人做生意?

【案例分析】

强硬策略破解僵局

——鲁冠球与美国商人的合作谈判

1986年9月的一天，杭州万向节厂外贸洽谈室的气氛十分火爆。厂长鲁冠球正与美国俄亥俄州某公司国际部经理莱尔进行着一场紧张激烈的谈判。

美方要求杭州万向节厂的产品都要经过他们公司出口，不准自己销往其他国家。鲁冠球当然不同意，因为这意味着放弃许多机会。双方僵持不下。

在谈判桌一边的组合沙发里，坐着来自美国俄亥俄州某公司国际部经理莱尔。这家公司历史悠久，万向节销售网络遍布南美洲、亚洲、澳洲等地。莱尔先生见多识广，自以为实力雄厚，胜券在握，说出来的话难免咄咄逼人。此时，他向鲁冠球抛出一个“杀手锏”:“我希望厂长先生还是签订这个协议为好。否则，我方将削减对贵方的进口数量，这对贵方造成的损失是巨大的。”

年过花甲的公司总裁特伦斯·多伊尔先生须发染霜、身材魁梧，浓重的眉毛下深藏着一双让人捉摸不透的蓝眼睛。他看上去颇有教养，慢条斯理地说:“尊敬的鲁先生，您会看到，我们与贵厂可以有两种关系。第一种是我们提供技术、资金、先进设备、市场情报，代培工程师，但条件是贵厂的产品只能由我们独家经销。第二种是你们可以把产品出口给其他客户，我们也可以不买杭州万向节厂的产品，而转向购买印度、韩国、巴西、中国台湾的产品。鲁先生，您想选择哪一种呢?”

美方的软硬兼施，鲁冠球早已料到。这几年，杭州万向节厂的产品在国际市场上的声誉日盛，美方几次来杭州谈判，都提出独家经销。鲁冠球认为，签订这样的协议，无异于绑住自己的手脚，使自己受制于人。

鲁冠球沉着冷静，侃侃而谈:“按照国际贸易惯例，我厂与贵公司的关系只是卖方与买方的关系，我们愿意把产品卖给谁就卖给谁，贵方无权干涉。我们的关系应该是相互合作，共同发展。我再次重申:不同意签订独家经销协议!”

谈判桌上的空气似乎凝固了。多伊尔猛地站起身，收拾皮包:“这样的话，我们将停止进口贵厂的产品!”

鲁冠球不顾随行外贸人员的频频暗示，有礼貌地说:“随时欢迎贵公司代表回来继续合作。”

两位美商走远了。望着他们熟悉的背影，鲁冠球心中并不好受。正是这两位美商，最早在广交会上发现他们的产品，专程赶到钱塘江畔的杭州万向节厂，使鲁冠球的产品一举打入国际市场。以后他俩几乎年年来，和鲁冠球成了好朋友。

然而友谊并不能代替商业中的竞争！

多伊尔和莱尔回到美国后，一份措辞严厉的函件飞越重洋来到鲁冠球的办公室。美商在信中提出杭州万向节厂的产品存在问题，需重新检验，要求付工时费。

刁难接踵而来。按规定，出口信用证应提前2个月寄来，可美商却迟迟不发，原订1987年出口46.5万套万向节被削减为21万套，一下子打乱了杭州万向节厂的生产计划。成品积压，利润直线下降，厂内外议论纷纷。

而此时美方仍坚持："只要签订独家经销协议，检验费和削减合同可以一笔勾销。"

西方不亮东方亮，黑了南方有北方。世界之大，岂无英雄用武之地？鲁冠球迎难而上，这一年，公司开发出了60多个新品种，打开了日本、意大利、澳大利亚、德国、马来西亚等国的市场，一批批外商纷纷找上门来。意大利考曼跨国公司总裁在参观了杭州万向节厂后说："环境整洁，管理有序，产品信誉高，是可以信赖的合作伙伴。"一次就签订了17万套的万向节合同。

1987年，杭州万向节厂打破了美商的垄断，产品出口到8个国家和地区，创汇140万美元。在1987年下半年上海举办的国际汽车展览会上，美商竟将该厂产品作为本国名牌产品来展销。

1987年圣诞节前夜，一辆豪华型轿车驶入杭州万向节厂，多伊尔和莱尔携带礼品，笑容可掬地走下车来。

在外宾接待室里，两位美商向鲁冠球表示歉意。他们捧出一只栩栩如生、振翅欲飞的铜鹰赠给鲁冠球。

多伊尔致辞道："鹰是美利坚合众国的象征。我们敬佩鲁先生勇敢、精明、坚强的性格。愿我们的事业像雄鹰一样在全球展翅高飞！"

鲁冠球的强硬策略奏效了，这一次的谈判几乎全按鲁冠球拟定的目标而展开，最后双方达成协议。如果将整个过程作为一个较长的谈判来看，鲁冠球真是如愿以偿了。

铜鹰伫立在鲁冠球的写字台上，雄视远方。从此，杭州万向节厂与美方的合作关系揭开了新的一页。

分析提示：美国商人在谈判中以强硬著称，如果你推心置腹地与对手交了底，可能反而让对手抓住了把柄，作为进一步向你讨价还价的依据。在本案例中，鲁冠球遇到态度特别强硬的美国对手时，采取了同样强硬的策略，以硬制硬，迫使美方谈判者做出让步。有句名言说得好："你要变成绵羊，狼是不会反对的"，正是这个道理。

资料来源 作者根据相关资料整理.

思考：从案例中可以学习到中外谈判的哪些冲突？可以运用哪些技巧化解危机？

【实训设计】

实训 涉外商务谈判演练

（一）实训目的

1.通过训练，明白各国商务谈判的特点。

2.能够对不同谈判风格的对手做出有效应对。

（二）实训内容

1.扮演不同国家的商务谈判小组。

2.根据本国文化特点做谈判模拟实训。

3.分析并讨论每个小组的表现是否符合特点。

（三）实训要求

1.把同学按小组分为美国、德国、日本、俄罗斯、中国、韩国等国家的谈判小组。

2.分别根据模拟公司的业务两两结对，成为谈判对手。

3.开展谈判模拟，从语言、策略、决策等方面体现各国商务谈判的风格，并妥善处理双方之间可能出现的冲突。

项目九　商务谈判礼仪

【任务目标】

通过本章的学习，认识商务礼仪的重要性；了解不同社交场合的礼仪礼节；掌握社会交往中最基本的礼仪礼节及商务活动中的礼仪规范，培养良好的社交礼仪。

【案例导入】

“礼仪”一词来自于希腊语，意思是胶水，礼仪就是使人与人粘在一起的“胶水”。国际商务交往中的礼仪包括人们共同认可的风俗、习惯、规则，能够指引我们顺利地进行各种交际活动。如果说礼仪能像胶水一样把人们生活中的各个方面黏合在一起的话，如何避免“脱胶”是值得我们认真对待和重视的事情。

商务谈判人员遵守商务活动中的礼仪规范是极为必要的，尤其是在涉外商务活动中，参与人员的价值观念、宗教信仰、风俗习惯等的不同，会直接影响谈判活动。所以，我们必须了解人际交往中的礼仪礼节和禁忌，恪守商务礼仪。

任务一　公开交往的礼仪

一、交往中的一般礼仪

在一般情况下，一个人如果衣冠整齐、修饰得体，人们就会对他另眼相看；如果彬彬有礼、尊重他人，人们就会对他以礼相待；如果谈吐文明、声音悦耳，人们就容易听进去他所述的内容，这些均同个人的礼仪有着密切的联系。强调商务人员个人礼仪，其目的就是提高其礼貌素养，强化其文明经营的意识。商务人员的风貌，还是企业精神的象征，代表着企业的形象和服务水平，影响着企业的经济效益和社会效益。要树立良好的企业形象，就必须注重商务人员个人礼仪修养，使其仪表、举止、谈吐等合乎规范，给人一种真诚美好之感，从而为事业成功奠定良好基础。

（一）仪表礼仪

翩翩风度、堂堂仪表，常会让人羡慕，但并非人人皆能如此。出众的形象既有先天因素，又有后天修炼的成分。仪表美不仅是一种外在表现，更重要的是其反映人的思想修养、精神风貌，与内在之美有机统一。因此仪表礼仪是商务人员的必修内容。

仪表即外表，主要包括人的容貌、姿态、服饰等。容貌，即人的相貌，也就是人的长相，多为先天造就，是一个人仪表的基础。姿态，即人的行为举止，是后天训练或习惯的结果，是一个人外形的主要展现。事实上，反映一个人思想感情、道德品质、文化修养等的内在美一直为人们所普遍重视，并在社交中起着非常重要的作用。因此，从广义上讲，仪表美应包括仪表的自然美、仪表的修饰美和仪表的内在美三个方面。

（1）仪表的自然美。其主要指人体外观的自然美。五官端正、肤色健康、身体各部位比例匀称，是构成人体自然美的三个基本因素。五官端正，是指面部五官分布均匀，“三庭五眼”布局合理。“三庭”是指上庭、中庭和下庭。上庭是面部区从额头发际到两眼眉横连线以上的位置。中庭是两眼眉连线以下，到鼻端横连线以上的位置。下庭是鼻端横连线以下，到下颏的位置。“五眼”是指从正面看，左耳孔到右耳孔之间脸部横向平面距离正好相当于五只眼睛的宽度。一个人的脸型符合这个比例就显得耐看。肤色健康是指皮肤颜色健康。健康的皮肤或白皙，或红润，或黝黑，要光滑、亮泽，发黄往往是一种病态。面色憔悴、黯淡无光，显出的是一副萎靡不振的样子。身体各部位比例匀称即站立时头颈、躯干和脚的纵轴在同一垂直线上；肩稍宽，头、躯干、四肢的比例与头、颈、胸的连接适度。

（2）仪表的修饰美。这是一种创造之美。俗话说：“佛要金装，人要衣装”“三分长相，七分打扮”。天生丽质为人所羡慕，却不能人人皆如此。不尽如人意是难免的，比如小眼睛、大嘴巴、满脸雀斑、上身长、下身短等。对于先天条件人们无法选择，但通过后天修饰可进行弥补。容貌的缺陷可以通过美容进行修饰，形体上的缺陷可以通过着装进行改善。一般的修饰美所强调的就是对先天不足进行必要的弥补，即人们可以通过对容貌的适度修饰、对服装的合理选择，而使自己的仪表给人以审美上的愉悦。

（3）仪表的内在美。这是仪表的深层次的美，是仪表美中本质的东西，从美学的角度讲，美总是有形的，其在于外形的显现，抽象的、内在本质的美须借助具体的、外在美的形象才能得以体现。对人的仪表美的要求，也要基于这个道理，应让内在之美通过外在的、具体形象的美展现出来。仪表美无论何时都不应仅仅是物质躯体的外壳，它会从侧面反映出一个人的思想修养、精神风貌。心理美与仪表美不是对立的，而是相亲相融不可分割的，只有它们互为表里、相得益彰，才是最完美的；否则只能是绣花枕头，外表再华丽，也是败絮其中。

（二）仪容礼仪

仪容是指人的面部和头部。对仪容的修饰主要是对面部和头发的修饰。

（1）面部修饰。面部是人际交往中为他人所关注的焦点，商务人员欲在交往中使自己自信、从容，就应注重面部修饰。

（2）女士化妆。商务礼仪要求商界女士要着淡妆，这是一种对交往对象尊重的表示，也是一种良好心态的展现。美丽的面容、焕发的精神总会让人愉悦。淡妆的主要特征是清丽、素雅，具有明晰的立体感，容易给人留下较深的印象。

在商务活动中，女士化妆就是有意识、有步骤地来为自己美容，这是商务交往中对职业女性的基本要求。在化妆时，为达到事半功倍的效果，应熟练掌握化妆的一般技巧及化妆的步骤。

（3）男士美容。许多男士认为，化妆是女人的事，与他们无关，甚至还认为，男人是办“大事”的，工作忙，没时间考虑对容貌的修饰，可以放任自己胡子拉碴、不修边幅。这是一种片面、落后的想法。从生理角度来说，男士由于生理因素以及户外活动较多，皮肤与女士相比，粗糙、毛孔大，汗液和油脂分泌量大，常会使灰尘和污垢集聚在皮肤表面而使毛孔堵塞，引起细菌感染，皮肤发炎，因此，男士更需要接受美容指导。

从工作角度来说，男士美容意在向商界交往对象表示尊重，特别是在国外的许多场合参加商务活动，女士不化妆，男士不修面，就会被对方理解为藐视他甚至污辱他。对此，商务人员不可掉以轻心。男士修面包括清洁面部、使用护肤品、无色唇膏和美发定型等几项内容。

【案例9-1】

美国服饰工程师约翰曾做过一次调查研究。他派一位来自社会中下层的毕业生去拜访100家公司，去其中50家时穿高档服装，去另外50家时穿普通服装。约翰事先和每一家公司的经理打了招呼，说明这位年轻人是他新聘请的助理，请听从他的吩咐。结果当这位年轻人穿着高档服装去拜访时，几乎有求必应，在50次会面中得到30次积极回应。而在穿着普通服装时，仅有4次得到积极回应，至少三分之一的工作人员对他表示冷淡或颇有微词。由此可见，借助服饰既可以美化形象，又可以塑造形象，给人留下美好的“第一印象”，使你得到人们的重视和尊敬，促进商务活动的成功。

（三）服饰的选择

服饰是人们形体的外延，主要包括各类服装和饰品，他们一同起着遮体御寒、美化人体的作用。此上，服饰还起着无声语言的作用，传递着一个人的身份、个性、涵养及心理状态等多种信息。正如莎士比亚所说的：“服饰往往可以表现人格。”所以，一个人穿戴什么样的服饰，直接关系到别人对其个人形象的评价。商务人员在与人交往中还代表着企业形象，更应了解服饰选择的基本常识，时时注意自己的穿戴打扮。

【小贴士9-1】

在国际商务交往中，以保守而正式的着装为首选。保守，即色彩平和，以深沉的冷色调为主，体现着装者的典雅、端庄和稳重。款式也以传统款式为主，勿独特新奇。正式，即男士着西装，女士着套裙；在出席宴会、舞会、音乐会时，酌情选择与场景相符的礼服或时装。

服装是一种文化，反映一个国家、一个民族的经济水平、文化素养及文明发展的程度。服饰还是一种“语言”，体现着一个人的社会地位、文化品位、审美意识以及生活态度。因此，商务人员在着装的选择上不能随心所欲，应遵循着装的原则，根据自身的特点以及特定场合的需要，为自己选择一套得体、和谐的服装。

【案例9-2】

英国女王伊丽莎白二世在访问中国时，走出机舱的第一个造型，正是一套黄色西服套裙配一顶正黄色帽子。事实上，英国女王本人喜欢蓝色及红色，极少穿着黄色服装。这次为何如此打扮？因为，在中国的历史上，帝王的御用服饰颜色就是黄色，比如皇帝的龙袍。女王此次访华穿着正黄色服饰，既对中国几千年的传统表示了尊重，又显示了她作为一国君主的高贵身份。

（四）仪态礼仪

仪态，就是人的身体姿态，又称为体姿。其包括人的站姿、坐姿、走姿、表情以及身体展示的各种动作。

体态语言大师伯德惠斯戴尔的研究成果表明，在两人之间的沟通过程中，有65%的信息是通过体态语言来表达的。用优美的体态表现礼仪，比用语言更让受礼者感到真实、美好和生动。

1.站姿

站姿是商务人员工作和日常生活中第一引人注视的姿势，它是仪态美的起点，又是发展不同动态美的基础。良好的站姿能衬托出美好的气质和风度。

站姿的基本要求是挺直、舒展，站得直，立得正，棱角分明，线条优美，精神焕发。具体要求主要有：①头要正，头顶要平，双目要平视，微收下颌，面带微笑，动作要平和自然；②脖颈挺拔，双肩舒展，保持水平并稍微下沉；③双肩自然下垂，手指自然弯曲；④身躯直立，身体重心在两脚之间；⑤挺胸、收腹、立腰，臀部肌肉收紧，重心有向上升的感觉；⑥双腿直立，女士双膝和双脚要靠紧，男士两脚间可稍微分开点距离，但不宜超过肩宽；

以上是基本的站姿，工作中可在此基础上进行调整。女士工作中的站姿，双脚可调整成“V”字形或“丁”字形，右手搭在左手上，贴在腹部。男士工作中的站姿，双脚平行，也可调整成“V”字形，双手垂于身体两侧，也可以将手放在背后，贴在臀部。

2.坐姿

坐姿是仪态的重要内容。商务人员无论伏案工作、参加会议、洽谈业务、娱乐休息都离不开坐。坐姿作为一种举止，同样有美与不美、优雅与粗俗之分。良好的坐姿传递着自信练达、友好诚挚、积极热情的信息，同时也展示着高雅庄重、尊敬他人的良好风范。

对商务人员而言，坐姿的基本要求是端庄、文雅、得体、大方。具体要求主要有：

（1）入座要稳、要轻，不可猛起、猛坐使椅子发出声响。女士入座时，若着裙装，应用手将裙子稍向前拢一下，不宜使裙子下摆东撩西扇，也不要当众整理服饰。

（2）坐定后，身体重心垂直向下，腰部挺起，上身保持正直，两眼平视，目光柔和。男士可双手掌心向下，自然地放在膝上，两膝距离以一拳左右为宜。女士可将右手搭在左手上，轻放在腿上并将两腿并排自然摆放。

（3）坐时不要将双手夹在腿之间或放在臀下，不要将双臂端在胸前或抱在脑后，也不要将双腿分开过大或将脚伸得过远。

（4）坐于桌前应将手放于桌上，或十指交叉后以双肘支在桌面上。面对异性时，要注意不能双手托腮或趴伏在桌面上。

（5）入座后，要尽可能保持正确的坐姿，如果坐的时间长，可适当调整姿态，但不能影响坐姿的优美。

3.走姿

走姿就是人们行走的姿势、体态，它是站姿的延续动作，是在站姿的基础上展示人的动态美的极好手段。无论是在日常生活中，还是在社交场合，走路往往是最引人注目的体态语言，最能表现一个人的风度和活力，走姿优美，可增添人的魅力。在商务活动中，人们一向强调干练，商务人员应有意识地对自己的走姿进行调整，以保持稳健、持重。对商务人员走姿的具体要求主要有：

（1）行走时，头部要抬起，目光平视前方，双臂自然下垂，掌心向内，并以身体为中心前后摆动。

（2）上身挺拔，腿部伸直，腰部放松，脚幅适度，脚步宜轻且富有弹性和节奏感。

（3）男士应抬头挺胸，收腹直腰，上体平稳，双肩平齐，目光平视前方，步履稳健大方，显示男性刚强雄健的阳刚之美。

（4）女士应头部端正，目光柔和，平视前方，上体自然垂直，收腹挺腰，两腿靠拢而行，步履匀称自如、轻盈，端庄文雅，含蓄恬静，显示女性庄重文雅的温柔之美。

（5）商务人员行走，应力戒以下现象：行走带响、狂奔猛跑、连蹦带跳、背手而行、左顾右盼、摇头晃脑、摆跨扭腰，低头看脚、横冲直撞、与人抢道。这些走姿均会严重影响商务人员的形象，应当杜绝。

4.表情

表情是指人的面部情态，即通过面部眉、眼、鼻的动作和脸色的变化表达出来的内心思想感情。在体态语中，面部表情最为丰富，且最具表现力，能迅速而又充分地表达各种感情。表情表现的场所和范围相当广泛，只要及时观察脸上呈现的表情特征，就能够准确地接受信息，了解其内在的真情实感，这对于商务人员来讲是非常重要的。

（1）目光。泰戈尔说："一旦学会了眼睛的语言，表情的变化将是无穷无尽的。"眼睛语言有极强的表现力，内容也极为丰富，它几乎可以反映出人心中的一切感情波澜，能表达出某种最细微、最精妙的差异。

在人与人面对面的交往中，信息的交流常以目光的交流为起点。在交流过程中，可不断地用目光表达自己的意愿、态度和感情。交流结束时，同样需要用目光做一个圆满的结尾。目光运用得当与否，直接影响到信息传递和交流的效果。因此，要学会在不同场合、不同情况下，运用不同的目光。目光的表现力极为丰富，也极为微妙，难以规定出一个固定模式。但是，目光常受感情因素制约，在交往中怎样正确地运用目光，关键在于把握好自己的内心感情，感情把握得当，目光会就有很强的表现力。

（2）微笑。在商务活动中，微笑被称为商务人员的常规表情，它不仅在外表上能给人以美感，而且还可以最真实地表达自己的热情与友善之意，甚至还能够打破僵局，产生巨大的感染力，以影响交往对象。微笑已成为人际交往中不可缺少的礼节，将真诚友好的微笑贯穿于商务活动的全过程，是对商务人员面部表情的基本要求。微笑应是发自肺腑、发自内心的，应该笑得真诚、适度、符合时宜。

5.手势

手势是指表示某种意思时用手所做的动作，也是一种表现力较强的"体态语言"。在商务活动中，恰当地使用手势，有助于语言表达，并且能给人以肯定、明确的印象，增强感染力。

（1）应准确使用手势。在社会生活及各项商务活动中，人们经常用手势来传递各种信息和感情，为避免和克服手势表意的混乱和歧义，使对方能够明晰、准确、完整地理解自己的用意，应准确使用手势。要用相似、近似的手势，表达相同或相近的意思。用不同的手势，表达不同的意思，并使手势同口语表达的意思一致。

（2）手势的使用应当规范、合乎惯例。比如"介绍"的手势、"指示方向"的手势、"请"的手势、"鼓掌"的手势等，都有其约定俗成的动作和要求，不能胡乱使用，以免产生误解，引起麻烦。手势的使用还应当适度。手势语在交际中的作用显而易见，但并非多多益善，相反，在使用时应有所节制，如果使用太多，滥用手势，会让人产生反感。尤其是手势与口语、面部表情等不协调时，会给人一种装腔作势的感觉。

（3）商务活动中应当避免出现的手势。在商务活动中，有些手势会令人反感，严重影响商务人员的形象，应避免出现。如当众搔头皮、掏耳朵、抠鼻孔、剔牙、咬指甲、剜眼屎、搓泥垢、用手指在桌上乱写乱画等，这些都是商务活动中禁止的。

（五）言谈礼仪

言谈是人际交往中最迅速、最直接的一种沟通方式，在传递信息、增进了解、加深友谊方面起着十分重要的作用。对商务人员而言，言谈还应是一门艺术，为了实现交往的目的，谈话中不仅要注意表情、态度、用词，还要讲究交谈的方式及技巧。遵守言谈礼仪，是顺利达到交往效果的"润滑剂"。

商务活动中言谈方面令人折服的人，并非因为他们用词华丽、能说会道，主要是由于他们在谈话时自觉遵守着言谈方面的规则和要求，以礼待人、以情动人、以理服人，所以他们能很容易地扩展交往范围，加深交往深度。这一点是商务人员拓展业务的一种优势。言谈方面的基本要求主要有以下几个方面：

（1）态度真诚。人们用语言相互交谈，但语言并非是交谈的全部。能否打动别人，使交谈顺利进行，关键取决于交谈者的态度，取决于交谈者用什么方式、用什么感情进行交谈，交谈的态度有时比交谈的内容更为重要。怀有诚意是交谈的前提。推心置腹、以诚相见的态度会使交谈和谐、融洽。诚意是打开对方心灵之窗的钥匙。要做到态度真诚，首先要把自己摆在与对方平等的位置上，交谈时，既不要表现出趾高气扬、唯我独尊，也不要低三下四、曲意逢迎、满口客套、吹牛拍马。言谈答对，应真心实意；提出问题，应择人所长。说话时应多用征求、探问、商讨的口气，要让别人觉得你是有诚意地同他人沟通思想、交流意见。

真诚的态度，应该是平易、稳重、热情和坦诚的态度，而不是傲慢、轻浮、冷淡和虚假的态度。真诚是言谈的基础，只有诚心待人，才能取得对方的信任和好感，才能为进一步的交谈营造融洽的气氛。

（2）语言文明。语言是交谈的工具。言谈礼仪最充分、最直接地体现在语言上。语言文明是言谈的最基本的规则，它要求语言不但要礼貌、规范，而且要准确、得体。例如，见面之时，应礼貌地说声"您好"，告别之际，应客气地道声"再见"，如此，就会显得彬彬有礼，很有教养，既能表达自己对人的友好，也易获得他人对自己的尊敬；当需要他人协助时，应尽可能地加上一个最能体现尊敬之意的"请"字，"请帮忙""请让一下"，这样就容易赢得对方的理解和支持；当你影响或妨碍他人时，应及时真诚地道歉，如说"对不起""打扰您了"，这样就容易平息对方心中的不满，甚至化干戈为玉帛。

许多文明礼貌用语多是些约定俗成的常用语，在使用时，具有一定的规范性。如初次见面说"久仰"；好久不见说"久违"；等候客人用"恭候"；请人勿送说"留步"；求人原谅用"包涵"；请人批评用"指教"；老人年岁用"高寿"；小姐岁数用"芳龄"等。在这些方面，不允许胡编乱造。

（3）神态专注。在言谈中，出于对他人的尊重，有必要对自己的神态加以约束，特别是要注意自己的眼神和手势。当你跟别人讲话时，不要举目四顾，不要不敢看对方，也不要一边跟人讲话，一边摆弄手指、修指甲、掏耳朵、伸懒腰、看电视、翻报纸、问时间、看手表等，这些都是明显的"躯赶"性的动作，会让对方产生被轻视、不受欢迎的感觉。

因此，在言谈时，要克服这种漫不经心的不良习惯，要学会约束自己，排除干扰、神态专注、聚精会神地同他人交谈。

神态专注，并不是一动不动地凝视或逼视对方，而应是态度亲切、神情自然地以平稳柔和的目光望着对方。否则，会让对方精神紧张，造成心理上的压力，这同样也是失礼的。

二、见面的礼仪

见面是人与人交往的开始。见面及见面时的礼节是商务人员留给对方的第一印象的重要组成部分。为了给对方留下良好的第一印象，取得社交活动的成功，商务人员必须掌握和遵守见面时的礼仪。

（一）称谓

称谓也叫称呼，是指当面招呼对方，同时表示彼此关系的名称。称谓看似简单，却能反映出丰富的内容和微妙的关系。

国内使用最普遍的称呼是“同志”，在党内更提倡使用“同志”而不称官衔。随着改革开放，国内外商务贸易活动越来越频繁。在涉外活动中，人们相互间称“先生”“小姐”“女士”等，现在，这样的称呼也越来越广泛地被应用于我们的日常生活中。

在企事业单位中，依据对方的职务职称来称呼，也是一种习惯，如称局长、厂长、经理、工程师、师傅等。

在会谈会见中需介绍人员的时候，介绍人要特别注意介绍时的称呼。如果参加会谈的双方都是国内企业的代表，那么叫“同志”或职称都没多大关系。如果其中一方是外国企业的代表，介绍人最好这样说：“刘经理，这位是×国××公司的代表格林先生。”“格林先生，这是××公司的经理刘明先生。”

在国际交往中，一般对男士称“先生”，对女士称“小姐”，如对方戴了结婚戒指可称“夫人”，不了解婚姻情况的可称“小姐”或“女士”，切记对女士不要以对方年纪大小定称呼，否则，可能会使对方不愉快。

对地位高（一般指部长以上的高级官员）的外宾，可以称部长阁下、总经理阁下、主席先生阁下、大使先生阁下等。

在君主制国家，按习惯称国王、皇后为“陛下”，称王子、公主、亲王等为“殿下”。对有爵位的人既可称爵位，也可称“阁下”或“先生”。

对医生、教授、法官、律师以及有博士学位的人士，可单独称“医生”“教授”“博士”等，也可在其学位前加上姓氏，如“陈教授”“王医生”“张博士”等。

除了上述符合规范的称呼外，在称呼他人时，还应注意不要乱用可能引起误会的称呼，不要使用低级庸俗的称呼，不要使用带有侮辱意味的称呼，不要随便使用别人的小名称呼，不要使用绰号称呼，不要直呼他人的姓名等。

【小贴士9-2】

在多人交谈的场合下，要顾及主从关系。称呼顺序一般由上而下，先长后幼，先疏后亲，先女后男。口头称呼欧美人姓名时，除正式场合，一般只称姓。在非正式场合，亲密的朋友之间可以只称名。对日本人一般只称姓，熟人之间只称名；对男生表示尊重，可在姓后加上“君”，如山田君。

（二）打招呼

在社交场合遇到相识的人，要利用一定的方式与对方打招呼，表示对对方的敬意和问候。如遇到熟人不打招呼，或看到别人跟你打招呼而你装作不知道，都是极其不礼貌的。与对方打招呼，应根据不同的情况选择不同的招呼方式。

与对方近距离相遇，又无须深谈，可以驻足稍寒暄，问一声“您好”“上班去吗”“好久不见了”即可。回答也相当简单，甚至可以含糊其辞。以往我国常用“吃了没有”作为寒暄语，不管答话人吃了没吃，都得回答“吃了”，否则会使问话人十分尴尬；“干什么去”这句问候语在我国也习以为常。但在国际交往中，这样打招呼会引起外国人的不满，对方会误解为你关心他的吃饭问题，认为他不能自食其力，甚至还有打听他的隐私的嫌疑。

双方距离稍远，无须停步寒暄时，则点头行礼，即目视对方，面带微笑，轻轻点一点头即可，在同一场合，双方多次相遇，也可以用点头礼打招呼。在舞会上或其他社交场合与相识的人近距离相遇，都可以用点头打招呼，表示礼貌。双方距离较远，不便寒暄时，可以行招手礼，即举起一手同时注目微笑。迎接客人、见到熟人，在握手之前，为了表示热情友好也可先招一招手。告别送行时也常用招手礼，不过这时的招手应注意多招几下，甚至直到客人远去。

（三）握手

握手是人们在交往活动中常用的见面礼节。两人见面，一般是面带亲切、友好的微笑，伸出右手与对方相握，以表示对对方的欢迎、问候、敬重或慰问。握手礼初为古代欧洲人表明手中未带武器，表示亲切友好之意。其后衍为风尚，通行于欧美。辛亥革命后，我国人亦习以为礼。如今，在商务和社交活动中，握手礼已是最常使用的一种见面礼。握手是一种友好的表示，但握手的力度、方式与时间的长短往往能表达握手人对对方的不同礼遇与态度，给人留下不同的印象。有的人握手能拒人于千里之外，有的人握手却充满亲情和温暖。

正确的握手方式：在问候之前，双方各自伸出右手，彼此之间保持一步左右的距离，手掌略向前下方伸直，两人手掌平行相握，同时注意上身稍向前倾，头略低，面带微笑地注视对方的眼睛，以示认真和恭敬。

此外，握手还应注意以下要求：

1.注意伸手的先后顺序

见面时握手是向对方表示友好，但在有些情况下，先向对方伸手虽能表明你热情友好，却也表示你在礼仪方面有欠缺之处。在商务交往中，握手时伸手的先后顺序讲究颇多，要视身份、地位而定，不可贸然伸手。

（1）职位高者优先。握手时，职务、地位高的人先伸手，职务、地位低的人应先问候，然后再伸手相握，这样做体现出对领导的尊敬。

（2）长辈优先。握手时长辈先伸手，晚辈才可以伸手相握。这一通则符合“长者为尊”的伦理标准，表达了对年长者的尊重。

（3）女士优先。握手时，女士优先伸手，体现出对女士的尊重。尊重妇女已成为现代社会的一种文明行为。

（4）主人优先。宾主之间，主人有向客人先伸手的义务，特别是在见面之时，不论对方是男是女，主人都应该主动先伸手，以表示欢迎。

总之，握手时要让上级、长辈、女士、主人先伸手，把握手的主动权让给他们，以表示对他们的尊敬，同时也避免了将自己的意愿强加给对方的嫌疑，这本身就是对人的尊重。

2.注意握手的礼节

如果握手时不注意有关礼节，同样会导致别人的误解、猜疑，不利于顺利交往。

（1）握手时一定要用右手，用左手握手是失礼行为。多人相见时，注意不要交叉握手，当两人正在握手时，第三者不要将胳膊从上面伸过去急着和另外的人握手。

（2）按国际惯例，身穿军服的军人可以戴着手套与人握手，地位高的人和女士可以戴着手套与人握手。一般人握手时要脱去手套，否则将是十分失礼的表现，如因故来不及脱下手套就握手，则必须向对方说明原因并表示歉意。

（3）握手时眼睛要注视着对方，千万不要心不在焉、东张西望，这会使对方产生不被尊敬的感觉。

（4）握手的力度要适中。如果是一般关系，双方见面握手时只需稍用力握一下即可，如果关系密切，双方握手时则可略用力，并上下轻摇几下，但时间不宜过长，握力不宜过大，以免使对方产生疼痛难忍之感。当然，这种握手方式只适合男士与男士之间，男士对女士只需轻握女士的手指部分。

（5）握手的时间以2～3秒为宜，切忌时间过长，特别是男士与女士握手，停留时间的长短更应注意。

（6）当别人已伸出手来，切忌慢条斯理或迟迟不伸手，令人尴尬，尤其是女士不要软绵绵地把手递过去，一副冷冰冰的样子。既然要握手，就应大大方方的。

（7）握手时不要拍对方的肩膀。虽然老朋友、熟人之间可以接受，但大部分人会产生不快，尤其是对上级、长辈和异性，更不允许使用这种方式。

【小贴士9-3】

在商务场合下的见面礼，常见的有中国人的拱手礼，日本人的鞠躬礼，韩国人的跪拜礼，泰国人的合十礼，阿拉伯人的按胸礼，以及欧美人的吻面礼、吻手礼和拥抱礼。见面礼各不相同，各有其讲究。然而握手作为一个通用于全世界的见面礼节，与任何国家的人打交道时都能适用。在见面礼节中选择握手，是符合国际礼仪惯例的。

（四）介绍

介绍是人们日常生活、工作及各种社交活动中经常使用的一种结识朋友的方式。通过介绍可以使互不相识的人消除陌生和畏惧心理，进行必要的了解并相互信任。日常交往中的介绍基本上有两种方式，即为他人介绍和自我介绍。

1.为他人介绍

为他人介绍就是介绍不相识的人相互认识，或是把某个人引见给其他人。为他人介绍时，不仅要熟悉双方的情况，而且要懂得介绍的礼仪顺序和介绍时的姿态。

（1）介绍的顺序，即把谁介绍给谁，或先介绍谁，后介绍谁。在为他人介绍时，介绍的先后顺序应遵守两条原则：一是个人或少数人优先被介绍给多数人，二是尊者优先了解对方情况。

为他人介绍的先后顺序主要有六种情况：①先把地位低者介绍给地位高者，再把地位高者介绍给地位低者。适用于正式场合的介绍，特别是在职业相同的人士之间。②先把男士介绍给女士，再把女士介绍给男士。通常适用于同年龄、同地位的人士之间。③先把晚辈介绍给长辈，再把长辈介绍给晚辈。通常适用于同性之间，或年龄差距较大的人士之间。④先把客人介绍给主人，再把主人介绍给客人。适用于来宾众多的场合，尤其是主人与客人未必都相识的情况。⑤先把未婚者介绍给已婚者，再把已婚者介绍给未婚者。它仅仅适用于介绍人对被介绍人的情况非常了解的前提下。若是把握不准，还是不要贸然行事。⑥把个人介绍给集体。当新加入集体的成员初次与集体的其他成员见面时，负责人可采取这种介绍方式。

以上几种介绍的先后顺序，其共同点是“尊者居后”，即先把身份、地位较低的一方介绍给身份、地位较高的一方，让尊者优先了解对方的基本情况，以表示对尊者的敬重之意，而在口头表达上，则是先称呼尊者，然后再介绍。介绍的先后顺序已是国际通用惯例，颠倒先后顺序是令人不愉快的事。

（2）介绍的姿态。当你为别人做介绍时，千万不要用手指指点对方，而要掌心向上，五指并拢，胳膊向外微伸，斜向被介绍者。向谁介绍，眼睛就要注视着谁。

（3）介绍的语言。其就是介绍人在为他人介绍时应当说的话。介绍时说的话宜短不宜长，内容宜简不宜繁。较为正规的介绍，应该使用敬辞，如“王小姐，请允许我向您介绍一下李先生”。较随便一些的话，可以这样说：“张先生，我来介绍一下，这位是×××。”

为他人作介绍时，要避免给任何一方以厚此薄彼的感觉。不可以对一方的介绍面面俱到，而对另一方的介绍简略至极。若是介绍人能找出被介绍双方的某些共同点，会使初识人的交谈更加顺利。如果时间宽裕、气氛融洽。介绍人除了介绍被介绍人的姓名、单位和职务外，还可以介绍双方的爱好、特长、个人学历、荣誉等，为双方提供更多交谈的内容。

2. 自我介绍

在许多社交场合，为了有意地去接触某人，为了多结交一些朋友，需要主动介绍自己，这就是自我介绍。在一般情况下，要掌握好自我介绍的艺术，必须注意以下几个方面的问题：

（1）自我介绍要寻找适当的机会。要想使自我介绍能够给对方留下深刻的印象，应首先考虑介绍时的特定场合，若是对方正忙于工作，或是正与他人交谈，或是大家的精力集中在某人或某件事情上的时候，作自我介绍有可能打断对方，效果一定不会太好。若发现对方心情欠佳或疲惫不堪时，就不要上前打搅。如果对方一人独处，或在轻松愉快的情况下，把自己介绍给对方，他对你的介绍不仅会洗耳恭听，而且肯定有良好的反应。此外，在大家闲谈的时候或出现冷场的时候，抓住时机进行自我介绍，对方一定很乐意接受你。

（2）自我介绍要充满自信。自我介绍时先向对方点头致意，得到回应后再向对方报出自己的姓名、身份、单位及其他有关情况，语调要热情友好，充满自信，眼睛要注视着对方。如“您好，我是某某公司的业务员。”同时递上事先准备好的名片。要自然、大方，不要扭扭捏捏。如果自我介绍时流露出羞怯心理，会使人轻视你，彼此之间的沟通就有可能产生障碍。

（3）自我介绍要注意内容的繁简。在社交场合，自我介绍的内容大体由三个要素构成，即本人姓名、工作单位及职业（或职务）。一般的自我介绍大都需要将三者一同报出来。这里需要强调的是，初次见面时的自我介绍，本人姓名一定要报全名，随便一句“叫我小李好了”，就明显地带有不愿进一步深谈、拒人于千里之外的意味。

自我介绍的内容虽由三个基本要素构成，但应视交际需要来决定内容的繁简。一般参加聚会、沙龙或演讲发言前的自我介绍应简明扼要，因为对方不一定有多大的兴趣去深入了解你，这时只报出自己的姓名，为对方提供称呼就足够了。而在另外一些情况下，比如自己很想认识对方，或者对方显然也有认识自己的愿望，或者对参加公开招标的投标者来说，自我介绍如果仅限于此三要素，恐怕就不够了，此时，自我介绍还可根据对方的情况，简略地介绍一下自己的籍贯、出生地、母校、专长、兴趣等。

（4）自我介绍要把握好介绍的分寸。自我介绍时注意措辞要适度。有些人唯恐别人不识眼前“君子”，一开始便炫耀自己的身份、门第、学识，显得锋芒毕露，让人觉得夸夸其谈、华而不实。另有一些人正相反，喜欢作一番自我贬低式的介绍，以显示自己很谦虚。这两种做法，要么让人觉得你大吹大擂，要么让人觉得你很虚假，不诚实。只有实事求是、恰如其分地介绍自己，才会给人以诚恳、坦率、可以信赖的印象。

总之，自我介绍若要表现出友好、自信，就应力戒虚伪和媚俗，使自我介绍成为结交新朋友的良好开端。

（五）使用名片

名片本身应庄重，具有艺术性，切忌色彩鲜艳、花哨。朋友相见、相识，互换名片早已成为人们互作介绍并建立联系的一个重要做法。在商务活动中，名片的使用更频繁、更普遍。使用名片有两大好处：一是自我介绍方便，这是名片的基本功能。二是便于保持联系，且印象深刻。

（1）名片被称为人们的第二脸面，所以名片样式、制作及印刷都十分讲究。通常使用的名片分为私人名片和商务名片两种类型。一张标准的名片应包括三方面内容：一是本人所属单位、徽记及具体部门，一般印在名片的上方。二是本人的姓名、学位、职务或职称，一般印在名片的中间。三是与本人联系的方法，包括单位所在的地址、电话号码和邮政编码等，一般印在名片的下方。不管是私人名片还是商务名片，一般都不提供本人的家庭住址。对于单位的传真号码等可酌情列出。列出一两个主要职务即可，以免给人华而不实之感。头衔确实过多，可为自己设计几种单位不同、职衔不同的名片，需要哪一种，就用哪一种。名片的规格一般为长8.5～10厘米、宽5.5～6厘米。名片的质地多为柔软耐磨的白板纸、布纹纸。名片的色彩以白色、乳白色、黄色和浅蓝色为宜，讲究淡雅。

（2）名片的用途。在现代社会中，名片不仅有自我介绍并保持联系的作用，而且还有其他多种用途。

第一，可以替代便函。在交往过程中，有许多时候必须对友人做出礼节性的友好表示，如祝贺新年、恭贺新婚、表示感谢或慰问病人等。如果公务繁忙，不能亲往，此时在自己名片的左下角写上祝福或问候语寄给对方，同样可以表达自己的情意。由于名片大小的局限，祝福语或问候语只能是一句短语或一个词。目前比较流行的是在名片的左下角用小写字母写上国际通用的英文缩写：p.f表示敬贺；p.r表示谨谢；p.p.c表示辞行；p.c表示谨唁；p.f.n.a表示恭贺新年等。

第二，可以替代介绍信。如果介绍自己的友人与另一位友人相识，可在自己名片的左下角用铅笔写上p.p然后把被介绍者的名片附在后面一并送去，这时名片发挥着介绍信的作用。

第三，可以替代礼单。向友人寄送或托送礼物或鲜花时，可在礼品或花束中附上自己的名片并写上祝贺短语。若自己收到友人的礼品，可立即回复一张名片，左下角用铅笔写上p.r，以表示感谢。

第四，可代替请柬。在非正式的邀请中，可用名片代替请柬，并写明时间、地点和内容。

第五，可用于通报和留言。在拜访客人、长辈、职位高者或不熟悉的人时，为了避免被拒见的难堪，可先请人递上一张自己的名片，并在名片的姓名下方写上“求见”字样，转行顶格起写上对方的姓名、称谓，作为通报和自我介绍，让对方考虑一下，以便做出是否见面的决定。这样做既可避免贸然打扰对方，也可避免伤害自己的自尊。若拜访对象不在家，也可留下一张名片，上面写上留言，也是一种很好的留言方式。

第六，可用于通知变更。如果自己调任、迁居或更换电话号码，可及时送给亲朋好友一张注明上述变动情况的名片，礼貌地通知对方，以便于对方与自己联系。

（3）名片使用的礼节。其涉及递交、接受和交换三个环节，是递、接双方都应注意的礼仪问题。

第一，递交名片。其应注意六个方面的问题：一是做好递交前的准备，即在外出时将名片放在容易拿出的地方，以便在需要时迅速拿取。一般男士可以将名片放在西装内的口袋或公文包里，女士可将名片置于手提包内。二是递交名片要讲究场合。商业性质的横向联系和交际、社交场合中的礼节性拜访以及表达情感或祝贺的场所可以递交。三是掌握递交名片的时机。如果是初次见面，相互介绍之后可递上。若是在比较熟识的朋友间，可在告辞的时候递过去。四是为表达对对方的尊敬，一般应双手递过去，特别是下级递给上级、晚辈递给长辈时，更应如此。五是应将名片上的姓名朝向对方，以方便对方观看。六是应面带微笑地递交名片，同时还要说些友好礼貌的话语，比如：“这是我的名片，欢迎多联系”“这是我的名片，请多关照”。总之，动作要洒脱大方，态度要从容自然，表情要亲切谦恭。

第二，接受名片。其方法是：双手接过名片后，应从上到下、从正到反认真观看，加深印象，以示尊重。不会认的字应主动向对方请教。看完后要郑重地将其放在名片夹里，并表示谢意。如果是暂放在桌子上，切忌在名片上放其他物品，也不可漫不经心地将其放置在一旁。名片上印有对方的名字，是其人格的一个组成部分，在分别时千万不要忘记将名片带走。接受名片者应通过动作与表情来显示对对方人格的尊重。

第三，交换名片。其体现了双方感情的沟通，表达了愿意交往下去的意思。交换名片的礼节，主要体现在交换名片的顺序上。一般是地位低者、晚辈或客人先向地位高者、长辈或主人递上名片；接受名片时，下级或晚辈也不必谦让，应礼貌地用双手接过，道声“谢谢”。

三、商务谈判中的礼仪

（一）主场谈判礼仪

主场谈判，东道主一方在安排各项事宜时，一定要在迎送、款待、场地布置、座次安排等方面精心、周密地准备，事先了解客方谈判的目的要求、食宿标准、参观访问和观光游览的愿望，尽量做到主随客便，主应客求，以获得客方的理解、依赖和尊重。这里重点介绍谈判室的布置与座次安排

1.谈判室的选择与布置

谈判室可选择公司（可租用商厦）的洽谈室、会议室，小规模谈判还可在会客室举行，有条件的话最好安排两三个房间，除一间作为主要谈判室外，另一间作为双方都可以单独进行内部协商的密谈室，可能的话再配一个休息室。

谈判室布置以高雅、宁静、和谐为宜，环境安静，没有外人和电话干扰，光线充足，室温适宜，装饰陈设简洁、实用、美观。

2.谈判桌摆放及座次安排

（1）长方形或椭圆形。双边谈判一般采用长方形或椭圆形谈判桌，显得比较正规，通常主客各坐一边，若谈判桌横放（如图9-1所示），则正面对门为上座，应属于客方；背面对门为下座，属于主方。

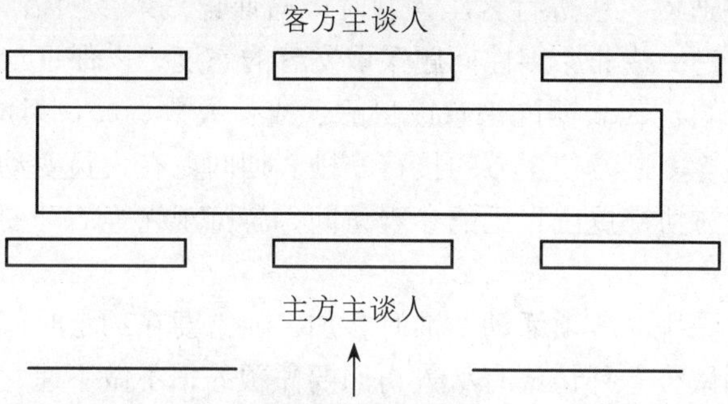

图9-1　横放

若谈判桌竖放（如图9-2所示），则应以进门方向为准，右侧为上，属客方；左侧为下，属主方。双方主谈人各在己方一边的中间就座，译员安排在主谈人右侧，其余人员遵循右高左低的原则，依照职位高低自近而远地分别在主谈人两侧就座。具体操作时，可用放铭牌的方法（涉外时用双语）标明座位，则更加简明方便。

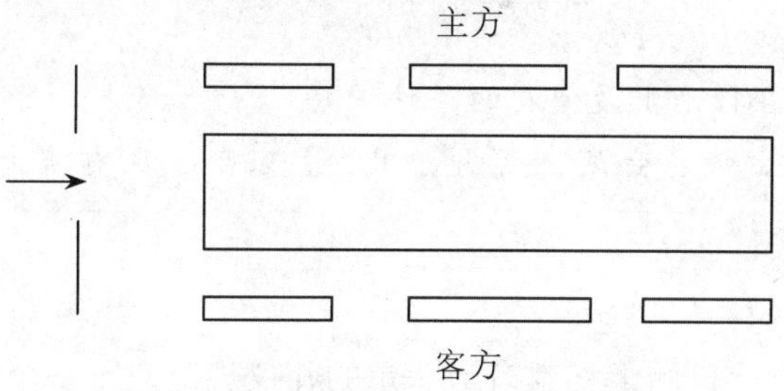

图9-2　竖放

（2）圆形。多边谈判一般采用圆形谈判桌（如图9-3所示），国际惯例将其称为“圆桌会议”。采用圆桌谈判时，谈判各方围桌交叉而坐，谈判气氛会较为和谐、融洽，容易

达成共识。

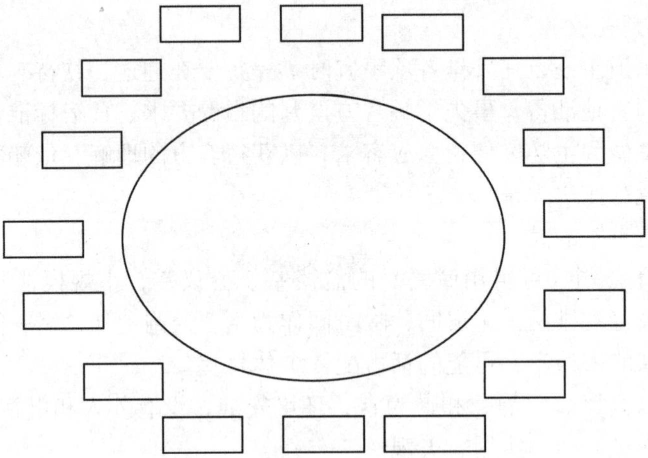

图9-3　圆形

（二）客座谈判礼仪

客座谈判是在对方所在地进行的，通常谈判程序、日程安排等均由主方确定，因此，客方在选择性方面受限制较大，再加上对异地他乡的文化背景、社会风俗等情况不熟悉，心理情绪上也需调整适应。在进行客座谈判时，需谨记“入乡随俗、客随主便”这一点，主动配合对方接待，对一些非原则性问题采取宽容的态度，以保证谈判的顺利进行。

明确地告诉主方自己代表团的来意或目的、成员人数、成员组成、抵达的具体时间、航班车次、食宿标准等，以方便主方的接待安排。期间如有人员变动、时间更改等也应及时通知主方。可与主方协商提出自己的参观访问、游览观光等活动要求，但应尊重主方的安排。

谈判期间，主方安排的各项活动要准时参加，通常要在约定时间的五分钟之前到达指定地点，到主方公司做公务拜访或有私人访问要先预约，不做不速之客。

对于主方的接待，在适当的时间以适当的方式表示感谢。

【小贴士9-4】

总体而言，尊位具有以下三个特征：

（1）尊位应居于中心意义的位置，其他位置相对形成众星捧月之势。

（2）尊位应在视野上具有最佳视角，在此位置上的视觉效果比其他位置更广阔、更清晰。

（3）尊位应具有在行动上最便利的条件。

这三个特征对在会谈、会见、宴请、出行、乘车、观看演出等不同的礼仪场合中的尊位都适用。

（三）谈判过程中的礼仪

在商务谈判过程中，自始至终都有着一定的礼仪规范，每一个细节都不能被忽略。

1.在谈判开始及进行时的礼仪

（1）主方准时迎候。主方人员应准确掌握谈判日程安排的时间，先于客方到达谈判地点，当客方人员到达时，主方人员在大楼门口迎候，也可指定专人在大楼门口接引客人，主方人员只在谈判室门口迎候。

（2）双方由主谈介绍各自成员，互相握手、问候、致意。然后由客方先行进入谈判室或宾主双方同时进入谈判室，在既定的位置同时入座，主方人员待客方人员落座后再坐下。

重要的谈判，在正式开始前，会举行简单的仪式：双方作简短致辞，互赠纪念品，安排合影后再入座。合影位置的排列一般是主方主谈人居中，右侧为客方主谈人，其他人员按主客双方间隔排列，如（第一排）1、3、5、7、9为主谈方人员，2、4、6、8、10为客谈方人员。

（3）双方人员入座后谈判正式开始，这时非谈判人员应全部离开谈判室；在谈判进行中，双方要关闭所有的通信工具（可调至静音），人员也不要随便进出。

在谈判过程中，主方应提供茶水、咖啡等饮料，服务人员添茶续水动作要轻，为不影响谈判进行，可在休息或一方密谈时进行。

（4）当天谈判结束后，主方人员应将客方人员送至电梯口或送到大楼门口上车，握手告别，目送客人汽车开动后再离开。

（5）如果安排了与谈判内容密切相关的参观考察活动，则应在参观点安排专门的接待人员，在适当的地方悬挂欢迎性的标语横幅，准备详细的文字说明材料（涉外时应中外文对照）；实地参观时安排专业技术人员讲解，同时也应注意一些技术保密问题。

2.签约仪式

（1）签字人与参与人。签字人通常由谈判各方商议确定，但各方签字人的身份应大体对等，所以有时主谈人不一定就是签字人。参加签约仪式的人员一般都是各方参加谈判的人员，一方如要增加其他人员，应征得对方的同意，但双方参加人数应基本相等。

（2）签约仪式的程序。仪式开始：各方人员进入签字厅，按既定的位次各就各位。双边合同的双方签字人同时入座，助签人在其外侧协助打开合同文本并递送签字用笔。正式签署：各方主签人再次确认合同内容，若无异议，在规定的位置上签名，之后由各自助签人相互交换合同文本，再在第二份合同上签名。按惯例，各方签字人先签的是己方保存的合同文本，交换后再签的是对方保存的合同文本。交换各方已签好的合同文本：各方主签人起身离座至桌子中间，正式交换各自签好的合同文本，同时热烈握手（拥抱），互致祝贺，还可以交换刚刚签字用过的笔作为纪念，其他成员则鼓掌祝贺。

有些商务合同在正式签署后，还要提交有关方面进行公证才能正式生效。签约仪式后，主方可设宴席或酒会招待所有参加谈判和签约的人员，以示庆祝。

【案例9-3】

中国一家企业前往日本与合作方签订合同，在正式签约那天，由于种种原因，中方人员到达签字地点的时间比约定时间晚了一刻钟。当他们气喘吁吁地跑进签字会议厅时，日方人员早已衣冠整齐地排列开来等候着他们。但在中方人员入席之后，日方全体人员整整齐齐、规规矩矩地向他们鞠躬，随后离开了会议厅。对此，日方给出的解释是：“我们绝不会和没有时间观念的伙伴做生意。不遵守时间的人，永远不值得信赖。”

任务二 私下交往的礼仪

一、电话联系的礼仪

（一）接电话的要求

接电话的要求如下：①电话铃声响起后迅速接听，一般以两声左右为宜。接听电话时不要与旁边的人闲扯。②接听电话要先说“你好”，然后报单位名称，再问对方有什么事情。③如果电话找的不是自己，应负起传呼的责任。④假如对方找的人不在，应做好电话记录（谁打来的、有什么事、找谁、如何处理）。⑤接到打错的电话要耐心。⑥打电话时，尊者先挂，并且说“再见”。⑦当接到无实质内容的电话而你正忙着时，应婉言拒绝。

（二）打电话的要求

（1）选择适当的通话时间：一般不在周一上班的前2小时、周五下班前的2小时内打电话；其余时间，上班一刻钟以后再打电话。

（2）正确拨号：听到对方问话时，应礼貌地称呼对方，可问：“您好！某某单位吗？”“您贵姓？”接着回答对方：“您好！我是某某单位某某部门。”语言要流畅、吐字要清晰，通话结束时，要礼貌地说：“麻烦了”“谢谢”“再见”。

（3）电话接通后，如果发现电话拨错了，应礼貌地道歉。

（三）打电话时的注意事项

打电话时应注意以下事项：①通话简明扼要、语言流畅、吐字清晰；②注意电话形象；③一次通话时间不要超过3分钟；④少接打私人电话；⑤打电话要注意语气、语调和说话速度；⑥手机的使用，代表公司谈业务时，可在对方看着的情况下关机。

【小贴士9-5】

在美国，你可以通过电话向一个素不相识的人推销，而在亚洲、欧洲和拉丁美洲国家，电话促销或通过电话长时间地谈生意往往不被人们所接受。发展良好商务关系的最佳途径是与客户进行面对面的交谈，电话被当作确定约见的工具。

二、拜访的礼仪

在商务活动中，商界人士免不了要经常前往不同的地方拜访客户。拜访客户的目的无外乎广泛开展业务联系、发展新客户、巩固老客户、不断加强联络、沟通感情等。拜访工作要想达到预期效果，商务人员就必须遵守一定的礼仪惯例和规范。

（一）办公室拜访

办公室是工商企业、行政机关及各种社会组织处理往来事务的重要部门。商务性拜访活动常常要到办公室拜访，做好办公室拜访，应注意以下几个方面：

（1）拜访前要预约。拜访前要事先和对方约定一下，不要唐突而至，搞得对方措手不及，要主动与将要拜访的对象进行联系。具体的联系方式可以是打电话，也可以是写邮件，但都要在拜访前一周进行，约定的时间和地点应以对方的决定为准。约定好时间后不能失约，要按时到达，不要迟到，以免对方着急。也不可过早，否则对方来不及准备。确实因特殊原因不能如约前往时，要及时向对方说明，另行约定时间。

（2）拜访前要注意修饰仪表。一般性的拜访可不必过分修饰，但如果是比较重要的拜访，应整理头发，刮净胡须，服装要整洁，鞋子要干净，显示出对对方的尊重和对会面的重视。仪容不整、满身脏污地去拜访，是极不礼貌的。

（3）要礼貌地进入室内。到达办公室门口，要再稍微整理一下头发和服装，看看鞋上是否带有泥土，如果有应当擦一擦。然后用中指关节轻叩两三下门，经允许后方可进入。

（4）节省时间进入正题。到办公室拜访，一般都是业务性拜访，由于办公室接待工作繁忙，因此双方见面后客套话尽量少说，尽快将话题转到正题上来，简要说明来意，待对方表示同意并达到目的后，应及时告辞，以免影响对方的工作。

（5）礼貌告辞。拜访结束，应礼貌告辞，对拜访成功的结果表示满意，对对方的热情接待表示感谢，对进一步接触表示信任和诚意。

（二）拜访宾馆

商务活动中经常有与本企业或个人有联系的外地客商到本地来参观、学习、考察或进行其他活动。在得知消息后，应前往客人下榻的宾馆，进行礼节性的拜访。

（1）约定时间。到宾馆拜访客人时，为了不打扰客人的休息和活动安排，也为了让客人有所准备，拜访前应先同对方约定好时间。时间多由对方决定，在约定时间的同时，要问清楚对方下榻宾馆的位置、楼层、房间及联系电话等。

（2）服饰整洁。宾馆是较正规的公共场所，进出时服饰一定要整洁。若是穿着不当，有可能被拒之门外，即使不被阻挡，也会招来别人异样的目光。

（3）举止有礼。进出高级宾馆大门或上下电梯时，都有服务员提供服务，即使在宾馆的大厅内、走廊上也有服务员向你问候，要以礼相待，切不可无动于衷，不理不睬。

（4）敲门入内。进入客人房间以前，要先核对房间号，证实无误后，可轻轻叩门，客人开门后，进行自我介绍，证实双方身份，待客人允许进入时，才可入内。

（5）遵守宾馆的各项规定。到宾馆拜访客人，应遵守宾馆的各项规定，不在禁止吸烟处吸烟，不在客人房间留宿，不在客人房内大吵大嚷，不损坏客人房间内的公共设施。遵守宾馆的各项规定，既可展示道德水准、礼仪修养，又可给客人留下极好的印象。

另外，到宾馆拜访客人时，还应注意不要在宾馆的前厅及走廊上跑动，走路时脚步要轻，与服务员或客人讲话时声音要小、态度要友好。对服务员可称“先生”或“小姐”，也可统称为“服务员”。

（6）及时告辞。到宾馆拜访客人大都是礼节性的。作为东道主，应热情欢迎客人的到来，同时关心客人在生活上、工作上是否有困难，需要什么帮助。一切安排妥当后，要及时告辞，到宾馆拜访客人的时间不宜太长，以不超过30分钟为宜。

（三）拜访异性客商

因工作的需要，单独拜访异性客商是常有的事。由于性别的差异，在拜访时应特别注意礼节、礼貌，以免引起对方的误会或其他人的猜疑，导致影响拜访效果。

（1）忌做不速之客。拜访异性客商，要事先约好时间。无论你和拜访对象之间是熟悉还是不熟悉，都需要预约，并且最好由对方确定拜访时间，忌做不速之客。这既是礼貌上的需要，也是为了使对方有所准备，以顺利实现拜访的目的。未曾约定的任何异性拜访多是不受欢迎的，有时甚至是令人尴尬的。

（2）选择合适的拜访时间。对异性客商的拜访在时间的选择上一定要考虑周到，要避免时间过早或过晚，否则会造成对方的不便，也容易造成其他人的猜疑和误解。要避开用餐时间，在用餐时间去拜访异性客商，往往显得仓促，一般难以较深入地探讨问题，且会造成对方的被动和不快，有碍拜访目的的实现。拜访异性客商要避开节假日，多数情况下节假日是不办理公事的，商务活动也不例外，外商尤其如此。异性客商在节假日亦有自己的安排，所以非情况紧急、迫不得已，节假日不易拜访、打扰异性客商。

（3）服饰要整洁大方。整洁大方的服饰既能表现个人的修养风度，又体现了对拜访对象的尊重和重视。在拜访异性客商时，对自己的服饰做一番准备是必要的，可以根据被拜访者的身份和拜访的场所等因素进行选择，但不能过分打扮。

（4）语言要真诚得体。拜访异性客商时，讲话的态度要自然诚恳，不要闪烁其词，更没必要羞怯不安。用语要谨慎，不可乱开玩笑，动作手势幅度不宜过大，保持稳重平和的态度，争论问题须有节制。如果不是代表公司，不宜向异性客商送任何礼物。

（5）适时告辞。拜访异性客商，在时间上不宜过长。若拜访的基本目的已经达到，应选择时机适时告辞。适时告辞当然不是指15分钟或1个小时这样一个刻板的规定，而应视拜访进程的具体情况而定。过早走，拜访者会被认为心不诚，是出于商务上的应付；过迟走，又易引起被拜访者的厌烦。所以要选择恰当的时机适时告辞，使拜访工作圆满完成。

三、赴宴的礼仪

宴会作为一种社交手段，其效果一方面取决于主办者对宴会安排的周密细致的程度，另一方面取决于参加宴会者的礼节、礼貌、修养。

（一）准时出席宴会

宴请是较重要的一种社交活动，故接到邀请后，对能否出席应尽早答复对方，以便主人及时安排。答应对方后，不要随意改动，万一身不由己而不能出席，尤其在作为主宾的情况下，要尽早向主人郑重解释，致以歉意，以取得主人的谅解。若没有特殊情况或原因，赴宴者应按宴请的时间、地点及其他要求准时出席。

（二）仪表整齐

出席宴会前，赴宴者要注意服装的整洁和个人卫生，最好稍作梳洗打扮，至少要穿一套合体入时的干净服装。参加宴会要精神饱满、容光焕发，这样能增添宴会的隆重气氛；适应和谐的环境，也是对主人和其他来宾的尊重。若是参加正式宴会，应穿请柬上所规定的服装。

（三）按位落座

到达宴会地点后，先向主人或其他来宾问候、致意，然后按照主人事先安排好的桌次和席位入席。如未设座席卡，则应听从主人的安排，不可随意乱坐。落座时，应从座椅的左侧入座，若同桌中有领导、长辈、女士，应待其就座后自己再坐下。坐下之后，要注意自己的坐姿，不要紧靠在椅背上，也不要用手托腮或双臂放在桌上，更不能趴在餐桌上。不可摆弄桌上的酒杯、盘碗、刀叉、筷子等餐具，最好也不要用餐巾或餐纸擦拭餐具，以免使主人认为餐具不洁而尴尬。

【小贴士9-6】

引导客人上楼时，接待人员应走在前面，并不断用手指示方向；下楼时，接待人员应走在后面。上下楼梯时，接待人员应注意客人的安全。

(四) 进餐要求

致辞完毕经主人招呼后，即可开始进餐。餐别不同，礼仪要求也不一样。

1.吃中餐的礼仪要求

有人说，判断一个人的教养只需看他的吃相就行了。吃相对每位参加宴会的人来说，都是必须注意的。按照国际惯例，在宴会上不论是吃东西，还是喝酒水，都不能发出刺耳的声响，这倒不是小题大做、求全责备，而是这种声响会破坏他人的食欲，同时也影响自己的形象。

吃中餐首先要注意筷子的使用。中式餐饮的主要进餐工具是筷子，有标准的握筷姿势。过高或过低地握筷，或者变换指法都是不规范的。在使用筷子夹菜时不要在菜肴上乱挥动，不要用筷子穿刺菜肴，不要将筷子含在口中，不要让菜汤滴下来，不要用筷子去搅菜，不要把筷子当牙签，不要用筷子指点别人。需要使用汤匙时，应先放下筷子。

其次要注意自己的吃相。进餐要文雅，不要狼吞虎咽，每次进口的食物不可过大，应小块小口地吃。在品尝已入口的食物与饮料时，要细嚼慢品，最好把嘴巴闭起来，以免发出声响。喝汤时，不要使劲地嘬，如汤太热，可稍候或用汤勺，切勿用嘴去吹。食物或饮料一经入口，除非是骨头、鱼刺、菜渣等，一般不宜再吐出来。需要处理骨刺时，不要直接外吐，可用餐巾掩嘴，用筷子取出放在自己的餐盘或备用盘里，勿直接置于桌上。口中有食物，勿张口说话，如别人问话，适值自己口中有食物，可等咽下食物后再回话。在整个进餐过程中，要热情地与同桌人员交谈，眼睛不要老盯着餐桌，显出一副贪吃相。

最后要注意牙签的使用。在正式宴会中，不宜当众使用牙签，更不可用指甲剔牙缝中的食物，如果感觉有必要，可以直接到洗手间剔除掉。在餐桌上必须使用牙签时，最好用手捂住嘴轻轻剔，而边说话边剔牙或边走路边剔牙都不雅观。

【小贴士 9-7】

用餐时除笑声外，不宜发出任何声响，尤其是吃东西、喝东西时不允许响声大作，这是一条全球通用的礼仪规范。喝汤时，不能端起盘子喝；不要在喝汤时发出声音；不要附身在汤盘上吸食；不要用嘴吹，或用汤匙搅拌降温。

2.吃西餐的礼仪要求

西餐是指用西式餐具吃西方国家特色的菜点。由于西方文明在全球的传播以及国际交往日趋频繁，西餐馆已遍及全球。享用西餐，就要懂得吃西餐的规则，否则，可能会出现失礼或尴尬的局面。吃西餐的礼仪要求如下：

(1) 用餐就座时身体要端正，与餐桌的距离以便于使用餐具为准。将餐巾放在膝上，不要随意摆弄已摆好的餐具。

(2) 文明进餐。每次送入口中的食物不宜过多，在咀嚼时不要讲话，更不可主动与人谈话，避免食物喷出或掉出。

(3) 喝汤时不要嘬，吃东西要闭嘴咀嚼，不要舔嘴唇或咂嘴发出声音。如汤菜过热，可等稍凉后再吃，不要用嘴吹。

(4) 吃鱼、肉等带刺或骨的菜肴时，不要直接外吐，可用餐巾捂嘴轻轻吐在叉上放入盘内。盘内剩余少量菜肴时，不要用叉子刮盘底，更不要用手指相助食用，应用一小块面包或叉子相助食用。吃面条时，要用叉子先将面条卷起，然后送入口中。

（5）面包一般要掰成小块送入口中，不要拿着整块面包去咬。抹黄油和果酱时，也要先将面包掰成小块再抹。

（6）吃鸡肉时，应先用刀将骨去掉，不要用手拿着吃。吃鱼时不要将鱼翻身，在吃完上层后用刀叉将鱼骨剔掉后再吃下一层。吃肉时，要切一块吃一块，决不能切得过大或一次性将肉都切成块。

（7）不可在餐桌边化妆或用餐巾擦鼻涕。用餐时打嗝是最大的禁忌。别人讲话时不可搭嘴插话。不要站立取食，坐着拿不到的食物应请别人传递。

（8）就餐时不可高声谈笑，更不可狼吞虎咽。对自己不愿吃的食物也应要一点放在盘中，以示礼貌。

（9）在进餐过程中，不可吸烟，直到上咖啡表示用餐结束时方可吸烟，如左右有女客人，应有礼貌地询问一声“您不介意吧”。

（10）不可在进餐途中退席。如有重要的事情需要离开一下，应向左右的客人小声打招呼。饮酒干杯时，即使不喝，也应将杯口在嘴唇上碰一碰，以示敬意。当别人为你斟酒时，如不需要，可简单地说一声“谢谢”，同时以手稍盖酒杯，表示谢绝。

（11）喝咖啡时如添加牛奶或糖，添加后要用小勺搅拌均匀，将小勺放在咖啡的垫碟上。喝时应右手拿杯把儿，左手端垫碟喝，不要用小勺一勺一勺地舀着喝。

（12）吃水果时，不要拿着整个水果去咬，应先用水果刀将其切成四或六瓣，再用刀去掉皮、核，用叉子叉着吃。

（13）使用刀叉时，应右手持刀，左手握叉，先用餐刀把食物切成小块，再用叉送入口中。

吃正餐时，刀叉的数目与上菜的道数是相等的，并按照上菜的顺序由外至内排列。取用刀叉时，应按照由外向内的顺序，吃一道菜换一套刀叉。暂时离开时，刀、叉应交叉摆放或摆成“八”字，以示尚未吃完。若将刀叉并拢放在盘子上，刀右叉左，叉面向上，就表示不想吃了。

【小贴士9-8】

吃西餐时，各国手臂摆放的标准也各有特点：①法国人的礼节是以两小臂的二分之一放在桌面上最佳；②英国人的礼节是以两手平放在大腿上最为优雅，男士平行，女士交叠；③美国人的礼节则是两者的折中，一只手臂的二分之一放在桌面上，而另一只手平放在大腿上为标准姿势。

3.饮酒礼仪

饮酒是增进感情、加强联络的一种方式，不可将饮酒当作比赛，尤其是在正式的宴会上应有礼貌地品酒、喝酒，千万不可为了显示自己的酒量，看也不看酒杯里的酒便一饮而尽。也不可喝得太急，使酒顺着嘴角往下淌。对商务谈判宴请来说，商务人员更应保持大脑的清醒和思维的敏捷，以利于工作的开展，切不可贪杯误事。酒既能助兴也能败兴，因此，切忌酒后失言、失态、失礼、失德。作为主人，千万要注意自己不能贪杯，同时要关照好客人不要过量，使饮酒真正尽兴。

【小贴士9-9】

在中餐宴请时，主人会多向客人劝酒；而在西餐宴请时，主人只会在宴席开始时举杯感谢客人赏光，之后便不再敬酒，更不劝酒。

（五）礼貌告别

宴会结束，赴宴者应起身离座，不可贪杯恋菜拖延撤席，也不能因余兴未尽而说笑不止。男宾应先起身，为年长者或女士移开座椅。主宾先向主人告辞，随后是一般来客向主人表示谢意。从礼仪角度讲，不是感激菜肴之丰盛，而是感谢主人让自己度过了愉快的时光。当然，如果宴席上有特别出色的菜肴，也可赞美几句，但不可过溢，更不要探听宴席的价格，以免使主人产生误解。如主人备有小礼品相赠，不论价值大小，都应欣然收下并表示感谢，切不可借口不便携带而不屑一顾，或一面收下另一面转送他人，这是对主人心意的违拗，也是对宴会的轻视，很不礼貌。对服务人员亦可表示感谢，感谢他们的辛勤准备和周到服务。

从礼仪角度考虑，宴会后应在合适的时候给主人打个致谢电话，或回封感谢信，除感谢主人盛情款待外，可重申友谊，加深印象，为今后的进一步合作打好基础。这虽属宴请余音，却也是赴宴者不应忽视的。

四、共同娱乐的礼仪

共同娱乐，一般指共同参加舞会。这里讲解一下参加舞会的礼仪。参加舞会是树立形象、进行社会交往的重要机会，因此只有在仪容、仪表、举止和行为方面遵循礼仪要求，才能显示自己高尚的舞德和良好的风度。

（一）着装要求

参加舞会，不论是主人还是客人，不论是组织者还是参加者，服装都要整洁、大方。男士应着西装，不能穿短裤、背心、拖鞋和凉鞋，女士不可以光腿穿凉鞋，这是舞场上力戒的穿着。

（二）邀请舞伴礼仪

交际舞的特点是男女共舞，邀请舞伴通常是男士的任务。男士邀请舞伴时应姿态端庄、彬彬有礼地走到女士面前，微笑点头，同时伸出右手，掌心向上，手指指向舞池并说："我可以请您跳舞吗？"如果被邀请的女士的丈夫或父母在场，要先向他们致意问候，得到同意后方可邀请女士跳舞。待舞曲结束后，要把女士送到座位旁或送回其家人身边并致谢。

（三）拒绝邀请礼仪

参加舞会不仅要求男士应该彬彬有礼，女士也应落落大方，如果女士要拒绝某位男士的邀请，应遵循以下礼仪：

（1）女士若不愿与前来邀请的某位男士跳舞，应当婉言谢绝，而不能蛮横无理或露出轻视别人的表情，一旦拒绝某位男士的邀请，这支舞曲就不要再接受另一位男士的邀请了，以免造成对前者自尊心的伤害。

（2）当女士拒绝一位男士的邀请后，如果这位男士再次前来邀请，并无不礼貌的举止和表现，女士不应再次拒绝邀请，在无特殊情况下应与其共舞，这是舞会礼仪所要求的。

（3）如果女士已接受某位男士的邀请，对后来的邀请者应表示歉意。如果自己愿意同他跳舞，也可以告诉他下支舞曲再与之共舞。

（4）如果两位男士同时邀请一位女士跳舞，最礼貌的做法是同时礼貌地拒绝两位邀请者，也可以先同其中一位跳舞，并对另一位男士礼貌地说："对不起，下一曲与您跳好吗？"

（四）舞场上的其他礼节

参加舞会前不要吃葱、蒜等带有异味的食品，不可喝烈性酒。不在舞厅大声喧哗，也不在舞池里来回穿梭。跳舞时应姿态端庄、表情自然，不要左顾右盼、心不在焉或表现出不耐烦的样子。不在舞场内吸烟，应保持场内清洁卫生。

任务三　馈赠礼品的礼仪

馈赠即赠送礼品，它是人类社会交往中不可缺少的交往活动。特别是现代社会，随着人们交际活动的日益频繁，馈赠礼品越来越受到人们的重视，因为它能起到联络感情、加深友谊、促进交往的作用。不过，馈赠要注意礼品、馈赠时机的选择和馈赠中的具体礼节，以达到馈赠的目的。

一、礼品的选择

因事因地施礼，是社交礼仪的规范之一，对于礼品的选择也应符合这一要求。

（一）礼品的选择要投其所好

每个人都有自己的兴趣、爱好，每个国家、每个民族都有各自的风俗习惯，选择礼品时一定要有所考虑，有的放矢，投其所好，不可盲目。馈赠者可以通过仔细观察或打听了解受礼者的兴趣爱好，然后有针对性地选择合适的礼品，尽量让受礼者感觉到馈赠者在礼品选择上是花了一番心思的，是真诚的。

（二）礼品的选择要考虑具体情况

选择礼品要考虑具体的情况或场合。例如：给孩子可送些糖果或玩具等；给老人可送些可口食品、花束等；厂庆、开业可送花篮、花束等；逢新年、圣诞节可送年历、贺卡或粮、酒、茶等食品；到外地出差或从外地回来，则可适时地送些当地的土特产或旅游纪念品等。

目前送花已成为一种时尚。花是美好、吉祥、友情、幸福的象征，人们赋予花以象征意义来表达人的某种感情和愿望，现代生活离不开鲜花，在国际上也形成了公认的花语，即各种花所代表的含意。如玫瑰代表爱情，紫罗兰表示诚实、朴素，白菊表示真实，松柏表示坚强伟大，竹子表示虚心正直，橄榄表示和平，百合花表示高洁，康乃馨象征母亲，牡丹花象征富贵等。所以，无论是送花还是送其他礼品，都应根据具体情况做出选择。

【小贴士 9-10】

一般来说，亲自送礼是最好的方式。送礼要大方，不可鬼鬼祟祟地把礼品放在某个角落或不起眼的地方，这样有失体面，是一种不礼貌的行为。目前随着服务行业的发展，无法亲自送礼时，也可以选择送货上门或快递等方式。

二、送礼时机的选择

馈赠要注意时间，把握好机会。一般情况下，人们选择在以下时机进行馈赠：

（1）传统的节日。其主要有春节、元宵节、中秋节、端午节等。一些世界性的节日在社会上，特别是在年轻人中，也广为流行，如圣诞节、情人节、母亲节等。人们往往在这些日子里向亲朋好友表示美好的祝愿，同时送一些礼物，其中以在传统节日送礼为多。

（2）喜庆之日。其是指嫁娶、乔迁新居、生日祝寿、晋升获奖、升学或出国深造等。遇到对方家中有这样的喜庆日子，一般应考虑备送礼品以示祝贺。

（3）惜别送行。为表示自己的惜别之情，可适当赠送一些礼品留作纪念，以表示友谊天长地久。

（4）酬谢他人。如自己曾受到过他人的帮助，事后可送些礼品以示回报感恩。

（5）探视病人。到医院或病人家里去探望病人时可带些礼物，以祝愿其早日康复。

（6）企业开业庆典。在参加某一企业的开业庆典活动时，要赠送花篮、牌匾或室内装饰品以示祝贺。

总之，送礼时机要视实际情况灵活掌握，选择好的送礼时机，让物质上的给予带有精神文明的风采，则更有意义，更能打动人心。

【本章小结】

商务谈判人员遵守商务活动中的礼仪规范是极为必要的，尤其是在涉外商务活动中，会直接影响谈判活动的成功。商务谈判礼仪包括公开交往的礼仪、私下交往的礼仪和馈赠礼品的礼仪三方面。

公开交往的礼仪主要有：交往中的一般礼仪、商务人员见面的礼仪、商务谈判中的礼仪。

商务谈判中的礼仪包括主场谈判礼仪、客座谈判礼仪和谈判过程中的礼仪。

私下交往的礼仪主要有：电话联系的礼仪、拜访的礼仪、赴宴的礼仪、共同娱乐的礼仪。

馈赠礼品的礼仪主要体现在礼品的选择、送礼时机的选择上。

【思考题】

1. 该如何把握礼品馈赠的礼仪？
2. 接拨电话时应注意的礼仪有哪些？
3. 简要叙述一下赴宴的礼仪。

【案例分析】

“左撇子”的尴尬

张女士是商务工作者，由于业务成绩出色，随团到中东地区考察。抵达目的地后，东道主举行宴会热情招待。席间，为表示敬意，主人向客人一一递上当地特产的饮料。轮到张女士接饮料时，“左撇子”的张女士不假思索地便伸出左手去接，主人见此情景脸色骤变，并没有将饮料递到张女士手里，而且非常生气地将饮料重重地放在餐桌上，并不再理睬张女士。

张女士为什么会被如此待遇？案例对你有何启示？

【实训设计】

实训　谈判沟通技能训练

（一）实训目的

1.通过训练，明白谈判的实质是谈判双方的沟通。

2.掌握谈判双方沟通的方法、技巧。

3.懂得道听途说消息的不可靠。

（二）实训内容

1.实施传话训练。

2.说出自己选择服装时最注重的三个方面。

3.分析判断每个同学的个性特点及喜欢的沟通方式。

（三）实训要求

1.把全班同学分成四组，实施传话训练，分析传话过程中信息是否失真。

2.分组讨论传话失真的原因。

3.以服装为例，通过选择服装时最注重的方面来分析判断人的个性特点。

主要参考书目

[1] 林逸仙，蔡峥，赵勤．商务谈判［M］．上海：上海财经大学出版社，2004．

[2] 樊建廷．商务谈判［M］．4版．大连：东北财经大学出版社，2015．

[3] 任正臣，庞绍堂，童星．商务谈判［M］．南京：译林出版社，1994．

[4] 杜又青，刘昌明．谈判常识［M］．北京：高等教育出版社，1996．

[5] 任廉清．贸易谈判［M］．大连：东北财经大学出版社，2002．

[6] 李品媛．现代商务谈判［M］．3版．大连：东北财经大学出版社，2016．

[7] 安德森．谈判商务高手［M］．张志洪，译．广州：广东经济出版社，1998．

[8] 袁革．商贸谈判［M］．北京：中国商业出版社，1994．

[9] 李祖武．商务谈判［M］．北京：中国财政经济出版社，2005．

[10] 杨群祥．商务谈判［M］．5版．大连：东北财经大学出版社，2017．

[11] 刘向丽．国际商务谈判［M］．北京：机械工业出版社，2005．

[12] 陈向军．商务谈判技术［M］．武汉：武汉大学出版社，2004．

[13] 周忠兴．商务谈判原理和技巧［M］．南京：东南大学出版社，2003．

[14] 方其．商务谈判——理论、技巧、案例［M］．北京：中国人民大学出版社，2004．

[15] 张百章，何伟祥．商务谈判［M］．杭州：浙江大学出版社，2004．

[16] 李颖，李炎.谈判其实很容易［M］．北京：中国纺织出版社，2002．

[17] 丁建忠．商业谈判战法：九战45策［M］．北京：中信出版社，2002．

[18] 胡德华．经济法概论［M］．北京：清华大学出版社，2005．

[19] 杨晶．商务谈判［M］．北京：清华大学出版社，2006.

[20] 杨眉．现代商务礼仪［M］．5版．大连：东北财经大学出版社，2016．

[21] 杨丹妮．行礼如仪［M］．北京：人民教育出版社，2005．

[22] 列维奇 R，巴里 B，桑德斯 D．商务谈判［M］．王健，等，译．6版．北京：中国人民大学出版社，2015．

[23] 秦勇，张黎．商务谈判教程［M］．北京：中国发展出版社，2017．

[24] 潘瑞艳．商务谈判项目化教程［M］．北京：中国人民大学出版社，2017．

[25] 左显兰．商务谈判与礼仪［M］．北京：机械工业出版社，2017．

[26] 费湘军．商务谈判理论与实务［M］．西安：西安电子科技大学出版社，2017．